Mit besten

momentan das am meisten

wissenschaftliches Werk.

Herzlichst- Günther

29. Mai 1992

Worsch

Erdstrahlen

Emil Worsch

Erdstrahlen

und deren Einfluß
auf die Gesundheit
des Menschen

VERLAG FÜR SAMMLER

ISBN 3-85365-079-1

Meiner lieben Gattin und ständigen Mitarbeiterin
Käthe, geb. Löhnerz
und unseren Söhnen Wolfgang und Bernhard
herzlichst gewidmet!

INHALTSVERZEICHNIS

EINFÜHRUNG

Immer mehr Menschen wird bewußt, daß Standortfaktoren wie Erdstrahlen schwerwiegende Auswirkungen auf ihre Gesundheit bzw. Krankheit haben können. Sie suchen daher nach Aufklärung und Beratung bei der Wahl ihres Schlaf- und Arbeitsplatzes bzw. eines geeigneten Bauplatzes. – Immer wieder kommt es vor, daß ein Schüler in der Schule sich nicht konzentrieren kann und auch zu Hause untätig an seinem Aufgabenplatz dahindöst, oder daß sich die Genesung eines Kranken aus unerklärlich erscheinenden Gründen verzögert oder Rückfälle auftreten. Erkrankungen sind oft, *wenn nicht meist*, durch negativ auf den Menschen einwirkende, sog. geopathogene Erdstrahlen bedingt. Sie sind in jüngerer Zeit Gegenstand systematischer Forschungen auf dem Gebiete der Radiästhesie und Geobiologie geworden, die in den letzten Jahren große Fortschritte erzielen konnten.

Aus der Fülle dieses Buches sind zwei Abschnitte bzw. Kapitel besonders hervorzuheben, die vor allem breite Leserschichten ansprechen und interessieren werden. Es ist einmal die ausführliche Abhandlung über das Krebsgeschehen, der furchtbaren Geißel der Menschheit, das die medizinische Forschung trotz größtem Aufwand noch nicht restlos klären konnte. In diesem Buch wird der heutige Stand der Forschung vor allem in geobiologischer Hinsicht dargestellt und ein weitgehender Einblick in diese Problematik geboten. – Was aber für die nähere Zukunft schon bahnbrechend sein könnte, sind die Folgerungen, die aus meinen Hunderten Untersuchungsergebnissen gezogen werden müßten. Aus diesen geht eindeutig und beweiskräftig hervor, daß auch bei Anerkennung der multifaktorellen Verursachung des Krebses gut 95% der Krebsfälle durch eine bestimmte Strahlenkonstellation erregt oder ausgelöst werden. Diese Tatsache wird in der Zukunft in die Krebsforschung einzubeziehen sein! Dieselbe Aussage gilt auch für alle chronischen Erkrankungen. Eine große Zahl von Strahlenskizzen mit der dazugehörigen Erläuterung zeigt den erwiesenen Zusammenhang solcher schwerer Erkrankungen mit entsprechend gestörten Standorten einleuchtend auf. Zur Beweisführung trägt die immer gegebene körperlich-lokale Übereinstimmung wesentlich bei.

Aus einer Auswahl in diesem Buch wiedergegebener Erfolgsmeldungen wird ersichtlich, daß eine einfache Verlegung des Schlaf- oder Arbeitsplatzes half, die Gesundheit wieder zu erlangen. Dies sowohl bei schwerer Migräne, bei starken Depressionen, bei rheumatischen Erkrankungen und manchmal sogar bei Epilepsie u.a. – Die schönste Aufgabe aber stellt sich, wenn man durch rechtzeitiges Verlegen eine echte Krebsvorsorge durchführen und von der Medizin aufgegebene Fälle wieder zur Gesundung bringen kann.

Ein für viele Leser besonders interessanter Abschnitt des Buches beschäftigt sich mit dem rätselhaften Phänomen der *Geomantie*, das schon vor Jahrtausenden bekannt war, und das bei der Errichtung heidnischer Kultstätten und alter christlicher Kathedralen berücksichtigt wurde.

Eine Aufgabe habe ich mir in meinem Buch auch gestellt, dagegen aufzutreten, die Radiästhesie und die diesbezüglichen Erkenntnisse gerade in der Geobiologie als Einbildung oder gar als Scharlatanerie abzutun, aber auch vor jenen zu warnen, die eine solche bewußt oder auch unbewußt betreiben. –

Die Einteilung in Hauptabschnitte mit den dazugehörenden Kapiteln wurde so durchgeführt, daß den Lesern eine möglichst gute und umfassende Übersicht über die behandelten Sachgebiete geboten wird, wobei die Reihenfolge durch die Thematik und die z.T. gemeinsamen Grundlagen gegeben war. – Da das Inhaltsverzeichnis ohnehin Aufschluß über die verschiedenen Themen gibt, sei hier, soweit noch nicht geschehen, nur in wenigen Sätzen auf Abschnitte und Kapitel verwiesen und wesentliche Erkenntnisse hervorgehoben. So bringt das Buch nach einer geschichtlichen Rückschau und der Vorstellung der Wünschelrute und des Pendels sowie der Frage nach der physikalischen Meßbarkeit der Erdstrahlen eine Einführung in diese und ihre geobiologischen Wirkungen positiver und negativer Art.

Es folgen Ausführungen über die wesentliche Bedeutung des Standortes hinsichtlich des Schlaf- und Arbeitsplatzes für Menschen, aber auch für den der Pflanzen und Tiere. Bei Schülern kann nicht selten ein *Schulversagen* auf einen strahlenmäßig schlechten Schulplatz zurückzuführen sein. – Auf die besondere Bedeutung des Standortes in Zusammenhang mit dem Krebs und allen chronischen Erkrankungen wurde schon hingewiesen und diesen Ausführungen ein gebührender Platz eingeräumt. Es mußte auch auf die Frage nach der Möglichkeit einer Abschirmung bzw. Entstörung eingegangen werden. –

Der Klärung von scheinbar rätselhaften *Unfällen* auf bestimmten Straßenstellen wurde ein eigenes Kapitel gewidmet, ebenso der jungen Wissenschaft der *Baubiologie* in Form einer ersten Einführung. – Im vorletzten Abschnitt des Buches wird über ältere und neue Erkenntnisse der geobiologischen Forschungen berichtet, die vielfach unbeachtet bzw. unbekannt geblieben sind.

Ich habe mich in meinem Buch um eine populärwissenschaftliche Darstellung bemüht und somit dem Wunsch meiner Familie und vieler Bekannten Rechnung getragen, meine jahrzehntelangen Erfahrungen und Erkenntnisse einem größeren Kreis zugänglich zu machen. Die immer noch bestehende große Unwissenheit über die behandelten Probleme und die immer noch stark vertretene Skepsis in wissenschaftlichen Kreisen war ein weiterer wesentlicher Beweggrund für meine Ausführungen.

Zu danken habe ich meiner Gattin Käthe, die mich bei meinen Vorträgen und Untersuchungen meist begleitet, selbst sehr gut die Rutenkunst beherrscht, und mir bei der Niederschrift des Manuskriptes stets zur Seite gestanden ist. Ein besonderer Dank gilt dem Herrn Gemeindesekretär Gerhard Freigassner/Weißkirchen, Steiermark für die Reinzeichnung der Strahlenskizzen sowie den Sekretärinnen Frau Karin Mayer und Anna Perschl vom BG und BRG Knittelfeld für die Reinschrift des Manuskriptes.

Dem Leser aber wünsche ich viel Freude an diesem umfassenden Werk, und vor allem, daß er daraus Nutzen für sein Wohlergehen ziehe.

I/1 – BEGRIFFSERKLÄRUNGEN

Für die kommenden Ausführungen ist es notwendig, immer wieder vorkommende Begriffe kurz zu erklären.

Radiästhesie ist die Gabe bzw. die Kunst der Strahlenfühligkeit und damit die Fähigkeit, physikalisch noch nicht direkt, zumindest nicht im gesamten, meßbare Strahlenimpulse, Zonen und Felder mit Hilfe der Wünschelrute oder des Pendels aufzuspüren. Der Begriff wurde 1930 vom französischen Abbé A. BOULY geprägt, der schon zur Zeit des Ersten Weltkrieges als Wassersucher international bekannt war, und der für seine hervorragenden Leistungen 1950 als schon 85-jähriger zum Ritter der Ehrenlegion geschlagen wurde.

Die moderne *physikalische* Radiästhesie ermöglicht es, mit Hilfe der sog. *Grifflängenrute* bzw. *Lecher-Antenne* nach R. SCHNEIDER – die Erklärung dieser Begriffe erfolgt später – wesentlich genauere Messungen durchzuführen. – Man nimmt an, daß die Gabe der radiästhetischen Feinfühligkeit, mehr oder weniger verdeckt, im Gebiet des Stammhirns (Hypothalamus = hauptsächlich Zwischenhirn) im entwicklungsgeschichtlich ältesten Gehirnteil, wo eine ganz bedeutende Steuerungszentrale und die größte Hormondrüse, die Hypophyse ihren Sitz hat, verankert ist. Manche verlegen diese Anlage in das Gebiet des Sonnengeflechtes. Die Anlage kann, wie sich bei meinen Kursen immer wieder zeigt, meist bis zu einem gewissen Grade geweckt werden.

Erdstrahlen (terrestrische Strahlung): Dieser Begriff ist kein exakt physikalischer, sondern ein ausgesprochen populär gewordener Sammelbegriff für verschiedene Strahlen, die aus der Erde oder von oben kommen. –

Von altersher war es auch üblich von *Reizzonen* zu sprechen. Eigentlich umfaßt dieser Begriff alle radiästhetisch meßbaren Strahlenzonen und Felder, so die Strahlung des unterirdisch fließenden Wassers, der geologischen Störungen (Brüche, Verwerfungen, Hohlräume, Erz- und Kohlenlager, etc.) sowie der sog. Gitternetze. – Reizzonen nennen D. ASCHOFF und P. ROTHDACH hingegen nur die vom Wasser ausgehende Strahlung. – In der Bevölkerung ist es wiederum allgemein üblich, von *Wasseradern* und *Erdstrahlen* zu reden, wobei sie unter den letzteren nur die Gitternetze versteht. Die Bezeichnung „Wasserader" hat sich so eingebürgert, daß dieser Begriff auch für Grundwasser verwendet wird, obwohl dies eigentlich falsch ist. Echte

Wasseradern sind nur Kluftadern, demnach Wasser, das im geklüfteten Gestein fließt.

Die *Geobiologie* – dieser Begriff wurde schon in den fünfziger Jahren von Dr. E. HARTMANN geprägt – sieht ihre Aufgabe darin, biologisch wirksame Bereiche von radiästhetischen Zonen zu lokalisieren und Beziehungen zur Gesundheit herzustellen. Die Geobiologie wird dann zur *Geopathologie* bzw. *Geopathie*, wenn sie in Beziehung zur Krankheit, vornehmlich chronischer Art tritt. Dieser Begriff wurde seinerzeit von Dr. D. WALTHER, ehem. Ordinarius für Geologie und Paläontologie an der Universität Halle a.d.Saale eingeführt.

Unter *geopathogen* bzw. *geopathisch* versteht man die krankmachende Wirkung radiästhetischer Zonen. Diese Wirkung kann primär oder sekundär erregend, d.h. als eine Krankheit begünstigende oder diese auslösende – dies wahrscheinlich in überwiegendem Maße – aufgefaßt werden. Auf den eindeutig nachweisbaren Standortcharakter der meisten chronischen Krankheiten und des Krebses wird, wie schon erwähnt, gegen Ende dieses Buches (s.II/6) in Form von skizzierten Fällen hingewiesen werden.

Polarisation: Polarisiertes Licht schwingt, im Gegensatz zu unserem Tageslicht, das nach allen Seiten schwingt, jeweils nur in einer Richtung bzw. Ebene. Die Polarisation ist eine typische Eigenschaft elektromagnetischer Wellen. Gehen nun solche Strahlen, bzw. richtiger gesagt Wellen, durch eine Materie durch, so können sie nach rechts oder links abgelenkt werden. Man spricht so von rechtsdrehender (positiver) oder von linksdrehender (negativer) Polarisation. Die radiästhetisch meßbaren Zonen und Felder, die Mikrowellen-Charakter haben, sind *zirkular* polarisiert (sie schwingen, vereinfacht ausgedrückt, in einer Spirale) während die technischen Mikrowellen linear-polarisiert sind, nur in einer gleichen Ebene schwingen. – Ohne Feststellung der Polarisation ist jede radiästhetische Untersuchung und Angabe sehr mangelhaft. – Mikrowellen sind elektromagnetische Wellen von sehr hoher Schwingungszahl bzw. Frequenz (Milliarden Schwingungen pro Sekunde = Giga-Hertz (GHz). Sie werden nach ihrer Wellenlänge auch cm- oder dm-Wellen genannt.

Weitere Begriffserklärungen folgen bei den betreffenden Kapiteln.

I/2 – GESCHICHTE DER RADIÄSTHESIE UND GEOBIOLOGIE

Das Phänomen der Wünschelrute

Radiästhesie, die Kunst der Strahlenfühligkeit, ist sicherlich die älteste Kunst der Menschheit. Als frühesten Beweis für die Kenntnis der Handhabung der Wünschelrute fand man in einer Höhle am Nordrand des Atlasgebirges (Nordafrika) 8.000 Jahre alte Zeichnungen, die einen Rutengänger, von zuschauenden Menschen umgeben, zeigen. Spätestens ab der Zeit der Seßhaftwerdung war man in der Lage, für eine Niederlassung einen günstigen Standort – auch ohne Rute – zu erfühlen, d.h. viele besaßen die Fähigkeit, günstige und ungünstige (böse) Orte zu unterscheiden. Mit dieser Gabe, gleichsam mit dem „sechsten Sinn" waren viele Menschen in der Lage, die Ausstrahlung des Bodens und auch Veränderungen im Untergrund, die durch fließendes Wasser, durch geologische Gegebenheiten und sonstige Störungen begründet waren, zu „ertasten". Prähistorische Siedlungen zeigen, daß diese vornehmlich über günstigen Bodenzonen angelegt worden waren. Nach P. ERNST HOCH gab es schon um 1350 v.Chr. in Südafrika und Togo Brunnenanlagen und Zinkbergwerke, die mit Hilfe der Rute gefunden wurden. Man kann sogar annehmen, daß die Rute schon in vorgeschichtlicher Zeit in Verbindung mit der Metallgewinnung stand. Auch spätere Siedlungen, vor allem in unseren südlichen Nachbarländern, wurden nicht nur aus Sicherheitsgründen über den Tälern und auf Berghängen erbaut, sondern auch aus einem Gespür heraus, daß der Mensch sich hier viel wohler fühlen konnte.

Der Schritt von der natürlichen Empfindsamkeit zur Benützung und Handhabung der Rute war sicherlich nur ein kleiner. Der Zeitpunkt der Erfahrung, mit einer Rute sichtbar zu machen, was bisher nur erfühlt werden konnte, wird nach dem bisher Gesagten in die Vorgeschichte der Menschheit einzureihen sein.

Auf die geschichtliche Tatsache, daß man im alten China, wo das Holz als das gesündeste Baumaterial schon vor sieben Jahrtausenden Verwendung fand, auch sehr genau um die lebenswichtige Bedeutung der Standorte wußte, wird noch in II/1 zurückzukommen sein, ebenso darauf, daß die Etrusker und Römer bei der Errichtung ihrer Siedlungen nicht wahllos vorgegangen sind. Über den bereits erwähnten

Dipl. Physiker REINHARD SCHNEIDER erfuhren wir von dem für die Radiästhesie sehr bedeutenden *Corpus Agrimensorum, Codex Arcerianus A* der Herzog August-Bibliothek in Wolfenbüttel (5. – 6. Jh. n. Chr.). Dieser stellt eine Sammlung von Feldmesservorschriften (Feldmesser oder Agrimensoren) aus der Zeit von 50 vor bis 200 n.Chr. dar und enthält Anweisungen für die Auguren der Etrusker, wie sie bei Grenzlegungen und bei der netzförmigen Anordnung der Straßen in den Haupthimmelsrichtungen und überhaupt beim Städtebau vorgehen mußten. Ein wesentlicher Hinweis dafür, daß die noch zu beschreibenden Gitternetze (Netzgitter) in der damaligen Zeit bekannt waren. Die Auguren waren sogen. Erdwahrsager oder Geomanten, die aus dem Zustand der Erde die Zukunft voraussagten. (A. Felder, Mayer-Winklbaur)

Eine besondere Erwähnung verdient der deutsche Arzt Georgius Agricola (1494 – 1555), der eigentlich Georg Bauer hieß. Er stammte aus dem Erzgebirge und berichtet in seinem Buch „De re metallica" ausführlich über den Bergbau der damaligen Zeit. Er gibt in diesem auch eine sehr lesenswerte Beschreibung der Wünschelrute, der „virgula furcata", stand aber der Radiästhesie sehr kritisch gegenüber (mehr darüber bei Mayer-Winklbaur).

Neben der üblichen gegabelten Form der Rute gab es aber auch die ungegabelte in der *Stabform*. Diesem Stab schrieb man mystische Eigenschaften zu. Er war eng verknüpft mit der Fähigkeit des Weissagens, und dies wurde im Altertum als eine von den Göttern inspirierte Kunst und Gabe angesehen (Rhabdomantie). Der aber diese Gabe hatte, besaß Macht. So könnte sich der Krummstab der Pharaonen – ein Machtsymbol – aus einem solchen Stab entwickelt haben, dann auch das Zepter des Herrschers und wahrscheinlich auch der Bischofsstab. – Auch der Stab, den der griechische bzw. römische Gott des Handels, Hermes bzw. Merkur, in den Händen hält, kann als abgewandelte Wünschelrute gedeutet werden, so auch der Äskulapstab (Symbol der Heilkunst). – Nicht nur im Altertum, sondern vom 15. – 17. Jh. waren solche Stäbe in Verwendung. Mit deren Hilfe hat man auch Grenzen aufgefunden und sie zur Rechtssprechung verwendet. –

Aber schon aus der Steinzeit ist uns ein stabförmiges sogen. *Deutebein* (Zeigestab) bekannt. – Durch Überlieferungen aus dem Altertum wissen wir auch, daß man „magische" Stäbe und andere Gebilde zur Auffindung von Quellen verwendet hat. –

Im chaldäisch-babylonischen Raum gab es eine Göttin der Quellen und des Wassers. Sie war zugleich die Herrin des „Magischen Stabes".–

Auch Moses' Stab, mit dem er an den Felsen schlug, worauf Wasser hervorsprudelte, kann als stabförmige Rute aufgefaßt werden. Die Etrusker kannten den sogen. *Lituus*, den Krummstab, der auch ein besonderes Zeichen der Würde war. Später war er auch bei den Kelten in Verwendung. Die iro-schottischen Mönche benutzten ihn zur Quellensuche. Auch heute werden noch stabförmige Ruten verwendet. (Einhandruten). Der von J. OBERBACH entwickelte *Biotensor* ist eine solche(Abb.2/I)

Das Wissen um die Rute kam vor allem von den Ägyptern zu den Römern. So sprach CICERO (1. Jh. v. Chr.) von einem Zauberstab – Gottesrute genannt –, mit dem sicherlich eine Wünschelrute gemeint war.

PLINIUS der Ältere († 79 n. Chr.) nannte sie das Werkzeug der Wasserschmecker. – Zur Zeit der Goten (2. – 6. Jh. n.Chr.) wurde sie durch die Todesrune (ᛉ) gekennzeichnet. Anscheinend hatte man damals mit der Rute vornehmlich „Böse" Orte erkunden und sich vor solchen schützen wollen. – Im allgemeinen war ihre Wertschätzung – im Althochdeutschen hieß sie „Wunsziligerta" – im ausgehenden Mittelalter bis weit in die Neuzeit hinein groß. Es gab auch Zeiten, in denen man die Rutenfähigkeit mit dem Teufel in Verbindung brachte. Ähnliches haben K. BACHLER und ich, wenngleich nur ganz selten, auch in der heutigen Zeit hören müssen.

Die Rutenkunst war in gewissen Zeiten eine geheime Kunst und in der Aufklärungszeit verpönt oder nur höheren geistlichen und weltlichen Kreisen vorbehalten. – 1942 erging von der Kirche in Rom an die Ordinarien und Ordensoberen eine Weisung, ihren Untergebenen die Beschäftigung mit der Rute zu untersagen. Dies bezog sich nach O. PROKOP auf eine Radiästhesie, die sich mit der Erforschung der zukünftigen Dinge und mit dem Okkulten beschäftigte. Ausübende Kenner der Radiästhesie, die natürlich mit Wahrsagerei und ähnlichen Dingen nichts zu tun haben wollen, sind überzeugt, daß sie, richtig angewandt und aufgefaßt, im besonderen Maße dem Wohle der Menschen dient und viel eher dem Glauben nützen als ihm schaden könne. Es ist bezeichnend, daß die größten Könner der Radiästhesie der unmittelbaren Vergangenheit vielfach Geistliche, z.T. solche in gehobener Position waren.

Im Nibelungenlied (12. Jh.) wird die geheime Macht der Wünschelrute besungen. Auch der hl. Äbtissin HILDEGARD v. BINGEN war die Radiästhesie nicht fremd. Auch im Epos „Parzival" aus dieser Zeit kommt die Wünschelrute vor. Bei PARACELSUS (1493 – 1541), dem berühmten Forscher und Arzt des Mittelalters, kam das Wissen um diese wiederholt zum Ausdruck. Die Bezeichnungen „Magisches Reis", findet man öfters in GOETHES Dichtungen und Werken. Angeblich konnte er auch mit der Rute umgehen.

Die damaligen Bergleute, die nach Erz schürften, nannten diese die „Göttliche" oder die „Glücksbringende Rute" und bewiesen damit ihre große Wertschätzung.–

Im Englischen gibt es heute zwei Bezeichnungen für die Rute, darunter die genannte, übersetzt die „Göttliche Rute" (divining-rod). – Die Rute diente in der Vergangenheit neben der Wassersuche dazu, verborgene Schätze in der Erde ausfindig zu machen. (Abb.1)

So verwendeten die damals gleichsam beamteten Erzsucher im 17. Jh. bis zu sieben auf die jeweilige Erzart abgestimmte Ruten. Dies galt für Deutschland und im besonderen Maße auch für Frankreich. (R.Schneider, Chr.Bird)

Ab dem 18. Jh. gerieten die verschiedenen Methoden der Wasser- und Erzsuche mit Hilfe der Rute immer mehr in Vergessenheit. Vornehmlich in unserem Jahrhundert, insbesondere ab den dreißiger Jahren, besann man sich neuerdings auf die Wünschelrute bzw. auf die Radiästhesie. Mit der Wiederentdeckung der *Gitternetze,* fand sie immer stärker werdenden Einsatz. – Eine besondere Erweiterung erfuhr sie in geobiologischer Hinsicht dadurch, daß R. SCHNEIDER aus Wertheim/ BRD Ruten schuf, die, auf physikalischen Erkenntnissen aufbauend, als sog. *Grifflängenrute bzw. als Lecher-Antenne* nun die besondere Möglichkeit boten, die Verbindung der Radiästhesie mit der Gesundheit bzw. Krankheit leichter herzustellen. Dies ist ja die Aufgabe der *Geobiologie bzw. Geopathie* (s. II und II/6). Das bisher rein mentale, subjektive Rutengehen war so weitgehend objektivierbar.

Über ein spezifisches Anwendungsgebiet der Rute bzw. der Radiästhesie, über die sog. *Geomantie*, wo in besonderer Weise der radiästhetische Spürsinn gewaltet hat und walten kann, die alle Kultstätten, Steinkreise, etc., aber auch alle romanischen und gotischen Kirchen betrifft, wird ausführlich in V/1 und 2 zu lesen sein. Daß die Rute, die ein Russe einmal als das einfachste biophysikalische Instrument bezeichnet hat, auch in der Archäologie sehr gut zu verwenden ist, kann ich aus eigener Erfahrung bestätigen. Die Radiästhesie ist keine einfache Sache, sie hat mehrere Naturen, und zwar solche physikalischer bzw. biophysikalischer, physiologischer und psychischer Art.

Abb. 1: Wünschelrutengänger suchen nach Erz. Ausschnitt einer Tafel aus dem „Bergwerck-Buch“ des Agricola; Frankfurt 1580.

I/3 – ARTEN DER WÜNSCHELRUTE UND IHRE WEITERENTWICKLUNG

Methoden des Rutengehens – Meister des Rutengehens in der Vergangenheit

Hinsichtlich der Arten der Wünschelrute lassen sich, je nach Achsenrichtung, *Horizontal-* und *Vertikal-Ruten* unterscheiden. (Abb. 2/I-III) Die *Horizontal-Rute* ist in ihrer einfachsten Form gegabelt. Viele Rutengänger – auch ich – haben ihre Tätigkeit mit der Rute so begonnen, daß sie sich einen Zwiesel von einer geschmeidigen Weide oder vom Haselstrauch abgeschnitten haben und damit hauptsächlich auf Wasser gegangen sind. Natürlich haben diese Holzruten den Nachteil, daß sie bald dürr werden und dann brechen. – Die üblichen Ruten sind aus Metall bzw. Stahl mit verschiedener Länge. – Bei der Handhabung dieser Rute unterscheidet man den sog. *Untergriff* mit dem Handteller nach oben und den *Obergriff* mit dem Handrücken nach oben. Mit der ersten Haltung ging man vornehmlich auf Wasser, mit der zweiten auf die Gitternetze. Auch die gleich zu besprechende und schon erwähnte *Grifflängenrute* und die *Lecher-Antenne* nach SCHNEIDER sind Horizontalruten. Durch den Genannten ist es üblich geworden, die Rute so zu halten, daß man sie zwischen dem kleinen Finger und dem Ringfinger durchgleiten läßt.
Vertikal-Ruten mit senkrecht stehender Achse sind für weniger Sensible besonders gut geeignet. Sie werden *Winkel-* oder auch *Pendel-Ruten* genannt. Manche sind ausziehbar (Teleskop-Ruten). Ihr Drehmoment ist besonders groß, und es ist die Beherrschung der Rute leichter als bei der Horizontal-Rute. Der Vorteil ist u.a. der, daß man solche Ruten sehr leicht aus Eisen und anderen Drähten biegen kann, wie es häufig Bauarbeiter machen, wenn sie im Erdreich verborgene Drainagen oder Stromkabel aufspüren wollen. Man nimmt normalerweise in jede Hand eine solche Rute, kann aber auch mit nur einer Rute gehen. Diese Ruten haben auch den Vorteil, mit ihnen sehr einfach rechts- oder linksdrehende Polarisation bei Reizzonen feststellen zu können. – Mit den angeführten Ruten läßt sich natürlich nur *mental* gehen. Eine exakte Einstellung bzw. Konzentration auf das, was man sucht, ist unbedingt erforderlich, um Fehl-Mutungen zu vermeiden.

Um vom rein mentalen und daher subjektiven Gehen mit der Rute wegzukommen, gab es Überlegungen, die schließlich als Ergebnis zur physikalischen *Radiästhesie* führten. Es ist das große Verdienst des schon mehrmals angeführten Diplom-Physikers R. SCHNEIDER aus Wertheim/BRD, den so wesentlichen Schritt von der rein mentalen zur *objektivierbaren* Radiästhesie gemacht zu haben. Aufgrund seiner Überlegungen und Versuche gelang es ihm, mittels einer eigenen Antennentechnik, im Anklang an das *Lecher-Antennenprinzip*, zu beweisen, daß es sich bei den sog. Erdstrahlen um hochfrequente Felder und Zonen im cm- bzw. dm-Bereich, demnach mit Mikrowellencharakter handeln müsse. Der österreichische Physiker E. LECHER (1856 – 1926), hatte sich u.a. mit Hochfrequenz und im Zusammenhang damit mit *Antennen* befaßt und 1889 die Möglichkeit gefunden, mittels eines Paralleldrahtsystems, der sog. *Lecher-Leitung*, exakte Messungen der Wellenlängen im Hochfrequenz-Bereich durchzuführen. Dabei handelte es sich um sog. *stehende Wellen*, die durch fortlaufende Reflexionen entstehen. Lecher stellte sich die Frage, wie man Antennen längenmäßig so abstufen könne, daß man für eine bestimmte Frequenz den besten Empfang eines Senders bekäme. Er fand heraus, daß die entsprechende günstige Länge durch zweierlei Maßnahmen zu bekommen ist: man dividiert die Wellenlänge durch einen Verkürzungsfaktor von rund 0.9, wobei man die halbe Wellenlänge bzw. ein Vielfaches derselben nimmt, oder man geht von einem Viertel oder einem Vielfachen der Wellenlänge aus. –

R. SCHNEIDER wandte nun, nachdem die Ruten auch als Antennen anzusehen sind, dieses Antennenprinzip nach Lecher an. Er schuf so einmal die sog. *Grifflängen-Rute* aus Kunststoff (aus Polyamid oder PVC) mit einer Dicke von 3–4 mm, die durch bestimmte Markierungen in verschiedenen Farben die zuständigen Griff-Wellenlängen der zu suchenden Reizzonen aufweist. Bei dieser Rute ist bereits der erwähnte Verkürzungsfaktor angewandt, d.h. die jeweilige Grifflänge, je nach Dicke der Rute, ist um 11 – 12% der Wellenlänge verkürzt. Bei der zweiten von Schneider geschaffenen Rute, der *Lecher-Antenne* (auch *Schneider-Rute* genannt) wird ein Viertel der Wellenlänge der zu suchenden Reizzone, meist ein ganzzahliges Vielfaches, eingestellt. (Abb. 2/II) Die Umrechnung der Einstellwerte von der z.B. 3 mm dicken Kunststoffrute auf die Lecher-Rute geschieht dadurch, daß man ersteren Wert mit 1,12 multipliziert und durch vier dividiert, im umgekehrten Fall, mit vier multipliziert und durch 1,12 dividiert.

Im übrigen, das soll erwähnt werden, waren die seinerzeit sehr be-

Abb. 2: RUTENFORMEN

I. Stabruten (Einhandruten)

Einfache Stabrute

Biotensor (nach Oberbach)

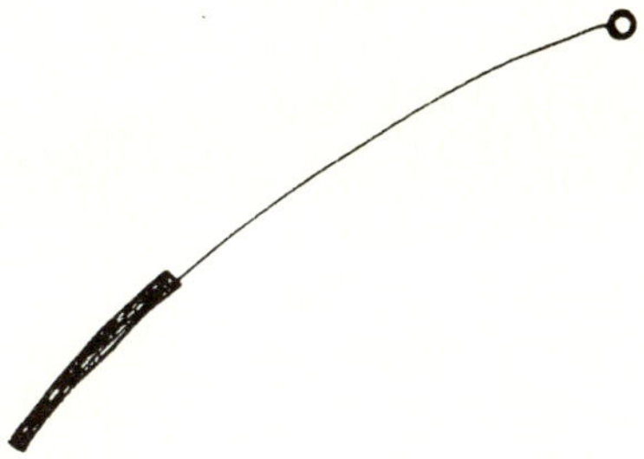

II. Horizontal-Ruten (Ruten mit horizontaler Achse)

Übliche Stahlrute (ohne oder mit drehbaren Handgriffen)

Lecher-Antenne

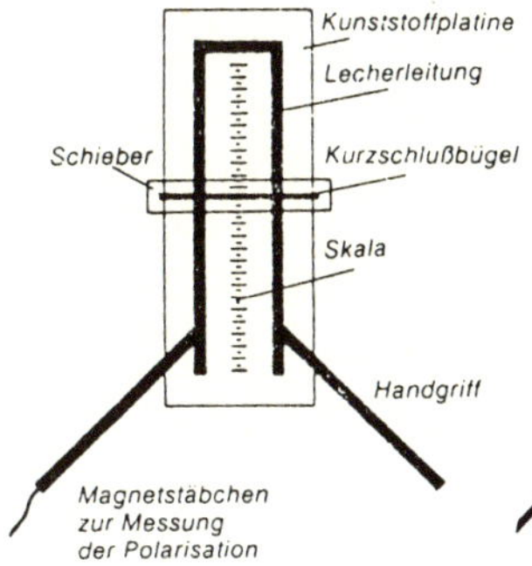

Grifflängen-Rute

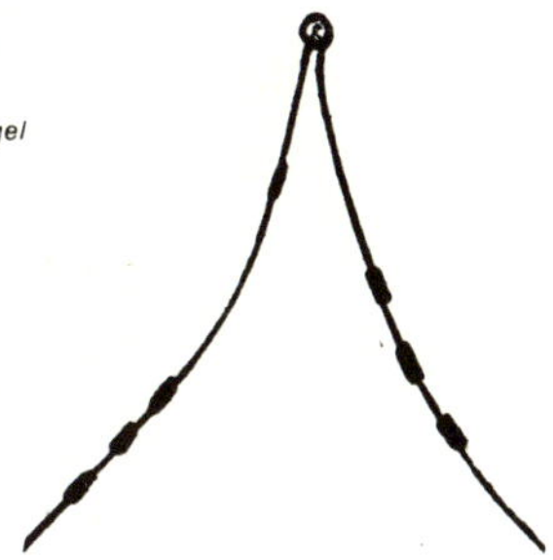

III. Vertikalruten (Ruten mit vertikaler Achse)

Winkelrute

Ropax-Rute

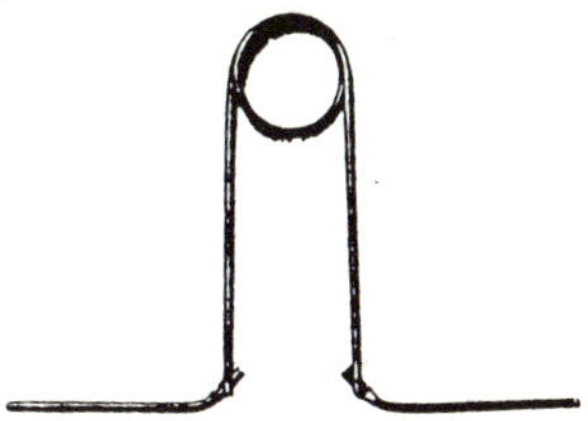

kannten Radiästheten D. J. WÜST und O.Ing. J. WIMMER schon in der Lage, nach ihrer Methode Wellenlängen und Strahlungen zu messen.

Dieser bedeutende Fortschritt in der radiästhetischen Meßtechnik kann gar nicht hoch genug eingeschätzt werden, denn dadurch und seitdem kann das bisherige rein mentale und subjektive Rutengehen durch physikalisch abgestimmte Mutungen zwar nicht ersetzt, aber ergänzt und so objektivierbar und reproduzierbar gemacht werden. Die wichtigste Folgerung daraus ist aber die nun erst mögliche weitgehende *Übereinstimmung* in der Mutung verschiedener Rutengänger. So hat R. SCHNEIDER bei seinen vielen bisherigen Kursen und bei zahlreichen Versuchen in der Abstimmtechnik eine Fehlerquote von nur *2%* bei seinen Kursteilnehmern beobachten können.

Damit konnte aber auch der Beweis erbracht werden, daß die bisher nur mental-radiästhetisch meßbaren Felder und Zonen keine Einbildung der Radiästheten waren und sind, sondern daß sie tatsächlich existieren. – Mit dieser Methode kann die gerade bei geobiologischen Untersuchungen so notwendige Genauigkeit am ehesten erreicht werden.

Es muß aber doch gesagt werden, daß auch bei dieser betont physikalischen Methode des Rutengehens die *mentale Einstellung* trotzdem von Wichtigkeit ist. – Eine Zeitlang war man zwar anderer Meinung. Fehlt nämlich diese Einstellung, d.h. mutet man unkonzentriert und verläßt sich nur auf die einstellbaren Markierungen, so wird es sehr leicht auch bei Verwendung dieser modernen Meß-Technik zu falschen Ergebnissen kommen. – Beim Aufsuchen einer Reizzone muß immer senkrecht zu dieser gegangen werden.

Es darf auch nicht verhehlt werden, daß man in der Vergangenheit, nur gestützt auf besondere mentale Fähigkeiten, d.h. nur mit der gewöhnlichen Rute oder mit dem Pendel, gerade in Österreich, natürlich auch im Ausland, Heil- und Thermalquellen und sogar Erdöl-Vorkommen, auch unzählige Male Nutzwasser gefunden hat. (s. u.a. Chr. Bird)

So hat 1917 die ungarische Gräfin TÜKORY die Heilquelle Schallerbach in Oberösterreich – man vermutete hier zwar Erdöl – geortet. Das erste Erdöl in Österreich wurde in Zistersdorf, nordöstlich von Wien, durch den Radiästheten Major MUSIL entdeckt.

In Österreich gab es in der Vergangenheit – das sei in diesem Zusammenhang angeführt – ganz besonders befähigte Rutengänger und Pendler, die wahre Meister der Radiästhesie waren. So neben dem schon genannten Major Musil auch Oberst BEICHL, der im Ersten Weltkrieg im schwierigen Karstgebiet das dort befindliche Heer der Österr.-Ungarischen Monarchie mit dem nötigen Wasser versorgte. Dasselbe tat er auch für die in den östlichen Monarchieländern stationierten Garnisonen. Darüber hinaus hat er – eine einmalige Leistung – nur mit Hilfe der Rute und des Pendels im Wiener Becken den unterirdischen Verlauf der Thermenlinie exakt verfolgt und rein mental auch den Chemismus des Thermalwassers – ohne es zur Untersuchung zu haben – genau bestimmt. Nach der Aufschließung des Thermalwassers hat sich in jedem Fall die volle Richtigkeit herausgestellt! – Eine Schautafel im Kurzentrum von Oberlaa b. Wien erinnert an diese Glanzleistung. –

Von Beichl wurde übrigens eine nette Anekdote überliefert. Kaiser Franz Joseph hatte bei einem Manöver am Stadtrand von Wien seine Taschenuhr verloren. Man holte den als Rutengänger bekannten damaligen Oberleutnant, dem es innerhalb weniger Minuten gelang, mit Hilfe seiner Rute die Uhr zu finden. Der Kaiser beförderte Beichl, sehr beeindruckt von dieser Leistung, auf der Stelle zum Hauptmann und erlaubte ihm fortan das Tragen einer goldenen Wünschelrute als Emblem auf seinem Kragenspiegel. (Mehr darüber bei Mayer-Winklbaur.)

Erwähnt sei noch Ing. TSCHEPPE, der seinerzeit als Radiästhet sogar nach Rom berufen wurde, um die Wasserläufe unterhalb des Petersdoms festzustellen, da dieser Mauerrisse aufwies, die, wie man vermutete, ihre Ursache in unterirdischen Wasserläufen hatten. Als ein erfahrener Radiästhet der letzten Jahrzehnte sei auch der inzwischen verstorbene Ing. EGON ERNES-SARCILLY/Wien angeführt, dem ich so manche alte Unterlagen über BEICHL und andere Radiästheten verdanke.

Ergänzend sei auch erwähnt, daß sich die deutsche Wehrmacht im Zweiten Weltkrieg Wünschelrutengänger bedient hat. Es gab sogar eine Wünschelrutengänger-Kompanie und eine vom Mathematiker Josef Wimmer geleitete Schule für Rutengänger.

Doch ab 1941 hat sich das damalige System sehr negativ gegenüber der Radiästhesie verhalten. – Der damals so bekannte Generalfeldmarschall Erwin ROMMEL setzte für die Wasserversorgung seines Afrikakorps ebenfalls Wünschelrutengänger ein. Selbst die Amerikaner verwendeten im Vietnam-Krieg zur Auffindung feindlicher unterirdischer Gänge Rutengänger. – Kaiser Wilhelm II. ordnete vor dem Ersten Weltkrieg schon an, daß bei allen Wasserversorgungsprojekten gute Rutengänger herangezogen werden müßten. Es darf nicht verhehlt werden, daß es in verschiedenen Ländern der Erde bewährte namhafte Radiästheten bzw. Rutengänger gab und gibt, so insbesonders in England, in der Schweiz, in den USA (hier werden sie heute noch bei der Erdölsuche eingesetzt). Hervorgehoben müssen insbesondere Polen und Rußland werden, wo die Radiästhesie auch eine in der Wissenschaft anerkannte Rolle spielt, und wo Rutengänger zu bestimmten wissenschaftlichen Kongressen als Vortragende eingeladen werden.–

Hinsichtlich der Befähigung zum Rutengehen war seinerzeit HARTMANN der Ansicht, daß etwa 15% der Menschen rutenfähig seien. R. Schneider meinte, auf Grund seiner Erfahrungen bei Kursen, daß alle Menschen diese Fähigkeit, wenn auch öfters verdeckt, hätten. Durch intensive Übung könne sie aber geweckt werden. Nach den Erfahrungen bei meinen Kursen möchte ich mich dieser Ansicht anschließen.

I/4 – DER PENDEL UND DAS PENDEL

Wenn auch dieses Buch in erster Linie dem Phänomen „Wünschelrute" gewidmet ist, soll doch ein Kapitel über den Pendel (in der Radiästhesie wird dafür der Artikel „der" – wie es Goethe schon tat – und nicht das sonst übliche „das" verwendet) bzw. über die Pendelkunst berichten. Das anscheinend leichtere *Pendeln* hat bis vor kurzem eine bekanntere und größere Rolle gespielt als die Anwendung der für manche spektakulären Wünschelrute. Auch heute wird noch sehr oft, wenn eine „Ausmutung" der Wohnung mittels Wünschelrute gewünscht wird, vom „Auspendeln" gesprochen.

Der Pendel wurde, wie G. KIRCHNER schreibt, seit Jahrtausenden für die *magische* Kunst eingesetzt. Im Altertum verwendeten die Griechen und Römer den Pendel für Orakel-, d.h. für Wahrsage-Zwecke. – Im Mittelalter war ab dem 13. Jahrhundert die Verwendung des Pendels zum Wahrsagen von der Kirche aus verpönt. Erst gegen Ende des 18. Jh.s erlebte das Pendeln eine Renaissance.

Auch heute noch werden dem Pendel wunderbare Eigenschaften zugeschrieben (s. K.Spiesberger).

Nach Ansicht der Pendelpraktiker könne man alles auspendeln, so alle anorganischen und organischen Stoffe, Medikamente, Sympathie und Antipathie, weiters auch alle seelischen und körperlichen Eigenschaften des Menschen und alle Krankheiten. – Tatsache ist, daß man den Pendel genauso wie die Wünschelrute zum Aufsuchen der Erdstrahlen verwenden kann. Auch Fragen nach verloren gegangenen Gegenständen und nach vermißten Menschen soll der Pendel beantworten können, ebenso in die Zukunft schauen lassen und in der Archäologie einsetzbar sein. – Nach dem noch genauer anzuführenden bedeutenden Pendler Abbé A. MERMET ist der Pendel ein wissenschaftliches Instrument, das die unsichtbare Welt sichtbar machen könne.

Jahrhundertelang hat man zum Pendeln, insbesondere zum Wahrsagen, einen Ring benützt. Auch der „Ring der Nibelungen", so schreibt KIRCHNER, mit dessen Hilfe man den im Rhein versenkten Goldschatz finden wollte, war ein Pendel. Der Zauberring Salomons könnte ebenfalls als Pendel aufgefaßt werden.

Die Pendelgesetze – hier ist das mathematische bzw. physikalische Pendel gemeint – hat im übrigen, schon sehr früh, der geniale Mathematiker und Physiker GALILEO GALILEI 1609 in Padua aufgestellt.

GOETHE war die Technik des Pendelns genau bekannt und er wußte um die geheimen Gesetze, die dabei wirksam werden (nach Kirchner; bei Goethe in seinen Wahlverwandtschaften, z.T. 11. Kap. nachzulesen.).

Das Pendeln scheint an und für sich leichter zu sein als die Handhabung der Wünschelrute. Es ist sicher für weniger Sensitive eher geeignet, und es glauben daher viele, pendeln zu können. Das richtige Pendeln aber ist eine Kunst mit entsprechender Aussagekraft und Genauigkeit, die erlernt und sehr geübt werden muß. – Wenn heute angenommen wird, daß jeder es erlernen könnte, so ist dafür doch dieselbe Anlage erforderlich wie die für das Rutengehen. Ohne Übung und ohne besondere Fähigkeiten auf diesem Gebiet, bleibt jeder in den Anfängen dieser Kunst stecken. Das Pendeln erfordert eine besonders große Konzentrationsfähigkeit, ohne die es nur Fehlurteile gibt. Ebenso notwendig ist eine präzise Fragestellung. Außerdem ist beim Pendeln die Möglichkeit der Beeinflussung sehr groß, sodaß es auch dadurch sehr leicht zu falschen Ergebnissen kommen kann. Es ist daher eine sehr große Selbstkontrolle erforderlich. Ist diese nicht gegeben, kann es zu leichtfertigen Aussagen ohne entsprechendes Verantwortungsbewußtsein kommen. Die Gefahr, ins Okkulte oder Magische abzugleiten, ist ebenfalls sehr groß.

Daß das richtige Pendeln wahrhaft eine Kunst ist, beweist die Tatsache, daß die Geschichte relativ wenige Größen aufzuweisen hat. Unter den besonders Befähigten waren insbesondere in Frankreich Geistliche, die sich dieser Kunst verschrieben hatten.

Unter den hervorragenden Pendlern seien nur einige wenige herausgegriffen. So der schon erwähnte Abbé M. MERMET aus Genf († 1937), der als der König der Radiästhesie bezeichnet wurde und wird. Er vertrat die mentale Radiästhesie. Schon sein Vater war ein angesehener Pendler. Mermet setzte den Pendel auch für Untersuchungen der Strahlung im und am menschlichen Körper ein und stellte fest, daß ein Pendel über einem kranken Organ anders schwingt als über einem gesunden. Er machte auch Ferndiagnosen mit Hilfe des Pendels. –

Der Benediktiner-Pater Univ.-Prof. Dr.P. CUNIBERT MOHLBERG († 1963 hochbetagt), Ordinarius für spezielle Kirchengeschichte am päpstlichen Institut für christliche Archäologie, hat unter seinem Pseudonym „Candi“ 35 Briefe an seinen Freund „Tschü“ (wiederum ein Pseudonym) in der Schweiz geschrieben (Radiästhetische Studien) und sich darin als Meister der Pendelkunst erwiesen, wenngleich er sich in seiner bescheidenen Art nur als Wegweiser der Radiästhesie bezeichnet hat. Er hat die Radiästhesie und damit die Pendelkunst als Aufbruch des Geistes über die Materie angesehen. Er war es auch, der in besonderer Weise darauf hingewiesen hat, daß der Mensch, Gottes Bild, nie durch einen Meßapparat ersetzt werden kann, und daß ein Primat des Geistes besteht. Dies kommt auch in seinen Aussagen über die Naturwissenschaft klar zum Ausdruck, wenn er schreibt, – ähnlich wie Goethe – , daß der Mensch der genaueste und größte physikalische Apparat sei, daß es das größte Unheil in der neuen Physik sei, daß man die Experimente vom Menschen abgesondert hat und bloß mit dem, was die künstlichen Instrumente zeigen, die Natur erkennen will. Der Mensch soll nach Mohlberg das Maß der Dinge sein, er sei aber zum Fremdling in der Welt geworden. – Diese Worte gelten, sogar in vermehrtem Ausmaße, noch heute.

Die berühmte Äbtissin, Mystikerin und Ärztin HILDEGARD v. BINGEN (1078 – 1179) spricht im selben Sinne, wenn sie sagt, daß die Kraft der Seele über die Welt hinausragt. Ist da nicht eine Brücke zu den Erkenntnissen von Prof. MAX PLANCK (1858 – 1947) gegeben, der behauptete, es gäbe keine Materie als solche, sondern alles sei Schwingung und Strahlung, eine Erkenntnis, der sich die heutige Physik immer mehr anschließt. Es ist naheliegend anzunehmen, daß der Mensch in der Lage ist, diese Schwingungen in ihrer Vielfalt einzufangen und aufzunehmen. Wenn aber alles Schwingung ist, so wäre dadurch eine Verbindung zur Radiästhesie gegeben. In den dreißiger Jahren hat sich übrigens M. PLANCK sehr für die Gründung eines Forschungsinstitutes zur Klärung der Wünschelruten- und des Pendel-Phänomens eingesetzt, mit der Begründung, daß man dadurch am ehesten die Scharlatanerie auf diesem Gebiete eindämmen könne.

Als Meister der Pendelkunst sind aber noch einige hervorzuheben, so der Chemieprofessor aus Dresden JOH. K. BÄHR († 1869). In seinem Pendelbuch zeigt er ein Verfahren auf, das es ihm ermöglichte, alle Stoffe der Erde mittels des Pendels in ein System zu bringen. Er schuf den sog. „*Dynamischen Kreis*“, eine Kreisscheibe mit einer Einteilung von 0 – 360 Graden im entgegengesetzten Uhrzeigersinn, und ordnete die untersuchten Stoffe, darunter alle damals bekannten chemischen Elemente innerhalb dieses Kreises gradmäßig an, wobei er auch ihre Schwingungsrichtungen und Schwingungsformen untersuchte und positive und negative Elemente unterschied. So reihte er den Sektor der gesunden Nahrungsmittel zwischen 90 und 180, den Sektor der giftigen Stoffe zwischen 270 und 360 Graden ein. –

Eine besondere Erwähnung verdient der einstige Stadtbaudirektor Ing. L. STRANIAK aus Salzburg. Er wurde durch sein Buch „Die achte Großkraft der Natur und ihre physikalischen Gesetze" (1936) bekannt, in dem er, der damaligen Zeit weit vorgreifend, seine Ergebnisse von Versuchen über die kosmische Raumstrahlung schriftlich niederlegte. Er vertrat so die physikalische Radiästhesie und hob Messing als besonders günstiges Untersuchungsmaterial hervor, da es nach seiner Meinung, ähnlich wie bei Bernstein und Kohle, sechsfach durchstrahlt sei. Aufgrund dieser Erkenntnisse hat auch MOHLBERG ein Pendel aus Messing, von ihm „Dynamisches Messer" genannt, verwendet.

Von Straniak beeinflußt und angeregt, hat Med.Rat Dr. ARNOLD MANLICHER aus Salzburg versucht, neue medizinische Wege einzuschlagen. Er hat verschiedene Schriften herausgegeben, die sich vornehmlich mit dem Krebsproblem befassen, so die Schrift „Auf dem Wege zur endlichen Lösung des Krebsproblems". Nach seinem Tode im Jahre 1958 wurde auch sein am 5. Kongreß des Österreichischen Verbandes für Ruten- und Pendelkunde gehaltenes Hauptreferat „Krebsproblem und Radiästhesie" in der Zeitschrift für Radiästhesie veröffentlicht. Manlicher hatte sich gut dreißig Jahre lang mit dem Krebsproblem befaßt. Auf ihn wird im diesbezüglichen Kapitel dieses Buches (II/5) noch zurückzukommen sein.

Neben diesen angeführten hervorragenden Pendlern gab es noch eine Reihe von ebenfalls guten Radiästheten und Pendlern sowohl in Österreich als auch im Ausland.

So beschäftigte sich zu Beginn des 19. Jh.s, angeregt durch einen sehr begabten italienischen Rutengänger und Pendler namens FR. CAMPETTI, der Münchner Physiker Hofrat Dr. JOH. W. RITTER näher mit dem Pendel, wobei er auch die polaren Eigenschaften organischer Körper entdeckte und auch als erster berichtete, daß allein durch Berührung eines weniger Sensitiven durch einen Rutengänger oder Pendler die Fähigkeit zum Rutengehen oder Pendeln übertragen werden kann.

Erwähnenswert wäre auch der französische Bergwerksdirektor LOUIS PROBST vor dem Ersten Weltkrieg, und vor allem der deutsche Chemiker und Ingenieur Dr. KARL FREIHERR VON REICHENBACH (1788 – 1869), der Erfinder des Paraffins und des Kreosots. Er forschte in seinem Schlößlein Kobenzel am Kahlenberg (Wien) und schuf dort seine „Odlehre" (nach dem nordischen Gott Odin so benannt). Als Od bezeichnete er jene Kraft, die von leblosen und beseelten Gegenständen und Körpern ausgeht und übertragbar ist, und die nach seiner Meinung die 8. Naturkraft von Straniak darstellt. Es ist jene Naturkraft, die überall ausstrahlt und auch die Pendelbewegung verursacht. (Christopher Bird)

Nicht vergessen dürfen wir auf den Arzt Univ.-Prof. Dr. MORITZ BENEDIKT. Er schrieb seine „Ruten- und Pendellehre im Jahre 1917. Aufgrund von spezifischen Ausschlägen bei Rute oder Pendel konnte er emanierende (ausstrahlende) Substanzen unterscheiden.

Das Vermächtnis von MERMET hat schließlich Oberst RUDOLF MLAKER mit seinem Buch „Geistiges Pendeln" entscheidend vorangetrieben. Darin gibt er Einblick in die seelischen Probleme und beschreibt die sieben Zentren des menschlichen Körpers, die sog. Chakras, in die – wie er meint – planetarische Kräfte einfließen (nach A. Flachenegger).

Die Bezeichnungen „Mathematisches, Physikalisches und Siderisches Pendel" brauchen hier im Zusammenhang mit der Radiästhesie nicht eigens erklärt zu werden.

Eine Erwähnung noch am Schluß dieses Kapitels: Es gibt auch die Möglichkeit des *medizinischen Pendelns*. Dr.med. GEORG JAKOB hat ein „Medizinisches Pendelbuch" geschrieben (Turm-Verlag, Bietigheim 1973). Dieser Art des Pendelns bedienen sich manche Ärzte und vor allem Heilpraktiker in Deutschland – manche Ärzte auch in Österreich –, um auf diese Weise leichter zu einer Krankheitsdiagnose zu kommen, und um das für den betreffenden Menschen günstigste Medikament herauszufinden.

I/5 – KANN MAN ERDSTRAHLEN PHYSIKALISCH MESSEN?

Wie unter I/2 und I/3 ausgeführt, ist die Radiästhesie meßtechnisch schon relativ weit gekommen. Es gibt aber verschiedene Gründe, die einer rein physikalischen Messung von Reizzonen entgegenstehen. Vor allem ist es die außerordentlich schwache Intensität der Strahlungen dieser Störzonen, ebenso die strukturelle Verschiedenheit dieser mikrowellenartigen Strahlung im Vergleich zu den Mikrowellen technischer Art. Dazu kommt der Umstand, daß die geopathogenen Störfelder und Zonen nicht selten mehrfache Überlagerungen von anderen Feldern, insbesondere solcher technischer Art aufweisen, die eine rein physikalische Messung der komplexen Zusammensetzung zumindest sehr fraglich machen. Es kann und soll daher weniger um quantitative als vielmehr um qualitative Aussagen gehen. Im übrigen verhalten sich auch unsere Sinnesorgane in ähnlicher Weise, da sie entsprechende Reize vornehmlich qualitativ empfinden. Dies stellte auch Prof. H. HUBACEK in einer Aussendung des Institutes für Angewandte Forschung und Produktmarketing, Wien, fest, wo hingewiesen wird, daß man zur Messung der Erdstrahlen wegen der erwähnten komplexen Zusammensetzung einen ganzen Meßpark von Instrumenten benötigen würde. In gleicher Weise hat sich schon H.L.KÖNIG, Professor für Elektrotechnik an der T.U. München in seinem Buch „Unsichtbare Umwelt" geäußert, wenn er schreibt, daß man einen ganzen Lastkraftwagen mit entsprechenden Meßgeräten, demnach eine ganze Institutseinrichtung für solche zielführende Messungen brauchen würde.

Es ergeben zwar rein physikalische Messungen über Störzonen Anomalien verschiedener Art. Solche Messungen und Nachweise wurden schon vor mehr als fünfzig Jahren vor allem in Deutschland durchgeführt. Sie zeigen sehr klar das Vorhandensein von Störfeldern und Zonen an, sind aber als ausgesprochene *Sekundäreffekte* zu bewerten. So konnte und kann man bei verschiedenen Parametern entsprechende Veränderungen bzw. Anomalien über geopathogene Störzonen im Gegensatz zu neutralen Standorten meßtechnisch feststellen, dies bei der elektrischen und magnetischen Feldstärke, der Infrarot- und Gammastrahlung, der UKW-Strahlung, bei der Leitfähigkeit des Bodens und der Luft usw. Die Zahl der Forscher, die solche Messungen schon vor Jahrzehnten durchgeführt haben, ist nicht klein. Es seien u.a. nur Wüst, Wetzel, Brüche, Lehmann, Hartmann, Schwamm, Stängle und Aschoff genannt.

UKW-Feldstärkemessungen waren damals besonders beliebt. Dr. Wüst war der erste, der solche, aber auch Gamma-Messungen durchgeführt hat, die dann von Dr. Hartmann fortgesetzt wurden. – Stängle aus Ulm ist sogar in der Lage, mittels eines von ihm gebauten Szintillometers (nach dem Prinzip eines Geigerzählers zur Messung von Radioaktivität) nicht nur Wasser aufzuspüren, sondern auch dessen Tiefe und Ergiebigkeit zu bestimmen. – Dr. VIKTOR RAMBEAU, damals Präsident der Ärztekammer in Marburg a.d. Lahn, hat schon 1933 mit Hilfe eines physikalischen Gerätes, Geoskop genannt, Feldstärke-Messungen durchgeführt und bewiesen, daß geologische Störungen (Brüche, Verwerfungen, etc.) geopathogen sein können.

Einen bedeutsamen Durchbruch in der physikalischen Beweisführung schien das Frühjahr 1985 gebracht zu haben. Da bekannt war, daß erdmagnetische Anomalien über Störzonen auftreten, hat LUDGER-MERSMANN (Wassernach/BRD) ein verbessertes Magnetometer, das sog. *Geo-Magnetometer* entwickelt. Innerhalb des schon erwähnten *Internationalen Arbeitskreises für Geobiologie (IAG)* wurden in der Folge interessante magnetometrische Messungen durchgeführt, so auch durch Dr. ASCHOFF, der für eine verbesserte und sehr augenscheinliche Meßmethode und Darstellung sorgte. (Ein supraleitendes Magnetometer – eine Supraleitung hat keinen elektrischen Widerstand – verwendet man neuerdings in den USA zur Wassersuche!)

Es zeigte sich, daß vor allem über Kreuzungen der Gitternetze, aber auch über unterirdischen Wasserführungen deutliche Störungen des sonst homogenen Erdmagnetfeldes gemessen werden konnten, und dies in Übereinstimmung mit den überprüfenden Rutengängern. Es ergaben sich in einer dreidimensionalen Computerauswertung Graphiken, die markante Gipfel über dem Nord-Süd-Hartmann-Gitter und ebenso starke Einbrüche über dem diagonalen Curry-Gitter zeigten. Mit dieser Methode ist es gelungen, die magnetische Komponente der Gitternetze, die ein wesentlicher Faktor sein dürfte, zu finden. Abb. 15ab und 16 zeigen die Ergebnisse solcher Messungen über ungestörten und gestörten Standorten und die Auswirkungen einer Federkernmatratze auf das Erdmagnetfeld. Ein abnormes Verhalten war dann bei späteren Messungen festzustellen. Es war zu erwarten, daß an besonders gestörten Stellen, so über Betten mit chronischen Erkrankungen oder Krebs, besonders große magnetische Anomalien nachweisbar sein müßten. Dem war aber nicht so, denn es erwies sich bei solchen magnetometrischen Messungen und Untersuchungen, die ich im Herbst 1986 zusammen mit meinem Freund WOLFGANG SCHAAL aus

Großgmain, der mich in der Fachgruppe Geobiologie im IAG vertritt, durchführte, daß gerade an den sog. *Krebspunkten* oder über Krebszonen nur sehr geringe magnetische Abweichungen meßbar waren. Das Gegenteil hatten wir erwartet. Dies galt im übrigen auch für die Zonen, die zum Krebspunkt hinführten. Es liegt also eine ausgesprochene Diskrepanz zur hohen biologischen Valenz solcher markanter Störpunkte und Zonen vor. Als Schlußfolgerung bietet sich nur die vorläufige Erklärung, daß es hier weniger um irgendwelche auslöschende oder mindernde Interferenzen geht, sondern, daß ein starkes *biologisches Agens* als Hauptfaktor wirksam sein muß. Damit bestätigt sich wieder die Anschauung alter Radiästheten, daß es sich beim radiästhetischen Geschehen um ein biophysikalisches Phänomen handelt, dem man nur mit biophysikalischen Methoden beikommen kann.

Das Elektromagnetische an den Erstrahlen wäre nach meiner Meinung nur der Träger dieses vor allem wirksamen biologischen Agens. Diese Ansicht wird u.a. auch von W. VOLKRODT vertreten. –

Aus all dem Gesagten heraus ist es klar, daß alleinige Messungen des magnetischen Faktors, wie sie neuerdings da und dort mit entsprechendem propagandamäßigen Aufwand über Firmen empfohlen und durchgeführt werden, für eine entsprechende Aussage und Beurteilung der Standort-Situation nicht ausreichend sein können.

Aus diesen Ausführungen und nicht nur wegen der komplexen Beschaffenheit der Erdstrahlen geht klar hervor, daß rein physikalische Messungen allein nicht ausreichend und zielführend sein können. Um einwandfreie und umfassende Nachweise der geopathogenen Störzonen und damit auch gleichzeitig Aussagen über die Auswirkungen zu bekommen, stellen sich biologische Versuche an Pflanzen und Tieren, vor allem aber biophysikalisch-medizinische Meßmethoden am menschlichen Körper selbst als die geeignetsten dar.

Biologische Versuchsreihen an Pflanzen und Tieren zeigen sehr augenscheinlich ihre Reaktionen auf positive oder negative Erdstrahlen, und haben überdies den Vorteil der kürzeren bzw. rascheren Generationsfolge gegenüber dem Menschen. Weitere Berichte darüber im Abschnitt II/2.

Da das Phänomen der Erdstrahlen, wie man heute allgemein annimmt, vornehmlich ein biophysikalisches ist, ist es klar, daß nur biophysikalische Meßmethoden, bei denen der Mensch direkt in das Meßverfahren einbezogen wird, erfolgversprechend sein können. Vor allem handelt es sich dabei um die Messung des *elektrischen Haut- bzw. Körperwiderstandes*. Solche Messungen hat Dr. HARTMANN in den letzten Jahrzehnten vieltausendmal durchgeführt und ausgewertet. Im Vergleich zu neutralen Stellen konnte er den geopathogenen Grad der untersuchten Reizzonen auch graphisch in Form eines sogenannten *Georhythmogramms* besonders augenscheinlich aufzeigen. Diese Messungen beruhen auf der Tatsache, daß der normalerweise um 40 k Ohm (Kilo Ohm = 1.000 Ohm) pendelnde Hautwiderstand über Störzonen, signifikant natürlich über Krebspunkten, entsprechend je nach Pathogenität der Störzonen ansteigt und nicht selten sogar das 10-fache des Ausgangswertes erreichen kann.

Solche Messungen bieten sich auch über die *Elektro-Akupunktur* an. Hier werden bestimmte Körperpunkte auf gewissen Meridianen gemessen. Mit dieser Methode bekommt man sehr aussagekräftige Ergebnisse. – Ein Kapitel über biophysikalische Meßeffekte scheint bei PURNER in seiner Dissertation auf.

Für Hautwiderstandsmessuengen wurde und wird auch das sog. *Elektroskop* verwendet, das gute Vergleichswerte bringt. (In der BRD gibt es sogar einen Forschungskreis, der sich mit dieser Sparte befaßt.) Eine österreichische Forschergruppe bestehend aus Medizinern, Physikern, Biochemikern und Technikern hat solche und andere weiterführende Messungen an 985 Personen – im ganzen waren es 460.000 Messungen! – durchgeführt, wobei auch die bioelektrischen Regulationssysteme untersucht und die Belastung durch Störzonen mehrfach nachgewiesen werden konnte (H. Hubacek).

Eine andere Möglichkeit besteht darin, daß man die veränderten Temperaturreize an Störstellen mißt.

Der Mensch wird bei all diesen Meßmöglichkeiten als Meßsonde verwendet, so auch bei der sog. *Impulsdermographie* nach SCHMIDT, wo mit niederfrequenten elektrischen Impulsen gearbeitet wird. Durch den Arzt Doz.Dr. D. BERGSMANN und den Techniker H. JAHNKE wurde dafür der sog. *Decoder Dermograph* vor mehreren Jahren konstruiert. Dieses Gerät ist aber wegen seiner Größe am ehesten in Krankenhäusern und in Ordinationen einsetzbar. Damit kann eine vollautomatische Aufzeichnung körpereigener elektrischer Signale und damit eine sog. *bioelektrische Reflexzonen-Diagnostik* mit einer Ganzkörperdarstellung durchgeführt werden. So ist es möglich, in erster Linie unklare Krankheitszustände aufzuklären, aber auch das Regulationsverhalten des Körpers über Störzonen ersichtlich zu machen.

Am *Institut für Grundlagen und Theorie der Elektrotechnik* an der Technischen Universität in Wien wurden ebenfalls umfangreiche Untersuchungen über Störzonen durchgeführt. Dipl. Ing. CHRISTIAN WERBIK hat 1978 eine Dimplomarbeit mit dem Titel „Elektromagnetische und andere physikalische Zustände an sog. Reaktionszonen" geschrieben. Das Ergebnis dieser streng wissenschaftlichen Überprüfungen, mittels sehr aufwendiger Geräte, war der Nachweis, daß gewisse schon angeführte Parameter über solchen Störzonen einwandfrei verändert, d.h. kleiner oder größer werden.

Ein rein medizinischer Test ist die Messung der *Blutsenkungsgeschwindigkeit*. Der Grad derselben ist nämlich vom jeweiligen Standort, aber auch von der Wetterlage abhängig und kann ebenfalls Aufschluß über gestörte Standorte geben. – Daß u.a. der Franzose Ing. CODY tausendfache Messungen der Ionisation der Luft vor allem über Krebsbetten durchgeführt hat, sei hier der Vollständigkeit halber erwähnt.

Um noch einmal auf die Schwierigkeiten direkter rein physikalischer Messungen zurückzukommen, und um eine Erklärung für die biologische Wirksamkeit gerade bei den so kleinen Intensitäten der Erdstrahlen zu finden, muß hingewiesen werden, daß man in der Biophysik und auch in der Geobiologie schon seit langem erkannt hat, daß gerade die schwächsten Intensitäten und Energien nach entsprechend langer Einwirkung die größten Folgen haben können. Man denke an das sehr bezeichnende Sprichwort „Steter Tropfen höhlt den Stein" oder auch an die Entwicklung der anorganischen und organischen Natur. Hat es doch viele Millionen Jahre gedauert, um den heutigen Entwicklungsstand zu erreichen. Die Gebirge der Erde sind auch nicht von heute auf morgen entstanden, sondern haben für ihr Werden ebenfalls Millionen Jahre benötigt.

Zu diesen Feststellungen paßt aber auch die Tatsache herein, daß für biologische Informationen und Abläufe in unserem Körper sehr geringe Energiemengen genügen. So ist die Leistungsdichte unserer biologischen Informationssysteme wie auch der natürlichen Mikrowellen-Strahlung aus dem Kosmos mit etwa 10^{-10} mW/cm^2 (=1/10 Billionstel Watt, d.i. eine Zahl mit 13 Nullen, die unter dem Bruchstrich anzusetzen ist.). Technische Mikrowellen (Richtfunk und Radar) weisen noch in der weiteren Umgebung ihrer Sender eine mindestens 100-fache Überhöhung gegenüber der natürlichen kosmischen Strahlung auf, sie können daher eine unbiologische, d.h. schädigende Wirkung auf den Menschen haben. W. Volkrodt und W. Hubacek stimmen mit dieser Aussage weitgehend überein, wenn sie schreiben, daß, wie im EEG (Elektroenzephalogramm = Aufzeichnung der Gehirnströme) ersichtlich, Mikrowellen schon bei einer Leistungsdichte von 10^{-15} W/cm^2 dieser Energien in der Lage sind, die Gehirnströme sowohl in der Amplitude (Schwingungsweite) als auch in der Frequenz zu verändern. In der BRD sind aber Leistungsdichtewerte von maximal 1.10^{-2} W derzeit für technische Wechselfelder gesetzlich zugelassen. Das bedeutet, daß diese zugelassenen Energiegrößen um 10 Billionen mal höher liegen als die Energie, die bereits zu den erwähnten Veränderungen der Gehirnströme führt.

Dieser Kreis der Betrachtung schließt sich mit der Feststellung des russischen Biophysikers A.S. PRESMANN, daß der Mensch um 10 Milliarden mal empfindlicher ist, als das derzeit empfindlichste physikalische Gerät. Zu einer ähnlichen Erkenntnis ist übrigens schon Goethe gekommen. Diese hohe Empfindlichkeit des Menschen wird auch durch einen amerikanischen Physiker bestätigt. Dieser fand heraus, daß Rutengänger noch auf magnetische Veränderungen reagieren, die unter einem Billionstel Tesla (genau 1.10^{-13}) der erdmagnetischen Feldstärke lagen.

Damit ist klargestellt und erklärt, daß gerade der Mensch, vor allem der Rutengänger, in der Lage ist, solche geringste Energiestärken aufzunehmen und anzuzeigen. – Der erwähnte Presmann war es auch, der herausfand, daß der biologische Effekt um so größer ist, je kleiner die Feldstärke der physikalischen Einwirkung ist .–

Es wurde schon darauf hingewiesen, daß sich eine österreichische Forschergruppe in mehrjähriger Arbeit im besonderen mit der Radiästhesie bzw. Geobiologie und damit mit der Wirkung von geopathogenen Störfeldern eingehend befaßt hat. Das signifikante Ergebnis war, daß Erdstrahlen-Wirkungen sehr wohl *meßbar* sind und in mehrfacher Weise den Menschen beeinflussen können, oder mit anderen Worten ausgedrückt, daß Erdstrahlen keine Einbildung von Radiästheten sind!

Dem IAG ist es in letzter Zeit möglich geworden, seine Forschungen auch auf Hochschulebene weiter zu betreiben. – Seit Mai 1989 liegen die Ergebnisse eines Münchner Forschungsprojektes, an dem 14 Wissenschaftler aus 9 verschiedenen Instituten mitgewirkt hatten, in Form eines Buches mit dem Titel „Erdstrahlen? Der Wünschelruten-Report“ von H.L. König und H.D. Betz vor. Das Hauptergebnis dieser an 160 Tagen laufenden Versuche an 500 Personen mit nahezu 10.000 Einzelexperimenten, die mit einer größeren staatlichen Subvention gefördert wurden, und bei denen es vornehmlich um die reproduzierbare Standortabhängigkeit des Rutenausschlags ging, war, daß Rutengänger sehr wohl reproduzierbare körperliche Reaktionen empfinden können, welche nur vom Ort abhängig und nicht durch normale Sinnesreize zu erklären sind. Mit anderen Worten ausgedrückt heißt dies: Die bisher umstrittene Fähigkeit des Wünschelrutengängers ist, wie zitiert wurde, mit sehr hoher Wahrscheinlichkeit als *real* zu bezeichnen. Die Trefferquoten, so ist weiter zu lesen, waren bei einigen Rutengängern so hoch, daß sie nicht als zufällig erklärt werden konnten.

Eine wesentliche Feststellung war die, daß die Radiästhesie durchaus in die *etablierte Wissenschaft* eingegliedert werden könne. Allerdings wurde auch vermerkt, daß Rutengänger ihr Können meist erheblich überschätzen.

Bei diesen Versuchsreihen wurde nicht berücksichtigt, daß der Mensch physikalisch, physisch und psychisch eine Ganzheit darstellt. Die Versuchspersonen mußten nämlich mit verbundenen Augen und mit Hörschutz ihre Mutungen machen. Es ist aber bekannt, daß schon die Blockade eines Sinnes die Reaktionslage des Menschen verändern kann, geschweige denn, die geschilderte möglichst große Abschirmung von der Umwelt. Durch die vielfach künstlichen Versuchsstrecken hat man Prämissen geschaffen, die nur das Physikalische, aber nicht das Biophysikalische beim Rutengehen ansprachen. Auch sind die Impulse von Wasser, das in sehr oberflächennah verlegten Rohren fließt, außerordentlich schwach, sodaß sie sehr schwer zu muten waren. Dies verbunden mit noch anderen negativen Faktoren, die bei solchen Versuchen auftreten, könnte das Versagen vieler Rutengänger erklären. –

Zusammenfassend kann noch einmal gesagt werden, daß es sich bei den Erdstrahlen keineswegs um ein rein physikalisches Phänomen handelt, und daß sie mit physikalischen Gesetzen allein nicht erklärbar sind. Es spielen ja auch mehrere Faktoren beim Rutengehen mit, so u.a. psychische, was auch schon in der Bezeichnung „Wünschel"-Rute zum Ausdruck kommt. Daß wir es bei den Erdstrahlen mit ihren Mikrowellen-Eigenschaften mit ungemein kleinen Energien zu tun haben, darf nicht verwundern, arbeitet doch auch der menschliche Organismus mit kleinsten Energiestärken. Aus den angeführten Gründen können nur biophysikalisch-medizinische Messungen, bei denen der Körper die Meßsonde darstellt, zielführend sein. Die qualitative und nicht die quantitative Aussage ist dabei von Bedeutung.

II – ERDSTRAHLEN UND IHRE GEOBIOLOGISCHEN WIRKUNGEN

Positive Wirkungen

Wenn man von Erdstrahlen im herkömmlichen radiästhetischen Sinne spricht, so überwiegt die Meinung, daß es nur solche mit negativen Auswirkungen gibt, was sich auch daraus erklärt, daß man negative Folgen stärker und häufiger zu spüren bekommt, als dies bei den positiv wirkenden der Fall ist.

Unterirdische Wasserführungen können auf manche Menschen vorübergehend erregend bis aufputschend (aufladend) wirken, und so eine positiv-biologische Wirkung vortäuschen. Auf Wasserstrahlungen liegend, haben andere wiederum einen langen Tiefschlaf in der Weise, daß sie sich auch nach 12 Stunden Schlaf noch nicht ausgeruht fühlen. Ein solcher Schlaf ist natürlich kein gesunder, wie die Betroffenen meinen.

Gitterzonen mit rechtsdrehender (positiver) Polarisation wirken im allgemeinen auf Menschen günstig. Doch zeigt es sich immer wieder, daß diese günstige Wirkung nur dann gegeben ist, wenn der Betreffende anlagenmäßig, und dies insbesondere hinsichtlich seines elektromagnetischen Haushaltes, entsprechend vorgestimmt ist, d.h. eine gewisse „Aufladung" notwendig hat. Kinder vor allem, aber auch Erwachsene können Einschlafschwierigkeiten bekommen und Unruhe empfinden, wenn sie mit dem Kopf auf solchen positiven Zonen liegen. Bei labilem Herzen kann eine solche Strahlung zu sehr „anregend" wirken und Beschwerden verursachen. Nach CURRY und SCHIMMEL soll es bei solchen Menschen, bei denen der Sympathicus (vegetatives Nervensystem) die Oberhand hat, demnach bei den sog. Yang-Typen, bei ständigem Schlafen auf solchen Zonen zu Entzündungen kommen können. Eine Bestätigung dafür kann ich aus meiner Erfahrung heraus nicht geben.

Wenn der Mensch, und da vor allem das Schulkind, das Glück hat, auf positiven Strahlungen seinen Arbeits- bzw. Schulplatz und zuhause auch seinen Aufgabenplatz zu haben, so wirkt sich dies, worauf schon K. BACHLER sehr überzeugend in ihrem ersten zitierten Buch aufgrund vieler Untersuchungsergebnisse hingewiesen hat, sehr günstig auf die Lernfreude und Konzentrationsfähigkeit aus. Auf solchen Plätzen läßt sich direkt Energie auftanken. – Bei negativer Polarisation ergibt sich gerade das Gegenteil.

Es wird im Kapitel „Geomantie“ berichtet werden, daß man schon vor Jahrtausenden um die biologisch positiven Wirkungen gewisser Gittersysteme und Zonen gewußt hat. Überlieferte Darstellungen von Städte- und Siedlungsbauten aus dieser Zeit mit netzförmiger Ausrichtung, sind sicherlich nicht zufällig zustandegekommen. Es waren damals die Meister der Augural-Wissenschaften, so die Auguren bei den Etruskern und die Druiden bei den Kelten, die die Aufgabe hatten, die Siedlungen in Verbindung mit diesen sog. *geomantischen Zonen* nach Netzen auszurichten, die heute dem Globalgitter- bzw. Diagonal-Netz (1. und 2. Netz) gleichzusetzen sind.

Genauere Berichte über diese eigenartigen Netzsysteme liegen aus dem 17. Jh. vor. Aber wie schon bei I/2 ausgeführt wurde, waren sie schon im Altertum bekannt. Das Verdienst R. SCHNEIDERs war es, diese Netze wellenlängenmäßig genau einzustufen. Diese sehr energiereichen geomantischen Zonen enthalten aber auch die Wellenlängen des 1. und 2. Netzes.

Wasserstrahlung kann nicht nur, wie im nächsten Kapitel ausgeführt werden wird, negative Eigenschaften haben, sondern auch, zumindest vorübergehend, günstig wirken. Bei meinen Vorträgen setze ich mich am liebsten auf Plätze mit solcher Strahlung, wo mir das Reden fühlbar erleichtert wird. – Auf die verstärkte Wirkung der Wasserstrahlung in Verbindung mit geomantischen Zonen wird in V/1 näher eingegangen.

Negative geopathogene Wirkungen

Hierher gehören die Wirkungen, die vom *unterirdisch fließenden Wasser* (niemals vom stehenden) ausgehen, dann die, die von *geologischen Störungen* und schließlich die, die von *Gitternetzen* herrühren.

Geopathogene Wirkungen des Wassers

Wesentlich ist hier die Intensität der Strahlung, landläufig „Wasserader“ genannt, von deren Tiefe – je tiefer desto stärker – die Wirkung abhängig ist.

Bei geschlossenen Wasserkörpern, wie solche in allen Beckenlagen vorkommen, spielt die Mächtigkeit derselben eine wesentliche Rolle.

Das Grundwasser bewegt sich nur sehr langsam – meist nur wenige Meter am Tag – fort. Grundwasserseen im eigentlichen Sinne der Bezeichnung gibt es entgegen mancher diesbezüglicher Behauptungen nicht.

Eine befriedigende Erklärung der Tatsache, daß beim Grundwasser die Strahlung in unregelmäßigen Abständen genau so heraufkommt, als würden im Grunde echte Quelladern laufen, konnte bisher nicht gefunden werden. Die wechselnde Beschaffenheit des Grundwasserträgers, wie die verschiedene Korngröße der wasserführenden Schicht, kann dafür nicht, zumindest nicht die alleinige Ursache sein. Das durch unterirdisch fließendes Wasser entstehende Strahlungsfeld (auch Spektroid genannt) entspricht nach R. SCHNEIDER am ehesten den Verhältnissen wie sie bei der Beugung des Lichts an einem Spalt (Frauenhofer'sche Beugung) gegeben ist. Eine neue und eigentlich sehr einleuchtende physikalische Erklärung für die geobiologischen Auswirkungen von unterirdisch fließendem Wasser brachten in letzter Zeit D. ASCHOFF und P. ROTHDACH. Sie bezieht sich auf die sog. Neutronen-Strahlung. Neutronen sind Bestandteile des Atomkernes. Sie sind aber im Gegensatz zu den positiven Protonen und den negativen Elektronen ohne Ladung. Wenn diese Neutronen die Erdschichten durchdringen und auf Wasser oder auch auf geologische Störungen treffen, so werden sie dadurch gebremst. Aus den sog. schnellen Neutronen werden dann langsame. Die gebremsten Neutronen sind biologisch besonders wirksam und sehr gefährlich. Die Gefährdung ist umso größer, je länger sie im menschlichen Körper verweilen und sich radioaktiv umwandeln können. Der Zerfall dieser Neutronen im Körper vergleicht ROTHDACH mit Granaten und Splitterwirkung. ASCHOFF bringt wiederum die Gitternetze bzw. deren Kreuzungen in Verbindung mit ungebremsten Neutronen, die keine radioaktive Schädigung hervorrufen. Im übrigen hat schon P. Cody 1939 auf die gebremste Neutronenstrahlung in Verbindung mit Krebsfällen hingewiesen. –

Von besonderer geobiologischer Bedeutung ist bei der Wasserstrahlung die *Schwerpunktzone*, die sich senkrecht über der Wasserführung innerhalb der sogenannten Hauptzone erstreckt. Hier ist die größte Intensität nachweisbar. Da die charakteristischen Wellenlängen der Wasserstrahlung (cm-Wellen) bekannt sind, läßt sich mit der Grifflängen-Rute oder noch genauer mit der Lecher-Antenne die Schwerpunktzone und die meist nur wenig wirksamen Ränder der Hauptzone über einer Wasserführung sehr leicht auffinden. Außerhalb der Hauptzone sind noch mindestens zwei sog. Ankündigungszonen, die aber keine biologische Bedeutung haben, zu muten. – Das Auffinden aber der äußersten, sehr wenig spürbaren und daher leicht übergehbaren Ankündigungszone ist für die Tiefenbestimmung des unterirdisch fließenden Wassers von besonderer Bedeutung. Mit der folgenden Methode der *Tiefenbestimmung* bin ich immer gut gefahren.

Man muß die Streckenlänge zwischen dieser 1. Ankündigung und der Schwerpunktzone, je nach geologischem Aufbau des Untergrundes, mit dem Faktor 1,6 – 1,8 (manchmal auch mehr) multiplizieren. Wenn Lehmlagen auftreten, so ist nach Angaben erfahrener Praktiker und aufgrund eigener Erfahrung die Lehmdicke zum Berechnungsergebnis dazuzuschlagen. Bei größerer Mächtigkeit muß man aber auf Erfahrungswerte zurückgreifen. – Sicherlich gibt es auch eine sog. *mentale* Möglichkeit der Tiefenbestimmung, die aber bei vielen zu Fehlurteilen führen kann. Im übrigen gab es nach R. Schneider schon im 16. und 17. Jh. Vorschriften für die praktische Wassersuche.

Nun zu den eigentlichen *geopathogenen Wirkungen des Wassers.* Vom Wasser bzw. seiner Strahlung kann eine ganze Palette von Beschwerden und Krankheiten ausgehen. Es sind dies Schlafstörungen, Alpträume, Depressionen gewisser Art, alle Entzündungsformen, so insbesondere Rheuma und Arthritis, Bettnässen, nervös-vegetative Störungen, Begünstigung von guten und bösartigen Geschwülsten und Erkrankungen (Krebs). – In diesen letzteren Fällen ist die Wirkung des Wassers meist keine erregende, sondern eine nur mithelfende und auslösende, weiters können Allergien und Infektionskrankheiten durch die Wasserstrahlung begünstigt werden. Dies gilt auch für gewisse Geisteskrankheiten wie Schizophrenie und Verfolgungswahn (Paranoia), die bei einer diesbezüglich gegebenen Anlage und Disposition dann zum Ausbruch kommen können.

Der vor wenigen Jahren verstorbene österreichische Altmeister der Radiästhesie A. FLACHENEGGER hat als erster aufmerksam gemacht, daß dies vornehmlich dann der Fall ist, wenn die Wasserstrahlung von den Beinen des Menschen zum Kopf „fließt". („schiebendes Wasser") Hinsichtlich der Depressionen wäre ergänzend zu sagen, daß es sich bei diesen in erster Linie um die exogene Art (durch äußere Einwirkungen entstehend) handelt. Diese sind nicht selten verbunden mit der Gefahr zum Selbstmord. Die Depressionen und ihre Auswirkungen werden auch dadurch erklärt, daß durch die Wasserstrahlung die normale Umgebungsstrahlung verändert wird, was wiederum eine Verminderung der Hormonausschüttung der Thymusdrüse (beim Kalb

Bries genannt) bedeutet. Diese Drüse wurde bei den alten Griechen als Sitz der Seele und des Lebensmutes aufgefaßt.

Die Wasserstrahlung ist überwiegend linksdrehend (links-zirkular polarisiert). Heil- und Thermalwasser sind normalerweise rechtsdrehend, wie auch das Wasser der sog. „Heiligen Quellen". Bei gewisser Mineralisation kann auch Linksdrehung angetroffen werden. – Auf die Rolle der Wasserstrahlung bei der Krebsentstehung wird in einem eigenen Kapitel eingegangen werden. (II/5).

Geologische Störungen und ihre Wirkungen

Unter geologischen Störungen versteht man größere Kluftsysteme innerhalb der Gesteinsschichten, Brüche, sog. Verwerfungen (Abb. 3), unterirdische Hohlräume, aber auch Lagerstätten (Kohle, Erz). Von solchen geologischen Störungen können gewisse Störstrahlungen, mehr oder weniger gebündelt, und dadurch entsprechend intensiv, aufsteigen und geopathisch wirksam werden. Die Strahlung kann ähnliche Wirkungen haben wie die Strahlung des Wassers. Sie kann vor allem Krebs und Depressionen begünstigen bzw. auslösen, unter Umständen auch erregen. – Wenn die angeführten Störungen, insbesondere Brüche und Verwerfungen, wasserführend sind, wird die Wirkung noch erhöht. Auch hier kann man bei diesen Störzonen von einer Zentralzone als den geobiologisch am meisten wirksamen Bereich sprechen. Bei diesen Störungen habe ich, abgesehen von Verbindungen mit geomantischen Zonen, nur linksdrehende Strahlung angetroffen. – Mit zunehmender Breite der Störungszonen kompliziert sich auch das strukturelle Bild der Strahlung, dies weiters auch durch die Anzahl verschiedener Gesteinsschichten, die von der Störstrahlung betroffen werden.

Bei einer echten *Verwerfung* muß eine Schichtverschiebung auf der Gegenseite gegeben sein (Abb. 3). Es ist bei Rutengängern üblich, immer nur von Verwerfungen zu sprechen. In vielen Fällen sind diese nur einfache Brüche.

Die Gitternetze (Netzgitter) und ihre Wirkungen

Neben der bisher besprochenen Strahlung gibt es noch eigenartige Systeme von streifenförmigen, aber räumlich ausgerichteten Strahlenzonen, die Netzgitter genannt werden (ich bezeichne sie lieber als Gitter-

Abb. 3: GEOLGISCHE STÖRUNGSFORMEN (nach H.G.Wunderlich)

A. Horst- und Grabenbrüche – Staffelbrüche

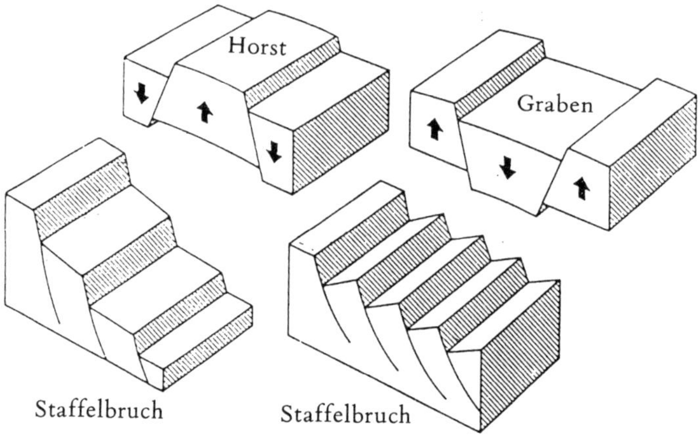

B. Verwerfungen

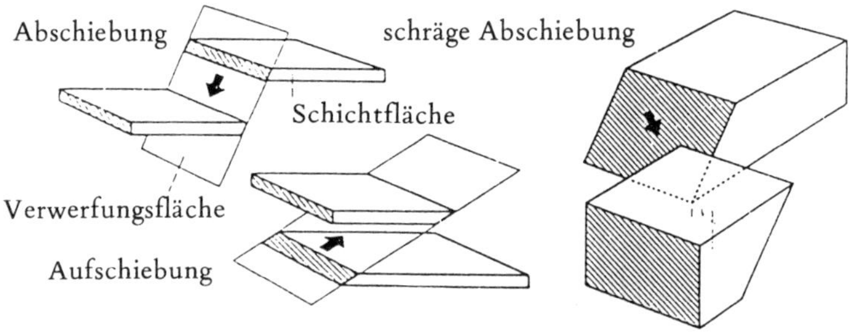

netze). Landläufig werden sie immer noch von der Bevölkerung als eigentliche Erdstrahlen im Gegensatz zur Wasserstrahlung aufgefaßt. Heute ist es aber bei den Radiästheten üblich geworden, alle diesbezüglichen Strahlungen, ob sie nun direkt aus der Erde oder von oben kommen, als „Erdstrahlen" zu bezeichnen.

Wie schon berichtet, waren die Gitternetze schon im Altertum, so in China bekannt. – Die alten Indianerkulturen Nord- und Südamerikas scheinen ebenfalls von einem „Erdnetzgitter" gewußt zu haben (Mayer-Winklbaur). Auch wurde schon bei I/2 auf die Aussagen des *Corpus Agrimensorum* hingewiesen. Vollkommen in Vergessenheit geraten, mußten die Gitternetze vor mehr als fünfzig Jahren von Forschern wie Peyré, Hiller, Hartmann und Curry neu entdeckt werden.

Die Entstehung der Gitternetze ist heute noch unbekannt. R. ENDRÖS meinte, daß es sich hier um Gravitationsschwingungen der Erde (Schwerkraft-Schwingungen) handle. M.L. METTLER glaubt, daß die Gitternetze z.T. aus dem Kosmos, z.T. aus der Atmosphäre, zu einem Teil aber auch aus der Erde kommen, was durchaus möglich sein könnte. Daß auch vom Kosmos her Beeinflussungen stattfinden, dürfte anzunehmen sein. HARTMANN hat den Ursprung seines Netzes im Kosmos gesehen, hat aber die magnetische Orientierung vor allem der Nord-Süd-Zonen hervorgehoben. Curry vertrat die Ansicht, daß hinsichtlich seines Diagonalnetzes die Energieströme der aufladenden Kreuzungen von oben nach unten gehen, bei den abladenden jedoch umgekehrt. Die Gitterstruktur brachte er mit dem Erdmagnetfeld in Verbindung. C. WETZEL glaubt an einen terrestrischen Ursprung dieses Diagonalnetzes.

Heute überwiegt aber doch die Ansicht, daß die Gitternetze aus der sog. Ionosphäre (zwischen etwa 60 – 500 km), der Hochatmosphäre, mit starker magnetischer Komponente kommen. Diese kann sich auf in dieser Sphäre selbst vorhandene Magnetfelder oder auf solche der Erde beziehen. – Die Tatsache, daß nach ASCHOFF die Gitternetze mit *ungebremsten* Neutronen in Verbindung stehen, bekräftigt die Ansicht, daß diese Strahlung von oben kommt. Forscher der IAG sprechen von Magnetwirbeln bzw. Magnetgittern. Man vertritt außerdem, insbesondere beim Globalnetz die Meinung, daß es sich um *stehende Wellen*, die durch Reflexionen entstehen, handle.

Auch HARTMANN hat schon diese Meinung vertreten. SCHWEIZER ist neuerdings der Ansicht, daß die Gitternetze in engster Verbindung zu Verwerfungen stehen. Er spricht von sog. induzierten Gittern.

Dem kann ich nicht zustimmen, da es auch dort Netze gibt, wo weit und breit keine Verwerfungen feststellbar sind.

Manche Radiästheten unterscheiden strukturell zwischen *Feingittern* und *Grobgittern*. Die Angaben über den jeweiligen Abstand gehen aber da sehr auseinander. Endrös meint, daß Grobgitter alle 30 – 50 m auftreten, METTLER spricht von Globalzonen, die sich alle 75 – 100 m wiederholen, und die wohl den Grobgittern zuzuordnen sind. A. BENKER wiederum berichtet von einem von ihm 1953 entdeckten *Atomaren Kuben-System* mit einer Seitenlänge von 10 m und 20 – 30 cm Breite, mit wechselnder Polarität von Plus zu Minus, d.h. von sog. aufladenden und abladenden Feldern, die nach der chinesischen Akupunktur-Lehre als *Yang* (=positiv: Erhöhung der Energie) bzw. *Yin* (=negativ: Verminderung der Energie des Menschen) bezeichnet wird. Die genannten Abstände sind hier wohl wieder als Grobgitter aufzufassen. Oberingenieur S. WITTMANN – er lebt heute noch hochbetagt – hat aber als erster von solchen polaren Feldern berichtet. Er gilt übrigens als eigentlicher Entdecker des noch zu besprechenden Diagonalnetzes. –

Auch der schon erwähnte französische Arzt Dr. PEYRÉ hat schon 1937 auf einem internationalen Kongreß in Paris von einem ähnlichen Netz wie Benker u.zw. mit quadratischer Form und 4 m Seitenlänge bei magnetischer Nord-Süd-Ausrichtung berichtet. – Auch HILLER hat 1951 von ähnlichen Netzen gesprochen.

Ich halte mich an die Gitternetze, wie sie vornehmlich Hartmann, Curry und Schneider beschrieben haben. In meiner vieljährigen radiästhetisch-geobiologischen Praxis konnte ich die Auffassungen dieser Forscher großteils immer wieder bestätigen, zumal ich alle chronischen Erkrankungen, einschließlich des Krebses, immer auf den entsprechenden Zonen jener Gitter gefunden habe, bzw. finde, die im Gegensatz zu den Grobgittern als Feingitter zu bezeichnen sind. Außerdem wirkt diese Vielfalt der Anschauungen nur verwirrend. Das gilt auch für die sog. *Millimeter-Wellen* bzw. Strahlen, die nach Ansicht gewisser Radiästheten besonders geopathogen sein sollen.

Nach diesen mehr theoretischen Erörterungen nun zu den bekannten Gitternetzen und deren allfälligen geobiologischen Wirkungen. Der schon erwähnte Arzt Dr. E. HARTMANN aus Waldbrunn-Waldkatzenbach bei Eberbach am Neckar, hat sich ab den fünfziger Jahren ausführlich mit einem Netz, das auf der ganzen Erde nachweisbar ist, befaßt und es sehr genau erforscht. Er nannte es das *Globalgitternetz*, später wurde es von R. Schneider als das *1. Netz* bezeichnet. Dr. Hartmann gründete in den fünfziger Jahren den noch heute bestehenden Forschungskreis für Geobiologie, dessen Vorsitzender er ist. Er wurde durch sein schon erwähntes Buch „Krankheit als Standortproblem" weithin bekannt. Dieses Netz besteht aus streifenförmigen Zonen (Reizzonen), die Nord-Süd bzw. Ost-West ausgerichtet sind und meist eine Breite von 20 – 25 cm, manchmal, so bei Doppelzonen (siehe spätere Erläuterung) auch mehr haben. Die Abstände der Zonen bewegen sich zwischen 2 m bei den Ost-West-Streifen und 2,5 m bei den Nord-Süd-Streifen. Das hängt aber von der geographischen Breite ab. Nach Norden soll eine merkliche Verminderung der Abstände gegeben sein. Mayer-Winklbaur führen für Stockholm Maschenweiten von 1,0/2,35 m, für Rom von 2.0/2,30 m u.a. an. Manche Radiästheten geben besonders große Unterschiede je nach geographischer Breite an. Ich selbst konnte in den südlichen skandinavischen Ländern oder am Rande der Sahara keine allzu großen Unterschiede im Vergleich zu den mitteleuropäischen Werten feststellen. – Den schon vor Jahrzehnten und auch heute noch von manchen Radiästheten behaupteten regelmäßigen Wechsel von positiven und negativen Zonen kann ich keinesfalls bestätigen. Vielmehr kommt es des öfteren vor, daß mehrere Zonen positiver Polarisation auf solchen negativer Art folgen. Bei negativer Polarisation können Hartmann-Zonen nervöse, vegetative Beschwerden, sogar Nervenleiden hervorrufen. Auch Funktionsstörungen, Migräne, Verkrampfungen und Koliken können dadurch bedingt oder begünstigt werden.

Ein 2. Netz wurde nach dem deutschen Arzt Dr. MANFRED CURRY benannt, der einige Jahre vor seinem Tode im Jahre 1953 in Riederau am Ammersee (Bayern) ein bioklimatologisches Institut gründete. Er hat dieses Netz, dessen Entdecker, wie schon einmal hingewiesen, O.-Ing. Wittmann war, gerade in geobiologischer Hinsicht gründlich erforscht. Da die Zonen dieses Netzes diagonal zu den Haupthimmelsrichtungen und damit auch zum Hartmann-Netz verlaufen, wird es auch *Diagonalnetz* genannt. – Die Breite dieser Zonen bewegt sich, mit Ausnahme der Doppelzonen, im allgemeinen zwischen 25 und 35 cm. (Angaben von viel größerer Breite – durch manche Radiästheten – erklären sich wohl dadurch, daß diese die Strahlung der Zonen schon in einem gewissen Abstand „vorfühlen"). Die Abstände der Curry-Zonen liegen bei uns meist zwischen 2,5 und 3,5 m, können bei Doppelzonen aber 4 m erreichen. Auch hier spielt die geographische Breite anscheinend eine Rolle.

Das Curry-Netz weist ebenfalls rechts- oder linksdrehende Polarisation auf. Bei positiver Polarisation ist im wesentlichen dasselbe zu sagen, wie früher beim Hartmann-Netz. Es kann bei negativer Polarisation sowohl nervös-vegetativ als auch entzündungsmäßig wirken und ähnliche Folgen wie die Wasserstrahlung haben. So können Schlafstörungen, Depressionen, Entzündungen, Rheuma, etc. die Folge sein. Aus eigener Erfahrung muß gesagt werden, daß an und für sich die Wirkung dieses Netzes im allgemeinen eine wesentlich stärkere ist, als die des Hartmann-Netzes, was übrigens u.a. auch schon K. BACHLER zum Ausdruck gebracht hat. Bei Kreuzungen von linksdrehenden Zonen – dies gilt natürlich auch für das 1. Netz und noch mehr bei Kreuzungen mit der Wasserstrahlung – wird die geopathogene Wirkung wesentlich gesteigert. Es ist aber ausgesprochen falsch, allgemein von gesteigerten Wirkungen bei Kreuzungen von Gitternetzen zu sprechen, ohne zu untersuchen und anzugeben, um welche Polarisation es sich handelt. Es könnte ja sogar sein, daß die Wirkung einer Kreuzung von rechtsdrehenden mit linksdrehenden Zonen bei annähernd gleicher Intensität sich aufheben und daher wirkungslos sein könnte.

Die Intensität der Strahlung bei den Gitternetzen ist tages- und jahreszeitlichen Schwankungen unterworfen. Ein russischer Biophysiker hat herausgefunden, daß diese sich zwischen Mitternacht und 3 Uhr verdreifachen kann. Das ist auch die Zeit, wo Menschen mit Beschwerden am häufigsten wach werden und auch Herzinfarkte auftreten.

Immer wird bei meinen Vorträgen die Frage gestellt, ob sich die Gitternetze nicht verändern können. Durch bestimmte Einwirkungen, so z.B. bei Erdbeben, verändert sich vorübergehend wohl die Breite der Zonen, nicht aber das Netz als solches lagemäßig. Der beste Beweis für die Unveränderlichkeit der Netze sind doch die Jahrtausende alten heidnischen Kultstätten, sowie unsere alten Dome, die seinerzeit auf positive Zonen hingebaut wurden, die heute noch an diesen Stellen nachweisbar sind.

Ein 3. Netz hat R. SCHNEIDER gefunden. Es verläuft mit seinen Zonen wie das 2. Netz auch diagonal zu den Haupthimmelsrichtungen. Es weist Wellenlängen auf, die u.a. bei den alten Kanzeln der romanischen und gotischen Dome und Kirchen eine besondere Rolle spielen (Zonen der Beredsamkeit!). – Von besonderer Bedeutung ist eine Wellenlänge, die in Verbindung mit den noch zu besprechenden sog. geomantischen Zonen die Entstehung der gefürchteten „Multiplen Sklerose" (MS-Erkrankung) begünstigen oder auslösen kann.

Über ein 4. Netz, das nach Schneider wiederum zu den Zonen des 1. Netzes parallel streicht, kann noch keine wesentliche Aussage gemacht werden. Es scheint so, daß diese nicht sehr breiten Zonen im allgemeinen nur wenig auf den Menschen einwirken, es sei denn, es handelt sich um Kreuzungen von solchen mit linksdrehender Polarisation. –

Von ganz eminenter Bedeutung in geobiologischer bzw. pathogener Hinsicht, wie es sich aufgrund meiner Untersuchungen immer mehr in den letzten Jahren bestätigt hat, sind die von A. BENKER 1953 erstmalig erwähnten und schon angeführten sog. *Doppelzonen*. Sie sind bei allen Gitternetzen nachweisbar. P. SCHWEITZER hat sie ausführlicher beschrieben. Nach seiner Ansicht treten sie beim 1. Netz alle 10 m, beim 2. Netz alle 15 m auf. A.L. METTLER – er nennt sie Netzgitterzonen – findet sie in Nord-Süd-Richtung alle 10 m, in Ost-West-Richtung alle 12 m. – Ich selbst konnte im Gegensatz dazu feststellen, daß sie ganz sporadisch auftreten, so ortsweise sehr stark, in manchen Häusern und Gegenden nur selten oder gar nicht. Diese Doppelzonen sind, wie auch Schweitzer schreibt, im allgemeinen 40 cm breit und haben die auffallende Eigenschaft, an ihren Rändern eine gegenteilige Polarisation zu haben. Sie werden vor und nach der eigentlichen Hauptzone von schmalen positiven Streifen in jeweils rund 80 cm Entferung begleitet. Von besonderer pathogener Bedeutung sind nach Schweitzer der etwa 15 – 20 cm breite Mittelstreifen und die Randzone.

Diese Doppelzonen, die nicht leicht auffindbar sind, und wo eine gewisse Sensibilisierung trotz Lecher-Rute notwendig ist, wirken weitaus intensiver als dies bei den einfachen beschriebenen Netzen der Fall ist. So können Doppelzonen des 1.. Netzes rascher und stärker jene Beschwerden und Erkrankungen hervorrufen, die als pathogene Auswirkungen bei diesem Netz beschrieben worden sind.

Dies trifft vor allem für die Entstehung der *Migräne* zu. Man könnte die Doppelzonen dieser Art als ausgesprochene *Migränezonen* bezeichnen, insbesondere dann, wenn der Kopf betroffen wird. Durch Verlegung des Erkrankten von solchen Zonen läßt sich am raschesten eine Beschwerdenfreiheit erreichen.

Das gilt aber noch mehr für die *Curry-Doppelzonen*, wo, wie angeführt, die Störungen und Erkrankungen, wie beim einfachen Netz negativer Polarisation, sowohl im nervös-vegetativen als auch im Entzündungsbereich liegen.

Aufgrund jahrelanger Beobachtung und daraus resultierender eigener Erkenntnisse aus der Praxis steht einwandfrei für mich fest, daß Doppelzonen des Curry-Netzes in erster Linie für das Zustandekommen eines *Krebspunktes* – die Bezeichnung stammt von Hartmann und Curry – und damit für eine Krebs- oder andere chronische Erkrankung verantwortlich sind.

Eine *Krebszone* wiederum liegt dann vor, wenn eine Wasserstrahlung entweder unmittelbar neben einer Cu-Doppelzone oder so läuft, daß innerhalb der Doppelzone die Wasserstrahlung liegt. –

Manche Doppelzonen des 2. Gitters – ich konnte dies schon sehr oft feststellen – haben eine stärkere pathogene Wirkung als sogar eine intensive Wasserstrahlung. Dort, wo in gewissen Gegenden und Orten überprozentual chronische Erkrankungen und Krebs auftreten, sind auch gehäuft diese Curry-Doppelzonen in Verbindung mit intensiver Wasserstrahlung nachweisbar. Hartmann-Doppelzonen können in solchen Fällen das Krankheitsgeschehen nur funktionell beeinflussen.

Auf ein eigenartiges Phänomen kommt J. PURNER in seinem zweiten Buch zu sprechen, es kann nämlich vorkommen, so schreibt er, daß Menschen strahlenmäßig schlecht lagen und krank waren, nach günstigem Schlafplatzwechsel gesunden, nach einiger Zeit aber wieder in die Krankheit zurückfallen. Eine nochmalige Untersuchung ergibt dann, daß das Bett wieder strahlenmäßig gestört ist. Hier muß daran gedacht werden, daß diese Menschen in einer Disharmonie leben, diese strahlenmäßig umsetzen und, so unglaublich das zu sein scheint, in ihr Bett projizieren (s. auch den Schluß dieses Buches). Solche Fälle weisen darauf hin, daß bei derart „gestörten" Menschen ein Standortwechsel nur dann Erfolg haben kann, wenn sich diese von ihrer Disharmonie befreien, die in Verein mit den Störstrahlungen zur Krankheit geführt hat.

Mit einem ganz neuen Aspekt der Radiästhesie, mit der sog. *Radimetrie*, hat Dr. HEINZ EGER, Graz, die Teilnehmer am Internationalen Kongreß für Radiästhesie – solche Kongresse finden alle zwei Jahre im Schloß Puchberg bei Wels statt – durch seinen Vortrag 1987 bekannt gemacht. Es geht um die Frage nach der Qualität und Intensität der radiästhetischen Phänomene, die Eger mit der Hakenrute bestimmt und in Form der sog. Inklination in einem Halbkreisbogen von 180 Grad darstellt. Dabei wird auf die von Mensch zu Mensch verschiedene Inklination Bezug genommen, von der es nach Egers Meinung abhängig ist, was als neutrale Stelle angesprochen werden kann. Mit dieser Methode werden Aussagen möglich, die mit den herkömmlichen radiästhetischen Messungen und Beobachtungen nicht gemacht werden können.

II/1 – DIE BEDEUTUNG DES STANDORTES

Die eminente Bedeutung des Standortes für alle chronischen Erkrankungen einschließlich des Krebses hat schon vor Jahrzehnten vor allem Dr. med. E. Hartmann erkannt und seine diesbezüglichen Erkenntnisse 1967 in seinem umfangreichen Buch „Standort als Krankheitsproblem" niedergeschrieben.

Der Begriff „Standort" ist, geobiologisch und medizinisch gesehen, von einer so grundlegenden Wichtigkeit, daß es notwendig ist, ihn genauer zu erörtern.

In seiner engeren, fundamentalen Bedeutung wird der Standort durch die jeweiligen Strahlenverhältnisse definiert und entweder günstig oder ungünstig beeinflußt.

Im weiteren Sinn wird er aber auch durch verschiedene andere Faktoren mitbestimmt, so durch den Aufbau des Untergrundes, durch spezifische hydrologische und klimatische Verhältnisse, aber auch noch durch andere Strahlenkomplexe, die mit den „Erdstrahlen", zumindest direkt, nichts zu tun haben. Letztere sind die sog. *Sferics* oder genauer *Atmospherics* genannt, die aus der Atmosphäre kommen und letzthin mit der Gewittertätigkeit auf der ganzen Welt in engstem Zusammenhang stehen. Sie sind meist nieder- oder mittelfrequent, z.T. aber auch in die Hochfrequenz einzuordnen, und haben eine große Bedeutung für die Erhaltung der „Vitalität", d.h. für das „Biopotential" unserer Zellen. Unsere Gehirnströme liegen großteils im selben Frequenzbereich! – Dieser Raum über uns, so schreibt KÖNIG in seinem Buch „Unsichtbare Umwelt", aus dem diese natürliche Reizstrahlung kommt, erstreckt sich rund 100 km hinauf bis zum Rand der Ionosphäre, der Hochatmosphäre, welche auch für den Rundfunkverlehr von besonderer Bedeutung ist. (Eigentlich ist damit die untere Randzone der mehrschichtigen Ionosphäre gemeint.)

Welche Standorte sind nun geobiologisch von Bedeutung?

Ein ganz wichtiger Standort ist der *Bauplatz*. Von diesem ist es wesentlich abhängig, ob die zukünftigen Bewohner in dem darauf stehenden Haus gesund bleiben.

Schon vor Jahrtausenden konnte man günstige und ungünstige Orte unterscheiden, z.T. wohl mit der Rute, großteils aber eher mit dem damals besonders ausgeprägten, intuitiv betonten Gespür. So war man damals in China bemüht, nach der Lehre des FENG SHUI in Harmonie mit den Gesetzen der Natur zu leben (A. Felder) und man erkannte auch die Bedeutung des Standortes für die Erhaltung der Gesundheit des Menschen. So wird auch immer auf den chinesischen Kaiser KÜANG YÜ (um 2.000 v. Chr.) verwiesen, der damals ein Edikt, wohl das älteste in der Menschheitsgeschichte, erlassen hat, demzufolge von befugten Priestern (sog. Geomanten) jeder Bauplatz auf „Drachen in der Tiefe" oder auf „böse Erdgeister" untersucht werden mußte, bevor, wenn nur ersteres aufgespürt wurde, gebaut werden durfte. „Drachen" zeigten nämlich einen günstigen Bauplatz an. – Der Kaiser selbst war anscheinend auch Rutengänger, denn in einem Relief wird er mit der Rute dargestellt, die damals ein Werkzeug für das sog. Erdhellsehen bzw. das Erdwahrsagen darstellte, das den Begriff „Geomantie" einschließt. – Dieses Gesetz gilt auch heute noch in manchen Teilen Chinas, wenn auch in entsprechend umgewandelter Form. Die Pflicht zu einer, wie es heute heißt, geophysikalischen Untersuchung des Baugrundes besteht auch heute in manchen Kantonen der Schweiz, sie soll auch in wenigen anderen Ländern gegeben sein. – Im 4. Jh. v. Chr. gab es in der Lehre von TSEN-YEN strenge Vorschriften für die Ortswahl von Haus und auch Grab. – Der römische Baumeister POLLIO VITRUVIUS berichtet in einem seiner zehn Bücher „de architectura" aus dem 1. vorchristlichen Jahrhundert, daß die Römer, bevor sie eine Siedlung anlegten, im vorgesehenen Gebiet eine Zeitlang Schafe hielten, dann einige schlachteten, und die Leber dieser Tiere ansahen. Wenn diese bei mehreren Tieren nicht in Ordnung war, so wurde an dieser Stelle keine Siedlung errichtet. Diese Art der Überprüfung eines prospektiven Baugeländes – und vieles andere – hatten die Römer von dem einst kulturell sehr hochstehenden Volk der *Etrusker* übernommen, die u.a. sogar schon eine hochofenähnliche Verhüttung von Erzen kannten. Die Etrusker wurden, nachdem alle ihre acht Städtezentren von den Römern unterworfen worden waren, schließlich im 3. und 2. vorchristlichen Jahrhundert von diesen gänzlich absorbiert, stellten aber in dieser Zeit sogar noch einige römische Könige. – Auch die Kelten und Germanen hatten als „Naturvölker" ein Gespür für gute und schlechte oder gar böse Orte und wußten um die Bedeutung einer richtigen Auswahl von Standorten für bestimmte Zwecke.

Man muß an dieser Stelle daran erinnern, daß der Mensch früher, und das ging bis ins 17. und 18. Jh., d.h. bis in die Zeit der Aufklärung hinein, dank seiner instinktiven und intuitiven, naturverbundenen Fähigkeiten, im Gegensatz zu heute, solche Orte beurteilen und unterscheiden konnte. Dies sicherlich auch ohne Rute oder Pendel. Ein Beweis dafür sind die meisten ganz alten Bauerngehöfte.

Als Standort von ganz besonderer geobiologischer Bedeutung ist der *Schlafplatz* zu nennen. Das ergibt sich schon daraus, daß der Mensch etwa ein Drittel seines Lebens in seinem Bett verbringt und es daher nicht gleichgültig sein kann, ob diese Bettstelle strahlenmäßig in Ordnung ist oder nicht. Dazu kommt aber noch die Tatsache, daß während des Schlafens die Widerstandskraft des Menschen herabgesetzt ist, sodaß er umso empfindlicher auf Strahlen reagiert. Die Wichtigkeit des Schlafplatzes kommt in II/6 sehr augenscheinlich zum Ausdruck. Für die Tatsache, daß gerade das Schlafzimmer oft ungünstigste Strahlenverhältnisse aufweist – das trifft für etwa 80% dieser Zimmer zu –, während nicht benützte Nebenzimmer in Ordnung sind, konnte ich bisher keine Erklärung finden.

Standortmäßig spielt aber auch der *Arbeitsplatz* eine nicht zu unterschätzende Rolle. Natürlich hängen hier auftretende Störungen von der Länge des Verweilens ab. Ein Beamter z.B., der acht Stunden lang fast jeden Tag seinen angenommen strahlenmäßig schwer belasteten Sessel „drückt“, kann je nach Empfindlichkeit auch Beschwerden bekommen oder schwer krank werden.

Was aber den *Platz* des Kindes in der *Schule* oder seinen *Lernplatz* zuhause anbelangt, so hat schon KÄTHE BACHLER in ihrem ersten Buch genug Fälle aufgezeigt, die beweisen, welch große Rolle ein günstiger oder ungünstiger Schulplatz, hinsichtlich der Lern- und Konzentrationsfähigkeit und damit auch hinsichtlich des Lernerfolges spielt. Der *Aufgabenplatz* zuhause soll nicht unterbewertet werden. Kinder, die auf einem solchen keine Ausdauer beim Lernen und keine Lernlust zeigen, immer wieder aufstehen oder auf ihrem Arbeitsplatz „dahindösen“, haben immer einen strahlenmäßig schlechten Platz. Das ist unschwer zu beweisen, denn nach Änderung des Aufgabenplatzes – wenn es geht, auf positive Zonen oder, noch besser, auf Kreuzungen von solchen – wird fast immer die Unlust zum Lernen rasch vorbei sein und eine gesteigerte Lern- und Konzentrationsfähigkeit zu bemerken sein. Dies trägt dann wiederum zu einem entsprechenden Lernerfolg bei. Viele markante Beispiele aus eigener Erfahrung, wo anfänglich als dumm eingeschätzte Schüler nach relativ kurzer Zeit direkt zu Musterschülern wurden, könnte ich anführen. Man darf auch nicht vergessen, daß gerade Kinder und Schüler in besonderer Weise strahlenempfindlich sind und daher auch auf guten Plätzen rascher und stärker positiv reagieren.

Als Ort der größten geopathischen Gefährdung stellt sich der schon genannte *Krebspunkt* dar,der zusammen mit anderen negativen Faktoren, nicht nur Krebs erregen oder auslösen kann, sondern auch alle anderen chronischen Erkrankungen. Darüber mehr in II/4 und II/5. In diesem Kapitel über die Bedeutung des Standortes soll aber auch auf die Faktoren hingewiesen werden, die irgendwie zur Definition und Beschreibung des Standortes gehören, von denen man aber meist nichts oder nur wenig hört. Es gibt nämlich außer diesen Strahlenzonen, die wir landläufig als „Erdstrahlen" bezeichnen, noch Strahlen und Impulse, die, gefiltert und abgeschwächt oder auch verändert, aus dem Kosmos oder von der Sonne her kommen, denken wir nur an die UV-Strahlung (ultraviolette Strahlen), und solche, die, wie die Atmospherics, der Lufthülle der Erde entstammen. Hierher gehören u.a. Impulse, die bei manchen Menschen die sog. *Wetterfühligkeit* verursachen und die schon 24 Stunden und mehr vor dem Wetterumschwung spürbar werden. Ein Phänomen, das heute noch großteils der wissenschaftlichen Klärung bedarf. (S. Volker Faust, „Wetterfühligkeit", München 1977).

Was z.B. Wetterumschwünge bewirken können, konnte man am 2. Weltkongreß für Kardiologie hören, wo festgestellt wurde, daß 87,8% der Herzinfarkte in den Großstädten bei solchen Wetterumschwüngen, u.zw. von kalt auf warm, auftraten.

Der ehemalige Manager und jetzige Heilpraktiker M. KÖHNLECHNER berichtet so in seinem sehr aufschlußreichen und spannend zu lesenden Buch „Man stirbt nicht im August", daß es z.B. in Leningrad in einer einzigen Jännernacht, in der das Thermometer von −43 auf +6 Grade hinaufkletterte, 40.000 Grippeerkrankungen gegeben haben soll.

Daß viele Menschen unter *Föhn* leiden, ist bekannt. In Innsbruck, wo Föhnlagen besonders oft und massiv auftreten, werden an solchen Tagen nach Tunlichkeit Operationen vermieden.

Bei Föhn herrscht ein Defizit an Strahlung, ein Mangel an den angeführten Sferics. Man spricht von einer Null-Wetterlage. Diese Minima der Elektrowetterstrahlung zeigen eine zeitliche Übereinstimmung mit den Infarkt-Maxima. Die Frequenz dieser Strahlung geht hier unter 2 Hz (Hertz), während bei Wohlbefinden diese bei 10 Hz liegt. (Lang)

Warum dies hier alles angeführt wird? Nun, erstens ist es ein interessantes Thema, zweitens gibt es eine sehr bezeichnende Parallele: Hier geht es um außerordentlich feine Impulse mit großer Wirkung. Dasselbe ist auch bei den ebenso feinen Strahlenimpulsen der Störzonen der Fall. Da geht es nicht um Meßbarkeit oder Nichtmeßbarkeit. Wesentlich ist die geobiologische Auswirkung, und die ist oft genug spürbar!

Diese Ausführungen gelten in gleichem Maße für Faktoren elektrischer Art in der Form der sog. *elektrostatischen Gleichfelder*. Auch von diesen ist unser Wohlbefinden und unsere Gesundheit in nicht zu unterschätzender Weise abhängig. Diese sind über Tälern und auch in den Städten viel weniger dicht und daher entsprechend schwächer als auf den Hängen und Bergen. Die elektrische Spannung nimmt nämlich mit der Höhe zu. Univ.-Prof. Dr. MAX v. PETTENKOFER, einer der größten Vorkämpfer der modernen Medizin und Schöpfer der neuzeitlichen Hygiene, hat über dieses Phänomen umfangreiche Studien angestellt.

Höher gelegene Stellen – bei Köhnlechner nachzulesen – wurden in der Vergangenheit vielfach von Seuchen und Epidemien, so von der Cholera und Pest verschont. Sogar höher gelegene Stadtbezirke wurden begünstigt. Nicht von ungefähr werden Lungenheilstätten in gewissen Höhenlagen errichtet. Dies geschieht wegen der bevorzugten Sonnenlage, die heilkräftig wirkt. Sicherlich spielen hier auch die stärkeren Gleichfelder für die Genesung eine wesentliche Rolle. Schon geringe Lageänderungen des Körpers machen – es ist fast nicht zu glauben – einen bestimmten Spannungsunterschied des Gleichfeldes aus. So ist beim stehenden Menschen in der Höhe des Kopfes die Gleichfeldspannung größer als im Bereich der Füße. Das früher übliche stehende Schreiben an einem Pult kann eine bessere Anregung des Gehirns bei gleichzeitiger vegetativer Beruhigung bedeuten. Gott sprach, so Köhnlechner, nicht im Tal oder in einer Ebene zu Moses, sondern auf einem Berg. Jesus hielt die bekannte Bergpredigt und seine Verklärung geschah auch auf einem Berg, dem Tabor.

Bei Schlechtwetter, und zwar schon bei seinem Heranziehen, beginnt ein elektrisches Wechselfeld das Gleichfeld zu überlagern und allmählich zu verdrängen. Es kommt zu einer positiven Umpolung der sonst elektrisch negativ gepolten Erdoberfläche. Die Kraftlinien ziehen jetzt im Gegensatz zu normalen Gleichfeldbedingungen von unten nach oben und nicht mehr wie bei Schönwetter umgekehrt. Daß sich dies auf Menschen, vor allem auf Wetterfühlige, störend auswirkt, ist verständlich.

Auf die Wirkung von *Gleichfeldern* wurde am Hygiene-Institut in Graz (Vorstand Univ.-Prof. Dr. J.R. MÖSE) vom damaligen Dozenten Dr. G. FISCHER, sowie durch den leider auf einer Bergtour

1988 tödlich verunglückten Vorstand des Institutes für Biomedizinische Technik an der Technischen Universität in Graz, Univ.-Prof. Dipl.Ing. Dr.techn. S. SCHUY und durch andere Forscher, wie Prof. Altmann aus Saarbrücken, hingewiesen. Sie stellten fest, daß entsprechende elektrische Gleichfelder auf Menschen günstig wirken, die Leistungsfähigkeit und die Gesamtaktivität heben, und im Verein mit der Wirkung von günstigen Ionen die Abwehrkräfte gegen Bakterien und Viren steigern. Durch Möse, Fischer und andere konnte festgestellt werden, daß Kranke durch künstliche Gleichfelder günstig beeinflußt werden. Auch ein Großversuch in einer Schule bei Graz durch das genannte Hygiene-Institut bewies, daß Schüler bei Gleichfeldern eine gesteigerte Konzentrations- und Lernfähigkeit bewiesen.

In einem sog. *Faraday'schen Käfig* (ein Raum, der allseits von leitendem Metall umgeben ist und dadurch von elektrischen und elektromagnetischen Einwirkungen freibleibt) treten die genau gegenteiligen Auswirkungen, wie sie vorher bei vorhandenem Gleichfeld geschildert wurden, ein. Das heißt: Abnahme der Gesamtaktivität und Einschränkung der vegetativen Funktionen beim Menschen.

Prof. SCHUY machte überdies Versuche zur Feststellung des Einflusses eines Gleichfeldes mit überlagertem Wechselfeld mittels einer eigens im Institut konstruierten Hochspannungsanlage.

Die Erzeugung von Gleichfeldern durch gute und verläßliche Elektro-Klimaanlagen zuhause oder – noch wichtiger – in den Krankenhäusern (Operationssälen und Krankenzimmern) wäre von besonderer Wichtigkeit. Dadurch würde der sog. „Hospitalismus" in den Krankenhäusern (Bakterienverseuchung), wie sich der russische Biophysiker A.S. PRESMANN ausdrückt, am ehesten bekämpft werden können. Man darf dabei nicht vergessen, daß in unseren Wohnungen das Innenklima auch durch die sog. „Technics" verschlechtert wird. Es sind dies die von unseren elektrischen Hausgeräten, den Lichtstromanlagen, den Rundfunk- und Fernsehgeräten u.a. ausgehenden elektromagnetischen Wellen nieder- bis hochfrequenter Art. Von den Bildschirmen der alten Fernsehgeräte gingen sogar Strahlungen im Bereich des Röntgenspektrums aus!

Da Ionen auch im Zusammenhang mit den Erdstrahlen genannt werden – man spricht von einer Ionisierung der Luft z.B. über unterirdisch fließendem Wasser –, sei noch darauf hingewiesen, daß schon der große Naturforscher ALEXANDER v.HUMBOLDT (1769 – 1859) gewußt hat, daß es Klein-Ionen mit positiver und solche mit negativer Ladung, aber auch Groß-Ionen gibt. Von Wichtigkeit für uns sind die negativen Klein-Ionen, die dann ein günstiges Raumklima bewirken, wenn sie in einem bestimmten Verhältnis zu den positiven stehen (etwa 60:40%). – Jeder Springbrunnen und jeder Wasserfall erzeugt diese für uns so günstigen Klein-Ionen, während z.B. beim Rauchen einer Zigarette die biologisch günstigen Ionen in für uns schädliche Haufen-, das sind Groß-Ionen umgewandelt werden.

Dieser etwas weite Ausflug in ein Gebiet fern der Erdstrahlen schien mir notwendig. Damit sollte aufgezeigt werden, daß der Standort nicht nur durch Erdstrahlen betroffen werden kann, sondern sehr spürbar auch durch andere Faktoren in unserer Umwelt.

Abschließend sei hervorgehoben: Eine Beachtung des Standortes bzw. ein strahlenmäßig unbelasteter Standort würde die meisten der schweren chronischen Erkrankungen – Hartmann sprach von 80 – 85%, ich setze die Zahl etwas höher an – von vornherein verhüten! Die eminente Bedeutung des Standortes, gerade auch beim Krebsgeschehen (s.II/5) könnte nicht besser augenscheinlich gemacht werden!

II/2 – WIE VERHALTEN SICH PFLANZEN UND TIERE GEGENÜBER ERDSTRAHLEN?

Es ist seit langem bekannt, daß auch Pflanzen und Tiere auf die Erdstrahlung reagieren, wobei einige Tiere noch empfindlicher sind als der Mensch.

Der große Vorteil gegenüber der Beobachtung beim Menschen liegt dabei darin, daß man hier infolge der raschen Generationsabfolge zeitlich begrenzte Versuchsreihen durchführen und so meist viel leichter und augenscheinlicher die Ergebnisse der Beobachtungen festhalten kann. –

Bei Pflanzen und Tieren unterscheidet man *Strahlensuchende* und *Strahlenflüchtende*, wobei die Erstgenannten Standorte bevorzugen, die für den Menschen ungünstig oder schädlich sind, während die anderen sich so verhalten wie wir. Die Zahl der Pflanzen, die wir als *Strahlensucher* bezeichnen, ist im Gegensatz zu den Tieren relativ groß. Es muß als besonders auffallend bemerkt werden, daß gerade die Heilpflanzen zu dieser Gruppe gehören. Schon G. POHL betitelt in seinem Buch „Erdstrahlen als Krankheits- und Krebserreger" 1932 ein Kapitel mit den Worten „Wo Unheil gedeiht, gedeihen auch Heilkräuter". In diesem Buch widmet er 40 Seiten der Beschreibung des Einflusses von Erdstrahlen auf Pflanzen und Tiere. So weist er auch auf alte Volksregeln hin, denen zufolge Heilpflanzen auf Waldlichtungen bei Vollmond gepfückt werden sollen und begründet dies damit, daß bei zunehmendem Mond und besonders bei Vollmond die Erdstrahlung intensiver ist und die dann gewonnenen Heilkräuter wirksamer sind.

IRMTRAUT RÜDENAUER hat in ihrer Diplomarbeit „Die Bedeutung der Radiästhesie für die Pflanzen" sehr ausführlich und eingehend alle möglichen Einflüsse der Erdstrahlen auf Pflanzen aufgezeigt und diesbezüglich alles Wissenswerte zusammengetragen.

Eine Heilpflanze, die schon bei den Kelten als heilige Pflanze verehrt wurde, ist in den letzten Jahren wieder mehr zur Geltung gekommen. Es ist dies die *Mistel*, die nun auch in der Krebstherapie Verwendung findet. Sie ist ein sog. Halbschmarotzer. Die auf Eichen wachsende ist die schönste und wirksamste. Am häufigsten ist die Mistel auf Kernobstbäumen anzutreffen. Jeder Baum, auf dem sie wächst, steht zumindest auf einer Wasserader. (Abb. 4) Bei diesen Heilpflanzen kommt ein Naturprinzip zur Geltung, demzufolge, wie in der Homöopathie, Gleiches mit Gleichem bzw. Ähnliches mit Ähnlichem am besten bekämpfbar oder behandelbar ist. Demnach werden die durch negative Einwirkungen der Erdstrahlen bedingten Beschwerden und Leiden gerade durch die auf negativen Strahlungsorten wachsenden Heilpflanzen gemildert oder beseitigt. – Weitere *Strahlensucher* sind u.a. die Bohne und die Tomate, die an und für sich gegen Erdstrahlung weniger empfindlich sind, weiters die Möhre, der Rettich, die Erdbeerpflanze, die Tollkirsche und die Brennessel. Die beiden letzteren sind auch als Heilpflanzen anzusehen. Von Sträuchern und Bäumen sind aufzuzählen: der Haselstrauch, die Erlen, die Weiden (Sprichwort: „Weiden soll man meiden"), die Esche, der Holunder – ein heiliger Baum bei den Germanen, der Göttin Holla geweiht – der Ahorn, die Eiche („Eichen soll man weichen") und die Fichten („Fichten soll man flüchten"). – Eichen sollen gerne auf unterirdischen Wasserführungen oder Kreuzungen von solchen stehen, wodurch die Gefahr von Blitzeinschlägen besteht. Aber nicht jede Eiche steht auf Wasser und auch nicht jeder Fichtenbaum.

Fichten, die auf Störzonen wachsen, zeigen häufig Zwiesel- und Gallenbildungen. Zwiesel können aber auch durch Wildbiß entstehen. – Nach K. BACHLER sollen die Zimmerlinde, die Aralie, der Zierspargel u.a. Strahlensucher unter den Zimmerpflanzen sein. Bakterien vermehren sich über diesen Strahlungen besonders gut und rasch. So faulen über der Wasserstrahlung vor allem gerne die Kartoffeln im Keller, die Marmelade schimmelt leicht und der Wein bricht sehr bald. Zu den zu den Obstbäumen gehörenden Strahlensuchern gehört im allgemeinen das Steinobst (Kirsche, Zwetschke, etc.), aber da hängt es von der Art ab, wie groß die Vorliebe für die Störstrahlung ist.

Zur zweiten Gruppe der *Strahlenflüchter* sind u.a. zu zählen: Die Erbse und die Linse, die Gurke, die Kartoffel, die Rübe, der Blumenkohl, Kohlrabi, das Kraut, die Sonnenblume, von den Sträuchern und Bäumen die Johannisbeere (Ribisel), der Flieder, die Roßkastanie, der Nußbaum, die Ulme, die Buche – Buchen soll man suchen –, die Birke, die Linde – Linden soll man finden – und noch andere. – Von den Obstbäumen gehört hierher das Kernobst (Apfel, Birne, etc.), von den Zimmerpflanzen (nach K. Bachler) die Begonien, Azaleen und Kakteen u.a. –

Sät man Samen von strahlenflüchtigen Pflanzen auf gestörtem Boden aus, so geht der meist gar nicht auf oder es entstehen nur Kümmerlinge, die meist nach einer gewissen Zeit wieder eingehen. Jeder Hausfrau ist bekannt, daß gewisse Topfpflanzen an bestimmten Stellen in der Wohnung nicht gedeihen, jedoch nach Platzveränderung gut wachsen und blühen. Es läßt sich jede Pflanze, jede Zimmerpflanze mit einem Pendel oder einer Winkelrute überprüfen, ob sie rechts- oder linksdrehend ist. Linksdrehende Pflanzen, besonders die großblättrigen, zu denen auch der Gummibaum (Ficus) gehört, sollten – auch wegen des Sauerstoffverbrauchs – vom Schlafzimmer ferngehalten werden. Ein Baum, der als Strahlenflüchter auf einer Störstrahlung steht, versucht dieser auszuweichen. Er wächst schief, meist in Richtung der unterirdischen Wasserströmung, (Abb.6,7) bleibt manchmal auch in seinem Wachstum zurück oder bekommt Krebsgeschwülste (Abb. 8), die besonders gerne bei Linden auftreten. (Abb. 9) Untersucht man solche Standorte radiästhetisch, findet man nicht selten ein Störzonenbild, wie es die Abbildung (Abb. 9) zeigt. Im allgemeinen überleben solche Bäume trotz allem die Erkrankung, neigen aber zu einer Aushöhlung ihrer Stämme. – Manchmal antworten sie auf gestörten Plätzen mit einem typischen Drehwuchs. (Abb. 10, 11) Wildwuchs bei Bäumen, vor allem bei Obstbäumen in der Form von sog. Wassertrieben und Zwieselbildungen, hauptsächlich bei Nadelhölzern, sind ebenfalls Zeichen dafür, daß die Bäume auf gestörtem Boden stehen, ebenso sog. Hexenbesen und der Wuchs in Form von Mehrwachsstämmen. Interessant ist die Erwähnung bei POHL, daß Bäume über Wasserkreuzungen keinen schiefen Wuchs zeigen. Bei jedem Baum ist es möglich seine radiästhetische Ausstrahlung zu messen, was ja nach Art und Standort auch ein Maß für seine Gesundheit und Stärke bedeutet. Früheren Radiästheten war schon bekannt, daß sich der Mensch an gewissen Bäumen energiemäßig „aufladen“ kann. Wenn Schädlinge im Garten oder im Wald auftreten, haben Störzonen – dies schrieb auch bereits Pohl – meist schon eine gewisse Schwächung der betroffenen Pflanzen vorbereitet, d.h. gegen einen solchen Befall anfällig gemacht. –

Leichter Schädlingsbefall, Kernfäule bei den Bäumen, späteres Austreiben der Blätter im Frühling und frühere Verfärbung der Blätter im Herbst sind Auswirkungen negativer Erdstrahlung. –

Eine Lehrerin aus dem Mölltal (Kärnten) berichtete auf dem „Imago mundi-Kongreß“ 1987 in Innsbruck, daß sie durch Versuche herausfand, daß der *Buchsbaum* in der Lage ist, seine unmittelbare Umgebung zu neutralisieren, d.h. abschirmend zu wirken. Ein solcher Strauch stand früher in jedem Bauerngarten. Für Thujenhecken soll eine ähnliche Wirkung, aber nicht in dem Ausmaße zutreffen.

Die Gruppe von Tieren, die zu den *Strahlensuchern* gehört, ist wesentlich kleiner als die der Pflanzen. Allgemein bekannt ist, daß hierher die Biene, die Ameise (Abb. 5), die Hauskatze, aber auch der Wildhase gehört. Es kommt nicht von ungefähr, daß gerade diese Tiere eine Art von Gegenmittel erzeugen oder an sich tragen, das gegen Rheuma wirksam ist, wie das Bienengift, die Ameisensäure, das Katzen- und das Hasenfell. Das Katzenfell sendet eine Mikrowellenstrahlung aus, die im Bereich des unterirdisch fließenden Wassers liegt. Daraus kann der Schluß gezogen werden, daß die Katze den für uns schlechten Standort sogar als Kompensationsmittel – zum Ausgleich – braucht. Tatsache ist, und danach kann man sich im allgemeinen richten, daß Katzen mit Vorliebe Orte aufsuchen, die schlecht bestrahlt und für Menschen zu meiden sind. Freilich liebt die Katze vor allem die Wärme und es kann insofern auch sein, daß dieser Platz ein ungünstiger ist. –

Im übrigen haben das Bienenwachs und der Honig, sowie das Katzen- und Hasenfell leicht abschirmende Eigenschaften. Aber damit zu rechnen, daß ein Topf Honig unter ein Bett gestellt, jede schlechte Strahlung wegnimmt, wäre grundlegend falsch. Honig ist nur in der Lage, eine schwache Strahlung, die ohnehin nicht krankmachend ist, zu dämpfen oder auszulöschen. –

Interessant ist, daß die alten Imker schon gewußt haben, daß man die Bienenstöcke auf Wasseradern setzen müsse, um einen besseren Honigertrag zu erreichen, und daß an solchen Orten die Krankheitsanfälligkeit der Bienen verringert sei.

Bei einem von Ameisen verlassenen Haufen ist keine Wasserstrahlung mehr aufzufinden. Die sog. Ameisenstraßen folgen genau den Störzonen u.zw. meist solchen von Hartmann und Curry. Der Wildwechsel vollzieht sich vornehmlich längs solcher Reizzonen.

Weitere Strahlensucher sind die Schlangen, der Maulwurf, der Biber, die Eulen, angeblich auch der Auerhahn und die meisten Insektenarten.

Als *Strahlenflüchter* ist bei den Tieren in erster Linie der Haushund zu nennen. Er ist wesentlich strahlenempfindlicher als der Mensch. Dort, wo sich in der Wohnung der Hund vornehmlich aufhält, ist sicherlich ein ungestörter Platz. Wollte man ihn einige Zeit in eine schwer bestrahlte Hütte sperren, so würde er bald erkranken. Schon öfters wurde mir von Fällen berichtet, wo der Hund seine neue Hütte nicht aufsuchen wollte. Nach einer Untersuchung handelte es sich immer um eine sehr negativ bestrahlte Stelle.

Sehr sensibel sind auch das Rind, das Pferd, das Schwein und auch die Hühner. Pohl berichtet darüber ausführlich in seinem erwähnten Buch. Auf strahlenmäßig schlechten Ständen im Stall können Rinder sehr leicht erkranken, verwerfen oder unfruchtbar bleiben und in ihrer Milchleistung nachlassen. Ich habe viele Fälle erlebt, wo nach Verlegung des Standortes eine meist rasche Besserung des erkrankten Tieres zu verzeichnen und auch die frühere Milchkeistung wieder gegeben war. In meinen Vorträgen verweise ich immer auf ein bis zwei besonders markante Fälle, die sich vor Jahren im Liesingtal in der Obersteiermark ereignet haben und die symptomatisch für andere sind. Im ersten Fall gingen innerhalb von wenigen Jahren immer wieder die Kälber – im ganzen waren es neun – an Lungenentzündung ein. Eine Kuh, die der Bauer von einem anderen Bauern gekauft hatte, und die vorher immer eine gute Milchleistung erbracht hatte, ging jetzt sehr rasch in dieser zurück und kränkelte immer mehr. Die Kuh wurde notgeschlachtet, da der Tierarzt der Meinung war, daß diese einen „Fremdkörper" gefressen haben müßte. Ich stellte fest, daß diese Kuh ihren Stand über einer Krebszone hatte. – Im zweiten Fall gingen bei einem Bauern in diesem Tal in einem einzigen Winter mehrere Kühe ein. Der Grund konnte von tierärztlicher Seite nicht gefunden werden. Hier wiederum wurde festgestellt, daß zwar alle Stände der Kühe über einer Wasserader lagen, daß aber nur die erkrankt und eingegangen waren, wo die Stände eine Kreuzung der Wasseradern mit linksdrehenden Curry-Zonen aufwiesen. Die Frage, wieso gerade in diesem Winter dies passierte, wo doch schon vorher immer wieder andere Kühe an diesen Plätzen standen und nicht erkrankten, kann nur so erklärt werden, daß bei Kühnen, ähnlich wie beim Menschen, auch eine verschieden starke Sensibilität bestehen dürfte, und daß vielleicht gerade in diesem Winter noch andere negative Faktoren mitgewirkt haben könnten.

Pferde können auf gestörten Ständen im Stall leicht zu lahmen beginnen, was meist aber durch Verlegung oder durch eine gewisse Abschirmung relativ rasch beseitigt werden kann.

Schafe und Ziegen gehören ebenfalls zu den Strahlenflüchtern. Daß Schweine im allgemeinen sehr sensibel sind und dies im besonderen gegen Störstrahlungen, hat Prof.Dr.H. BIELENBERG, Graz durch entsprechende Versuche bewiesen und in wissenschaftlichen Abhandlungen darüber berichtet. So erkannte er, daß Schweine, die in Boxen aus Beton gehalten wurden, anfällig gegen Krankheiten waren und aggressiv wurden. Dasselbe tritt ein, wenn diese Tiere in arg bestrahlten Boxen leben müssen. Sie könnern sogar ihren Wurf anknabbern oder auffressen. –

Bei den ebenfalls sehr empfindlich reagierenden Hühnern konnte ich beobachten, daß sie am Abend nicht in ihre Hühnerhütte gingen, sondern ihre Nachtruhe auf Sträuchern im Garten verbrachten. Ihre Hütte war durch Störstrahlungen gekennzeichnet.

Fast alle Vögel, sicherlich alle Singvögel, werden nie über gestörten Standorten nisten. Daß nistende Schwalben dem Hause Glück bringen, ist ein alter Glaube. Auch soll in solchen Häusern kein Blitz einschlagen. Tatsache ist, daß die Schwalben ihre Nester immer an günstigen Stellen bauen. Ich konnte einmal an einem Stall und einer Scheune 76 Nester! zählen. Diese waren meist sehr dicht gedrängt an der Längsfront dieser Häuser unter dem Dach angebracht. Manchmal waren aber Lücken dazwischen, wo von mir auch Störzonen festgestellt werden konnten. Mit Ausnahme der schlecht bestrahlten Lücken waren hier, die in V/1 noch zu besprechenden energetischen geomantischen Zonen nachweisbar, die die Schwalben für den Nestbau als besonders günstig empfanden.

Auch der Storch wird immer sein Nest über strahlenmäßig guten Plätzen bauen. Irgendwie hängt wohl das Märchen vom *Klapperstorch* mit der Fruchtbarkeit der Frau auf einem ungestörten Schlafplatz zusammen! Damit ist ausführlich darauf hingewiesen, daß alle naturverbundenen Lebewesen offensichtlich auf die sog. Erdstrahlung so oder so reagieren. Es ist der *beste und nicht ableugbare Beweis für die Existenz dieser Erdstrahlung.*

Da in diesem Kapitel von der Möglichkeit von Blitzeinschlägen in Zusammenhang mit gewissen Bäumen die Rede war, sei noch ergänzend darauf hingewiesen, daß nach Pohl und Deibel Blitzeinschläge dort am ehesten zu erwarten sind, wo im Untergrund Kreuzungen von Wasseradern vorliegen, wobei nach der Meinung der beiden Autoren die untere Wasserführung die stärkere sein müßte. Die sog. *Selbstentzündung* des Heus soll auch vorwiegend über negativen Kreuzungen vorkommen.

II/3 – SCHULVERSAGEN DURCH EINWIRKEN GEOPATHOGENER FAKTOREN

Auf dieses so wesentliche Phänomen des Schulversagens hat sehr ausführlich und in überzeugender Weise bereits 1976 KÄTHE BACHLER in ihrem Buch „Erfahrungen einer Rutengängerin" unter der Rubrik B – Das Schulalter – aufmerksam gemacht. Sie wies damals schon sehr eindrucksvoll, aus ihrem eigenen reichen Erfahrungsbereich als ehemalige Hauptschullehrerein und als Radiästhetin mit vielen Fällen konfrontiert, darauf hin, daß bei Schülern, die sie als die Ängstlichsten, Langsamsten, die vermeintlich Faulen, die Vergeßlichsten, als Schulschwänzer, die Unruhigsten und Schwierigsten und als die fast ständig Kranken bezeichnet, nicht rein anlagemäßig diese Eigenschaften vorhanden wären, sondern sehr häufig als die tiefere Ursache der Störzoneneinfluß geltend gemacht werden müßte. Sie stellte sogar fest, daß in 95% der von ihr untersuchten Fälle die Mitbeteiligung dieses Einflusses beobachtet werden konnte. – Es handelte sich dabei um einen strahlenmäßig schlechten Schulplatz, oder in vielen Fällen um einen schlechten Schlafplatz. Wenn aber beides zusammentraf, was nicht selten der Fall war, war es nicht verwunderlich, wenn die angeführten Eigenschaften und Verhaltensformen sich verstärkt auswirkten. Die Folge war, daß die betroffenen Kinder und Schüler in ihrer geistigen, seelischen und körperlichen Entwicklung zurückblieben und die Schule nicht bewältigen konnten, „sitzen" blieben oder in die Sonderschule überwiesen werden mußten. Solche Schüler machen auch meist einen nervösen und zerfahrenen Eindruck und werden oft genug als unbegabt eingestuft.

K.BACHLER hat in ihrem ersten Buch auch vorgeschlagen, eine sog. *roulierende Klasse* einzuführen, um zu verhindern, daß sich strahlenmäßig schlechte Schulplätze auf die Schüler negativ auswirken können. In diesem Falle werden die Schüler alle 3 bis 4 Wochen um einen Platz weiter versetzt. Es kann so keine langzeitliche Störwirkung eintreten. Wenn natürlich außerdem noch andere negative Faktoren auf das Kind einwirken, was des öfteren der Fall ist, ist es klar, daß dieses noch mehr belastet wird. (s. auch die diesbezüglichen Ausführungen in II/1.)

Es wäre jedem im Lehrberuf, im pädagogischen und ärztlichen Bereich Tätigen sehr empfehlenswert, dies alles zu bedenken und auch danach zu handeln.

Der Verfasser hat seinerzeit in seiner Schule und darüber hinaus Untersuchungen in dieser Hinsicht durchgeführt und kann so die Ausführungen und Feststellungen von K. Bachler voll und ganz bestätigen. Eigene diesbezügliche Erfahrungen sollen daher in der Folge anhand einiger markanter Fälle mitgeteilt werden.

Bei dieser Gelegenheit muß ich Frau Schulrat JOSEFINE PONSTINGL aus Mureck meinen herzlichsten Dank dafür sagen, daß sie mir als ehemalige Lehrerin einige von ihr selbst erlebte und sehr beweiskräftige Fälle zur geobiologischen Untersuchung zugeführt hat. Sie hat diese Schüler durch Jahre hindurch meist selbst in ihrer Entwicklung verfolgen können. Nach Verlegung der Schüler von ihrem Schlafplatz – eine Untersuchung der Schulplätze war meist nicht mehr möglich – hat sie mir auch genau über den von den Eltern und von ihr beobachteten Fortschritt in der Entwicklung der Schüler und in ihrem Fortgang berichtet, was ja für eine Beweisführung sehr wesentlich war. So verdanke ich Frau Schulrat Ponstingl viele Besserungs- und Gesundungsberichte, auch von Erwachsenen, deren Schlafplatz ich untersucht hatte, wobei sie mich jahrelang meist zusammen mit meiner Frau im Raume Mureck zu den geobiologischen Untersuchungen begleitet hat.

Nun auszugsweise Berichte aus meinem Erfahrungsbereich:

1. Anläßlich eines Vortrages in Zell am See wurde ich gebeten, einen Klassenraum der Hauptschule Saalfelden – es war jedes Jahr eine 4. Klasse – radiästhetisch-geobiologisch zu untersuchen. Mir wurde berichtet, daß sich hier jedes Jahr die Schüler sehr rasch zu ihrem Nachteil verändern. Aus bisher braven Schülern werden bald die größten Flegel. Die Lehrer hatten große Schwierigkeiten mit den Schülern zurechtzukommen. Ein Hauptschullehrer erzählte mir, daß er es am Katheder sitzend nur wenige Minuten aushält, da es ihm ganz eigenartig zumute wird. Er müsse so die ganze Stunde in der Klasse umhergehen. Ein einzeln ganz hinten in der Klasse sitzender Schüler mußte, da er es besonders arg getrieben hätte, bereits aus der Klasse entfernt werden.

Aus Abb. 12 ist zu ersehen, was in dieser Klasse radiästhetisch „los" war: Jeder Schüler wurde von der Schwerpunktzone oder den Rändern der Hauptzone von Wasseradern getroffen, die meisten Schüler außerdem von Kreuzungen mit Hartmann- und Curry-Zonen, die wahrscheinlich großteils die damals noch nicht bekannten Doppelzonen gewesen sein dürften. Der Platz des verwiesenen Schülers und der des Katheders waren am meisten negativ bestrahlt.

Diese besonderen Strahlenverhältnisse trugen somit eindeutig die Hauptschuld an dem sonst nicht erklärbaren Betragen der Schüler. Sicherlich dürfte auch das Pubertätsalter der Schüler mit dazu beigetragen haben. – Wegen Raummangels konnte damals leider nicht an eine Verlegung der Klasse gedacht werden.

Ein zweiter Fall: Ein damals 15jähriger Bub sah sehr bleich aus, war sehr schwer nervös-vegetativ gestört, hatte jede Nacht Schweißausbrüche, Herzrhythmusstörungen, konnte kaum ein paar Schritte laufen und hatte in der Schule wegen starker Konzentrationsschwächen die größten Schwierigkeiten. Die 1. Klasse der Volksschule hatte er schon wiederholen müssen.Einige Zeit vor meinem Kommen hatte ihn die erwähnte Frau Schulrat, sich an Fälle im Buch von K. Bachler erinnernd, schon in ein anderes Zimmer verlegen lassen. Dadurch besserte sich der Zustand des Jungen schon etwas. – Meine Untersuchung ergab immer noch eine strahlenmäßig nicht gute Bettlage. Nach der Verlegung ging es dann sichtbar aufwärts und der Bub erholte sich in jeder Weise sehr rasch. Er kam dann in eine Landwirtschaftliche Schule. Es dauerte nicht lange und der Bub sank wieder in seinen einstigen schlechten Zustand zurück. Auch schulisch hatte er in dieser Schule, in deren Internat er schlief, wieder große Schwierigkeiten. Auf Bitten der Eltern hin und durch das verständnisvolle Entgegenkommen des Direktors konnte ich seinen Schlafplatz untersuchen. Dieser war, wie schon erwartet, sehr schlecht. So ging durch den ganzen Körper des Buben eine Bruchzonen-Strahlung, die sich mit negativen Hartmann- und Curry-Zonen kreuzte. Eine entsprechende Verlegung brachte in sehr kurzer Zeit wieder eine deutliche Besserung und auch einen guten Fortschritt in der Schule.

Ein dritter Fall: Ein Bub vom Lande mußte in die Sonderschule gehen, da es mit ihm in der Volksschule nicht ging. Die Lehrer wunderten sich zwar über das lernmäßige Unvermögen, konnten es aber nicht erklären, zumal sie erkannt hatten, daß der Schüler an und für sich intelligent war. Meine geobiologische Untersuchung ergab, daß Oberkörper und Kopf des Jungen von einer mehrfachen Kreuzung von Hartmann- und Curry-Zonen negativer Art getroffen wurden. Bald nach Verlegung wurde aus dem Buben nicht nur ein guter, sondern ein sehr guter Schüler, was die Lehrer fast als ein Wunder ansahen. Der Junge ging dann bald in die Lehre und wurde ein ausgezeichneter Automechaniker.

Ein vierter Fall: Ein damals 10jähriges Mädchen war in seiner Entwicklung stark zurückgeblieben, hatte schwere Schlafstörungen, litt

Abb. 4: Starker Mistelbefall eines Baumes in Siebenbrunn bei Hartberg/Steiermark). Das Bild zeigt verwilderte Apfelbäume, die einen ungewöhnlich starken Mistelbewuchs aufweisen. Die Bäume stehen an einer steilen, aber kleinen Hangstufe. Ihr Standort ist dadurch gekennzeichnet, daß diese Bäume auf 2 starken, sich schneidenden unterirdischen Wasserführungen stehen, außerdem Kreuzungen von 2 Hartmann- und 2 Curry-Doppelzonen aufweisen. Diese intensiven Störzonen sind die Ursache für den starken Mistelbefall. –

Ein im Ort selbst liegender Obstgarten fiel mir im Februar d.J. dadurch auf, daß seine Bäume ebenfalls starken Mistelwuchs zeigten. Inzwischen wurden diese Apfelbäume von den Misteln befreit. Auffallend war hier,wie auch an der vorhin beschriebenen Stelle, daß kein Baum einen schiefen Wuchs aufwies. Man könnte zur Annahme verleitet werden, zumal nach Aussage des Besitzers die Bäume nicht die geringste Beeinträchtigung im Obstertrag hatten, daß die Misteln das Gegenmittel, eine Kompensation gegen die hier auch sehr starke Strahlenbelastung – es liegen hier die gleichen Strahlenverhältnisse wie bei den Bäumen am beschriebenen Hang vor – bilden. (Mistelpräparate werden auch bekanntlich in der Krebsnachbehandlung verwendet.) An anderen Stellen, so in der Bretagne, wo ich oft Bäume mit starkem Mistelbewuchs sehen konnte, wuchsen die Bäume aber manchmal auch schief.

Abb. 5: Ameisenhügel in Siebenbrunn bei Hartberg/Steiermark. In der Nähe der in Abb. 4 beschriebenen Hangstufe fielen an Lücken zwischen den Bäumen eigenartige, einem Termitenbau ähnliche Hügel auf, die sich als Bauten von 2 Arten sehr kleiner roter und schwarzer Ameisen entpuppten. Diese von mir noch nirgends sonst angetroffenen Hügel sind offensichtlich dadurch entstanden, daß die Ameisen an längeren Grashalmen entlang ihre Wohnungen aufbauten. Auch diese Ameisenhügel stehen ebenso wie die Apfelbäume auf mehrfachen Kreuzungen von Wasseradern und Doppelzonen der Gitternetze.

Abb. 6: Dieser im Hofgarten von Innsbruck befindliche Baum ist im unteren Bereich abnormal schief gewachsen. Verantwortlich dafür waren Störstrahlungen verschiedener Art.

Abb. 7: Schief gewachsener Baum. Er steht über Kreuzungen von unterirdisch fließendem Wasser mit Hartmann- und Curry-Doppelzonen. Dieser Baum steht in der Nähe der Himmelfahrtskirche bzw. des Georgs-Glockenturms bei Moskau.

Abb. 8: Dieser Maulbeerbaum steht verborgen in einem Hinterhof eines Grazer Hauses. Dem Rutengänger Johann Schmidt fiel er wegen seines außergewöhnlichen Wachstums auf. Er ist nicht nur schief gewachsen, sondern zeigt ganz große Krebswucherungen. Sein Standort ist strahlenmäßig sehr gestört!

Abb.9a: Linde mit Krebswucherungen im Park des Stiftes Vorau (Steiermark).

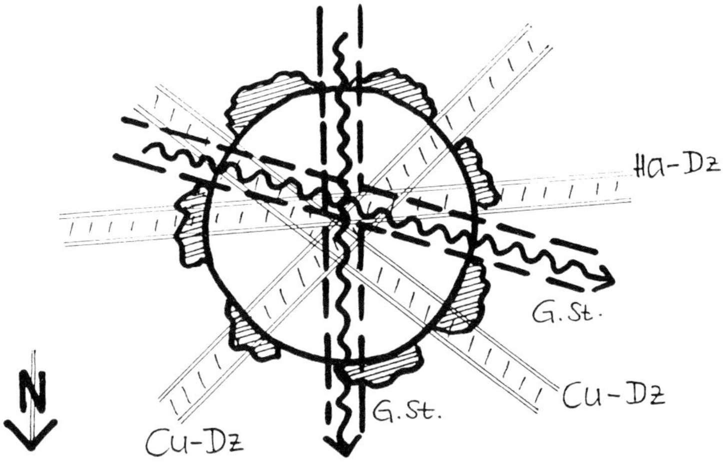

Abb. 9b: Diese Linde steht im Park des Stiftes Vorau (Steiermark). Sie weist schon im untersten, gerade aus der Erde kommenden, Stammabschnitt sehr starke Krebswucherungen auf, die sich in Form von Tochtergeschwülsten weit am Stamm hinauf fortsetzen. – Eine radiästhetische Untersuchung ergab, daß der Baum von mehrfachen Kreuzungen von Hartmann- und Curry-Doppelzonen getroffen wird, außerdem Kreuzungen von Bruchzonen (G.St.) aufweist, die Wasser führen.

Abb. 10: Dieser Baum im Tierpark Herberstein/Steiermark zeigt einen typischen Drehwuchs, der auf eine Störstrahlung hinweist.

Abb. 11: Diese alleeförmig bei Seckau/Steiermark stehenden Bäume zeigen ebenfalls typischen Drehwuchs.

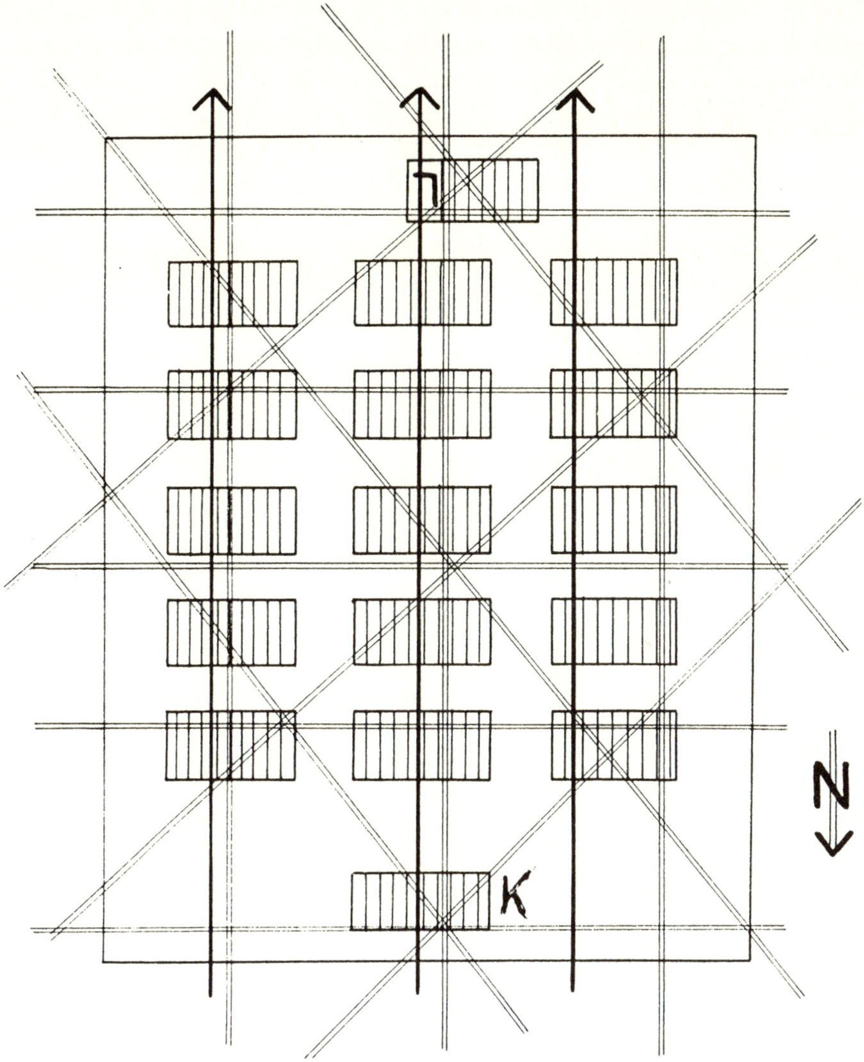

Abb. 12: In dieses Zimmer kam jedes Jahr eine 4. Klasse einer Hauptschule. Jedes Jahr war es gleich: Aus bisher braven Schülern wurden die größten Flegel. Die Lehrer hatten die größten Schwierigkeiten, mit den Schülern zurecht zu kommen. Ein Lehrer berichtete, daß er es am Katheder sitzend nur wenige Minuten aushält, sodaß er die ganze Unterrichtsstunde in der Klasse herumgehen müsse. Ein einzeln ganz hinten sitzender Schüler mußte bereits aus der Klasse verwiesen werden, da er es besonders arg getrieben hätte.

an der sog. Legasthenie (Unvermögen richtig zu lesen und zu schreiben) und konnte nur in die Sonderschule gehen. Alle Bemühungen, die Schwierigkeiten zu meistern, blieben ohne Erfolg. Eine Untersuchung seines Schlafplatzes ergab, daß das Mädchen auf einer intensiven Wasserstrahlung und negativen Hartmann- und Curry-Strahlen lag. Nach der Verlegung ging es relativ rasch aufwärts, wozu aber auch die Mithilfe der Frau Schulrat Ponstingl wesentlich beitrug. Vor allem sah man den Fortschritt in der zuerst unleserlichen Schrift, aber auch daran, daß das Mädchen sich zusehends auch körperlich erholte und ein ganz anderes Aussehen bekam. Heute besucht es eine Fachschule und kommt gut vorwärts.

Diese Fälle wurden herausgehoben, weil sie besonders symptomatisch für viele andere sind, von denen ich berichten könnte. – Im übrigen sind auch in II/6 solche Fälle im Zusammenhang mit schlechtem Schul-Fortgang zeichnerisch dargestellt. (so auch der zuletzt erwähnte Fall unter N 17.)

II/4 – CHRONISCHE ERKRANKUNGEN UND KREBS ALS STANDORT-ERKRANKUNGEN

Ich habe bei meinen schon jahrzehntelangen radiästhetisch-geobiologischen Wohnungsuntersuchungen zahlreiche Menschen mit chronischen Erkrankungen und Krebs angetroffen. Es waren Krankheiten aller Art, so solche des rheumatischen Formenkreises, von Entzündungen, weiters neurovegetativer und psychosomatischer Art und auch schwer einzuordnende und seltenere Krankheiten wie u.a. Multiple Sklerose und Muskelschwund, schließlich viele Fälle von Tumoren gut- und bösartiger Form. Eine Auswahl dieser verschiedensten Krankheitsformen ist in II/6 wiedergegeben.

Von ganz wenigen Fällen abgesehen war eine eindeutige Beziehung zwischen diesen Erkrankungen und dem jeweiligen Standort hauptsächlich an den Schlafstellen gegeben und es konnte so der kausale Zusammenhang zwischen Erkrankung und Standort, wie ihn Dr. med. E. Hartmann und andere schon vor Jahrzehnten erkannt haben, voll bestätigt werden. Meine geobiologisch untersuchten Krankheitsfälle wurden alle statistisch erfaßt und schriftlich niedergelegt. Dazu gehören gerade Fälle, die jeglicher medizinischer Behandlung trotzten oder auch solche, wo trotz arger Beschwerden diese medizinisch aber nicht belegbar waren bzw. ohne Klärung blieben. Aber gerade in solchen Fällen konnte eine Verlegung der betreffenden Personen fast Wunder wirken. – Die gesammelten „Erfolgsmeldungen“, d.h. die Meldungen über erfolgte Besserungen oder Beseitigung der gegebenen Beschwerden und Krankheitserscheinungen sind so die beste Bestätigung für die ursächliche Verbindung der Krankheit mit dem geopathogenen Standort. Diese Zahl wäre noch viel größer, wenn viele, die zwar hoch und teuer versprochen hatten, sich nach erfolgter Besserung oder Heilung zu melden, Wort gehalten hätten. Es läßt sich aber mit Sicherheit annehmen, daß dann eine Meldung gekommen wäre, wenn kein Erfolg zu verzeichnen gewesen wäre, was ja auch in einigen wenigen Fällen gegeben war.

Es soll nicht vergessen werden zu betonen, daß bei dieser oder jener Erkrankung – und dies insbesondere bei Krebs – mehrere Faktoren am Krankheitsgeschehen mitgewirkt haben, so die Disposition (Neigung), sehr stark die Konstitution, die Ernährung und verschiedene Umwelteinflüsse. –

Chronische Erkrankungen, so auch der Krebs, kommen nicht von heute auf morgen, sondern der Mensch muß erst durch Schwächung seiner Widerstandskraft für die Krankheit vorbereitet werden. Nun sind die Mikrowellen-Frequenzen der Erdstrahlen in besonderer Weise in der Lage, diese Schwächung und den Abbau der Immunkraft meist über Jahre hinaus durchzuführen.

Von einem sog. *Placebo-Effekt* bei einer durch Bett- bzw. Standortverlegung erzielten Heilung zu sprechen, wie es von bestimmter Seite immer als Erklärung abgetan wird, ist absurd. Bei Kleinkindern und Tieren, wo man durch Verlegung allein eine Besserung oder Heilung erzielen kann, kann man wohl nicht einen solchen Effekt dafür verantwortlich machen.

Daß natürlich die Versicherung gegenüber dem Kranken, daß er wieder gesund werden wird, zur Genesung beitragen kann, soll nicht bestritten werden. Kommt aber nicht bei jedem Arzt dieser Faktor der Beeinflussung zum Tragen? Würde man dem Patienten das Gegenteil sagen, so würden wohl die meisten Kranken nicht mehr gesund werden.

II/5 – DAS KREBSGESCHEHEN IM LICHTE DER GEOBIOLOGIE

A. Aussagen und Beweise für die geopathogene Krebsentstehung (Erdstrahlen als Ursache für die Entstehung bzw. Auslösung der Krebserkrankung)

a) Solche aus der Geschichte der Geobiologie

Heute stirbt in Österreich und Deutschland jeder fünfte an Krebs – genau sind dies 22,8% (derzeit jeder 4,4.) oder in Zahlen ausgedrückt, jährlich 19.000 – 20.000 Krebstote in Österreich, in der BRD gegen 160.000 und in den USA um die 700.000. Um 1900 starb nur jeder 30. an Krebs, 1940 bereits jeder siebente. Freilich werden diese Zahlen bei anderen Erkrankungen chronischer Art noch übertrumpft, stirbt doch in Österreich und in Deutschland jeder vierte an Erkrankungen des rheumatischen Formenkreises und bei Herz- und Kreislauferkrankungen, jeder zweite, das sind genau 54% aller Todesfälle in Österreich oder rund 50.000 jedes Jahr, ein Europa-Rekord!

Die medizinische und biophysikalische Forschung bemüht sich schon seit Jahrzehnten intensiv, um zu einer Klärung des Krebsgeschehens zu kommen. Obwohl für die offizielle Onkologie (Krebsforschung) bisher viele Milliarden aufgewendet wurden und werden – 1975 gaben die USA nach A. POPP allein eine Milliarde aus – kam es trotz mancher bemerkenswerter Erfolge zu keinem Durchbruch bzw. zu keiner befriedigenden Lösung dieser Frage Nr. 1. Die medizinische Forschung fuhr bisher meiner Meinung nach, und der der Geobiologen überhaupt, auf einem Geleise, das nicht zum Zielbahnhof führen kann. Solange nicht eine vom Standort abhängige geopathogene Ursache bzw. Mitursache für die Entstehung oder zumindest die Auslösung der meisten Krebserkrankungen zur Kenntnis genommen wird, wird es keine Klärung und befriedigende Lösung des Krebsproblems geben!

Die Geschichte der Geobiologie ist reich an Aussagen und Hinweisen für die geopathogene Krebsentstehung oder, anders ausgedrückt, für die Hauptverantwortlichkeit der Erdstrahlen an dieser Krankheit, aber auch praktisch aller chronischen Erkrankungen. Die ersten diesbezüglichen Aussagen gehen schon auf die dreißiger Jahre zurück. Hier soll aber nur in einer kleinen Auswahl darauf eingegangen werden.

Als erster ist FREIHERR G. v. POHL zu nennen. Dieser hat in 25 Jahren eine große Anzahl von Schlafstellen von an Krebs Verstorbenen untersucht und *ohne Ausnahme* festgestellt, daß, wie er schreibt, alle diese Betten auf Plätzen mit einer sehr starken negativen Erdstrahlung standen. – 1929 führte er eine umfassende, zur Sensation werdende Untersuchung in der bayrischen Kleinstadt *Vilsbiburg* mit damals 3.300 Einwohnern und 565 Häusern durch. Dies geschah in der Weise, daß Pohl, begleitet von einem städtischen Polizeibeamten, in der Zeit vom 13. – 19. Jänner d.J. unter z.T. sehr schwierigen klimatischen Bedingungen diese Kleinstadt auf unterirdische Wasserläufe mit Hilfe zweier verschiedener Ruten abging, und die Ergebnisse in einem Stadtplan einzeichnete. Der damalige Bezirksarzt gab ihm hierauf die Krebsfälle der letzten zehn Jahre bekannt. Es waren 54. In einem dann angefertigten sehr ausführlichen Protokoll konnte die verblüffende Tatsache vermerkt werden, daß *sämtliche* Krebstodesfälle in dieser Stadt über den vom Freiherrn eingezeichneten starken unterirdischen Wasserläufen lagen. Dabei hatte Pohl nicht nur untersucht und festgestellt, ob das betreffende Haus auf einem Wasserlauf stand, sondern es wurde auch ermittelt, wo das Schlafzimmer des Verstorbenen, in einigen Fällen sogar genau, wo dessen Bett stand. Über diese phänomenalen Untersuchungen und Ergebnisse berichtete Pohl sehr genau in seinem Buch „Erdstrahlen als Krankheits- und Krebserreger" im Jahre 1929. Entsprechend ergänzt kam dieses Buch 1978 wieder heraus. – Im Mai 1930 untersuchte dann Pohl die Kleinstadt *Grafenau* mit damals 2.000 Einwohnern, die zu jener Zeit krebsärmste Stadt Bayerns. Er fand hier nur wenige unterirdische Wasserläufe, In dieser Stadt gab es in 17 Jahren auch nur 18 Krebsfälle. Damit war wiederum erwiesen, daß ein unmittelbarer Zusammenhang zwischen der Strahlung des unterirdisch fließenden Wassers und der Krebserkrankung besteht.

Dem Oberbaurat Dipl.-Ing. J. STÄNGLE aus Ulm war es gelungen, mittels eines von ihm gebauten und schon erwähnten sog. Szintillationszählers (nach dem Prinzip eines Geigerzählers zur Messung der Radioaktivität) unterirdische Wasservorkommen tiefen- und sogar mengenmäßig festzustellen. Er hat 1972 die Angaben Pohls in Vilsbiburg teilweise überprüft und sie vollkommen bestätigen können.

Der damalige Ärztekammerpräsident D. V. RAMBEAU aus Marburg a.d.Lahn startete 1934 mit einem Team von Mitarbeitern einen Großversuch. Es war damals schon bekannt, daß geologische Störungen im Untergrund (Brüche, Verwerfungen, etc.) geopathogen und krebserregend sein können.

– Krebsvorkommen

Vermessene Brüche oder Verwerfungen

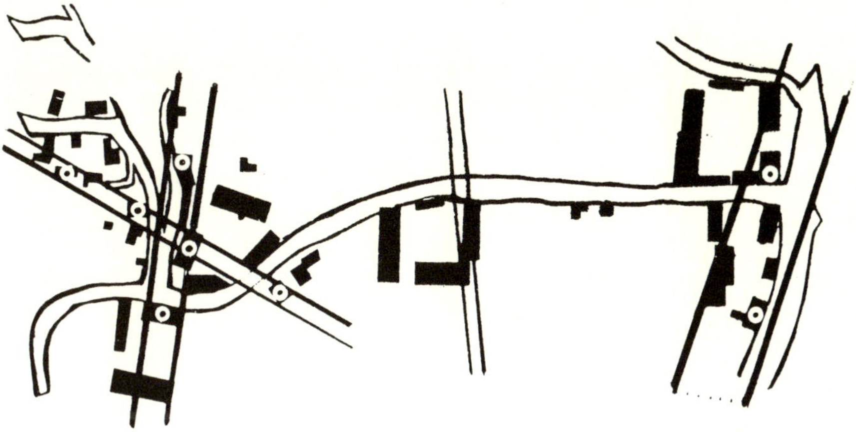

Abb. 13: Der damalige Ärztekammerpräsident Dr. Viktor Rambeau erbrachte mit einem Team den Beweis, daß geologische Störungen (Brüche, etc.) mit Krebs und chronischen Erkrankungen eine ursächliche Verbindung haben.

Es wurden drei Dörfer mit insgesamt 78 Häusern und 417 Einwohnern ausgewählt, von denen man schon wußte, daß gewisse Häuser dieser Dörfer über geologischen Störungen lagen. Dabei wurde nicht mit einer Wünschelrute, sondern mit einem physikalischen Gerät, dem sog. Geoskop (zur magnetischen Feldstärkemessung) gearbeitet. Man bekam wiederum ein signifikantes Ergebnis: Alle Krebskranken und Krebstoten lagen in Häusern, die über den bekannten geologischen Störungen standen! Aber auch verschiedene chronische Erkrankungen traten in diesen Häusern gehäuft auf. Geologisch ungestörte Häuser wiesen keinen einzigen Krebsfall auf, ja die Bewohner dieser Häuser zeigten einen besonders guten Gesundheitszustand. – Dr. RAMBEAU krönte den Abschluß der Untersuchung mit einer eindeutigen, kaum besser ausdrückbaren Feststellung: „Wir haben in unserer statistischen Arbeit das Haus gesucht, das auf geologisch nicht gestörtem Boden lag und trotzdem Erkrankungen an Krebs aufwies. Dieses Haus haben wir aber nicht gefunden!" (Abb. 13). Interessant wäre es gewesen, wenn man untersucht hätte, ob diese geologischen Störungen auch wasserführend gewesen wären.

In Stettin hat Sanitätsrat Dr. HAGER, damals Vorsitzender des wissenschaftlichen Vereins der Ärzte dieser Stadt, die Existenz von sog. *Krebshäusern* 1932 nachgewiesen. Diese Stadt hatte von 1910 bis August 1931 5.348 Krebsfälle aufzuweisen. 180 Krebstote gab es allein in fünf Häusern in dieser Stadt im angegebenen Zeitraum. – Mit Hilfe eines bekannten Rutengängers ließ der Arzt die Häuser mit Krebsfällen untersuchen, mit dem Ergebnis, daß in diesen überall starke Erdstrahlung nachweisbar war. Alle Häuser, die fünf oder mehr Krebsfälle aufwiesen, standen auf einer Kreuzung unterirdischer Wasserläufe. – Dr. Hager hat nach Kenntnis dieser Zusammenhänge in einem Vortrag seine Überzeugung ausgesprochen, daß das bisher vergeblich gesuchte *spezifische Agens*, der spezifische Reiz zur Krebsentstehung, nun in den Erdstrahlen gefunden worden sei.

Auch Pohl war damals überzeugt, das „Vorbeugungsmittel" gegen Krebs, das trotz aller medizinischen Forschung bisher nicht eruierbar war, gefunden zu haben. „Wer dafür sorgt", schrieb er, „daß sein Bett nicht in schweren Erdstrahlen steht und tagsüber bei der Arbeit nicht in schweren Erdstrahlen sitzt, kann niemals Krebs bekommen". Wenn diese Erkenntnis erst einmal Allgemeingut geworden ist, so meinte er weiter, dann wird die Krebskrankheit, diese bisher furchtbarste Geißel der Menschheit, ausgerottet sein! – Wo stehen wir heute, frage ich den Leser?

Aber trotz allem wissen wir heute, daß es doch nicht so einfach ist. Es kann auch ohne die „böse" Erdstrahlung zu Krebs kommen. – Damals wußte man auch noch nichts von der Diagonal-(=Curry-) Strahlung. –

Nochmals zurück zu den *Krebshäusern*. In solchen Häusern treten, wenn die Betten zufällig in den verschiedenen Geschossen übereinander liegen, meist Krebserkrankungen im selben Körperbereich, ja, sogar gleicher Art auf.

Einige weitere Beispiele sollen den engen Zusammenhang zwischen Standort und Krebserkrankung noch mehr untermauern:

Der einst sehr bekannte, bereits verstorbene Schweizer Geologe Dr. J. KOPP, hat in der Hauptstraße eines Schweizer Dorfes im Kanton Glarus in 25 Häusern 78 Krebstote in einem Zeitraum von nur 11 Jahren zählen können. Er fand heraus, daß alle diese Häuser auf zwei größeren Grundwasserströmen standen. – Der französische Elektroingenieur P. CODY hat wiederum in den dreißiger Jahren in Le Havre über rund 10.000! Krebsbetten ionisierende Strahlung festgestellt. – Der Arzt Dr. E. SCHWAMM hat ehemalige Schlafplätze von 8.000 Krebstoten untersucht. Alle standen auf geopathischen Zonen! – San.Rat Dr. MANNLICHER aus Salzburg erklärte 1937 in seinem Buch „Auf dem Weg zur endlichen Lösung des Krebsproblems" dezitiert: Ohne Reizstrahlung kein Krebs!. – Dr. M. CURRY hat 62 Fälle von Krebs an den Kreuzungen seines Diagonalgitters gefunden und hier auch eine signifikante Erhöhung der Ionisation gegenüber der Umgebung festgestellt. – Dr. J. WÜST und Dr. HARTMANN haben über Krebsbetten einen deutlichen Anstieg der Gammstrahlung (radioaktive Strahlung) gemessen. Auch Dr. ASCHOFF hat in den letzten Jahren Messungen mit einem Szintillationszähler über Reizzonen (Wasseradern) gemacht und über Krebsbetten etwa 50% mehr radioaktive Impulse als über neutralen Betten bekommen. Durch seinen Bluttest und seine Löschmethode (s.IV/2) konnte er dies eindeutig bestätigen. Hinsichtlich der vermehrten Radioaktivität kam J. STÄNGLE über Wasseradern zum selben Ergebnis. – ASCHOFF bekräftigte die Tatsache, daß ionisierende Strahlung zu einer malignen (zu Krebs führenden) Zellmutation führen kann. – Ab 1957 wurden von WÜST, HARTMANN und ASCHOFF UKW-Feldstärkemessungen durchgeführt, die zeigten, daß an Krebsorten UKW-Minima auftraten. – Einer der ersten, der erkannt und unter Beweis gestellt hatte, daß alle chronischen Erkrankungen und auch Krebs in engstem Zusammenhang mit dem Standort stehen, d.h. geopathogenen Ursprungs sind, war der schon mehrmals zitierte Arzt Dr. E. HARTMANN, der Begründer des Forschungskreises für Geobiologie in Eberbach am Neckar. In seinem Buch „Krankheit als Standortproblem“ hat er seine Ansichten und Beweise niedergeschrieben. –

Diese Aufzählungen und Beweisführungen könnten noch vermehrt werden. Aber einige Aussagen und Erkenntnisse aus der jüngsten Zeit sollen als Bestätigung der angeführten Feststellungen über die Standortabhängigkeit der chronischen Erkrankungen und des Krebses noch erwähnt werden, so die Aussage von Prof.Dr.KARLHEINZ SCHMIDT aus Tübingen, der 1988 erklärte, daß aufgrund seiner Forschungsergebnisse 80% der Krebsfälle durch exogene Einflüsse, zu denen er auch Ernährungsfehler rechnet, mitbedingt wären. – Die Weltgesundheitsorganisation (WHO) wiederum schätzt, daß 75 – 80% der Krebserkrankungen auf Umwelteinflüsse zurückzuführen seien. – Auf einen geringeren Prozentsatz kam das USA-Gesundheitsministerium, das vor wenigen Jahren Untersuchungen mit dem Titel „Erdmagnetismus, Krebs, Wetter und kosmische Strahlung“ durchgeführt hat u.zw. mit dem Ergebnis, daß rund 50% der Krebserkrankungen, der angeborenen Mißbildungen und des plötzlichen Kindestodes in Zusammenhang mit ortsabhängigen Anomalien des Erdmagnetfeldes und der kosmischen radioaktiven Einstrahlung standen. Die Kombination, Abschwächung des Erdmagnetfeldes und erhöhte kosmische, radioaktive Belastung scheint hier von besonderer Bedeutung zu sein.

b) Meine eigenen Erfahrungen und Feststellungen

Ich kann, durch Hunderte Fälle belegt, nur bestätigen, daß bei den chronischen Erkrankungen und vor allem bei Krebs der *Standortfaktor* die Hauptrolle spielt. Es ist aber nicht so, wie man seinerzeit glaubte, daß die Wasserstrahlung die Krebserkrankung erregen oder auslösen kann. Ich habe dies in keinem einzigen Fall angetroffen. Es ist immer der sog. *Krebspunkt* (bzw. eine Krebszone), der die Erkrankung dieser Art zumindest auslöst. Diese Bezeichnung stammt von Hartmann bzw. Curry, die damit eine eng begrenzte Fläche von etwa 50 mal 50 cm schwerer Störstrahlung meinten. Heute nimmt man eine Fläche von ungefähr 30 mal 30 cm an, die ich als Höchstmaß bezeichnen würde. Dieser Krebspunkt ist ein Standortfaktor schlimmster Art. Dieser „Standortfaktor“, so schreibt Prof. Dr.H.L. KÖNIG (TU München) in seinem Buch „Unsichtbare Umwelt“ ist reproduzierbar, die 1. Forderung der Wissenschaft, und kann physikalisch, biophysikalisch und biologisch weitgehend bestimmt werden. „Der Krebspunkt liegt", so schreibt König weiter, „zu auffallend oft an der Schlafstelle von Krebskranken, um dies noch als reinen Zufall abtun zu können."

Wann ist nun ein *Krebspunkt* gegeben? Aufgrund meiner Erfahrung ist ein solcher dann vorhanden, wenn sich mindestens eine Wasserader mit zwei linksdrehenden Curry-Zonen kreuzt. In meinen ausgedehnten Untersuchungsbereichen, auch außerhalb von Österreich, hat es sich aber in den letzten Jahren immer deutlicher gezeigt, daß ein Krebspunkt in den meisten Fällen eine Kreuzung einer Wasserstrahlung mit einer Curry-Doppelzone, nicht selten auch mit zwei Doppelzonen darstellt. – Die Intensität des Wassers spielt dabei eine besondere Rolle. Ist diese klein und nicht pathogen, so bedeutet eine Kreuzung mit einer Curry-Doppelzone keine Krebsgefahr. Es liegt dann kein echter Krebspunkt vor. Bei entsprechender pathogener Intensität des Wassers mit nur einer solchen Doppelzone möchte ich von einem *einfachen*, bei Kreuzungen mit zwei Doppelzonen dieser Art von einem *doppelten*, d.h. schweren Krebspunkt sprechen. Hier sind auch die meisten Krebserkrankungen, aber auch Erkrankungen anderer, so z.B. chronischer rheumatischer Art zu verzeichnen. Vereinzelt, aber wirklich nur ganz selten – es waren bisher von über 600 Krebsfällen sechs bis acht – kann es vorkommen, daß an einer Stelle einer Krebserkrankung kein Wasser, dafür aber zwei sich kreuzende Curry-Doppelzonen nachweisbar waren. – Eine einzige Doppelzone dieser Art kann nicht zum Krebs führen. Sollte aber der an Krebs Erkrankte längere Zeit auf einem Krebspunkt gelegen sein, so kann es vorkommen, daß diese eine Doppelzone erst nach Bettwechsel das Ausbrechen der Krankheit veranlaßt. –

Eine *Krebszone* ist dann vorhanden, wenn die Wasserstrahlung parallel zu einer Cu-Doppelzone verläuft. Während nun bei gegebenem Krebspunkt die Lokalisation der Krebserkrankung *ausnahmslos* mit diesem übereinstimmt, sucht sich bei Vorhandensein einer Krebszone die Strahlung einen entsprechenden Schwächepunkt im Körper aus – jeder Mensch hat einen solchen – und die Erkrankung tritt dann dort auf. –

Wenn bei einer solchen Krebs-Strahlenkonstellation zusätzlich auch noch linksdrehende Hartmann- und da wiederum vornehmlich Doppelzonen nachweisbar sind, so haben diese niemals „erregenden" Charakter, sondern solchen funktioneller Art, und können merklich zur Schwere bzw. Beschleunigung der Erkrankung beitragen. –

Ein Krebspunkt soll übrigens, statistisch gesehen, nur einmal innerhalb von 40 m^2 vorkommen. Das heißt aber nicht, daß es nicht auch einmal in beiden Ehebetten solche Stellen mit Krebserkrankungen geben kann. (Solche Beispiele und Fälle werden u.a. im nächsten Kapitel aufgezeigt.)

Zur Entstehung der Krebserkrankung möchte ich sagen, daß ich die vorherrschende Ansicht der Mediziner und die der meisten Krebsforscher teile, daß er *multifaktorell* bedingt ist, daß demnach mehrere Faktoren negativer Art zusammenwirken müssen, bis es zu dieser Erkrankung kommt. Die statistische Auswertung meiner untersuchten Krebsfälle hat aber eindeutig aufgezeigt, daß bei gut 95%! der Krebserkrankungen zumindest die krebsauslösende Kraft die beschriebene Strahlenkonstellation war, die in besonderer Weise in der Lage ist, die Immunkraft des Menschen zu schwächen. Das heißt, daß in höchstens 5% der Fälle andere Letztursachen gegeben waren bzw. sind. Zu diesen 5% gehören die Fälle des Alterskrebs und solche mit psychischen Belastungen wie Todesfälle in der nahen Verwandtschaft, dauernde Angstgefühle, vor allem Angst vor Krebs, Vereinsamung, dauernder Streß und nicht zuletzt Fehlernährung. Solche Faktoren können einmal zu Krebs führen oder ihn begünstigen.

Bei der Krebserkrankung können aber noch andere Faktoren und Ursachen mit im Spiele sein, so eine von den Eltern oder Großeltern nicht selten vererbte *Disposition*. In einem solchen Fall muß ganz besonders darauf geachtet werden, daß vor allem der Schlafplatz keine Krebs-Strahlenkonstellation aufweist, sonst kann es schon bei Vorliegen eines einfachen Krebspunktes zur Erkrankung kommen. – Aus meiner vielfältigen Erfahrung heraus gesprochen hat es sich gezeigt, daß die *Konstitution* (allgemeine Veranlagung) die Hauptrolle spielt. So erklärt es sich auch, daß manche Menschen – leider nur sehr wenige – das ganze Leben in einem Krebsbett schlafen können, nie Krebs bekommen haben und dann vielleicht an Altersschwäche sterben. – Die wesentlichste, ja lebenswichtigste Schlußfolgerung aus meinen statistisch belegbaren Erkenntnissen, die nur eine Präzisierung von schon vor mehr als einem halben Jahrhundert gemachten diesbezüglichen Aussagen darstellt, ist die, daß es eigentlich eine sehr leicht durchführbare Prophylaxe, eine Krebsvorsorge, in den meisten Fällen gibt, nämlich die des strahlenmäßig richtigen Schlaf- und allenfalls des Arbeitsplatzes. Das heißt natürlich wieder nicht, daß man gegen seinen Körper rücksichtslos sündigen kann, wenn man einen guten „Standort" hat.

Es ist auch klar, daß eine gewisse *Langzeitwirkung* der Erdstrahlenbelastung und anderer Faktoren notwendig ist, bis es zur Erkrankung kommt. Dabei spielt, wie schon betont wurde, die Intensität eine wesentliche Rolle. So kann – aus meiner Erfahrung gesprochen – bei hoher Intensität der Strahlung und bei Vorhandensein mehrerer negativer Faktoren die „Latenzzeit“ (die Zeit bis zum Auftreten der Krankheit) manchmal sehr kurz sein. 20% der Krebserkrankungen sollen aber erst nach 20jähriger Anlaufzeit zum Ausbruch kommen. – Auf die Tatsache, daß es eine Unzahl von krebsfördernden und krebserregenden Stoffen gerade in der heutigen Zeit gibt, soll im nächsten Abschnitt näher eingegangen werden.

B. Krebsfördernde und krebserregende Stoffe.

Dr. med. ROTHDACH, München, stellvertretender Leiter des medizinischen Beirates im IAG (Frankfurt/Main) hat in seinem 1988 sehr übersichtlichen und ausführlichen Vortrag über „Moderne Krebstheorien im Lichte der Geobiologie“ und in der diesbezüglichen Veröffentlichung auch auf krebsfördernde und krebserregende Stoffe hingewiesen. Auf die Anfänge einer naturwissenschaftlichen Krebsforschung zurückgehend, berichtet er über die schon im vorigen Jahrhundert erkannten Berufserkrankungen, wie den Schornsteinfeger-, Teer-, Ruß- und Seefahrerkrebs, der bei ständiger Berührung mit Ruß, Teer oder auch bei vermehrter Sonnenbestrahlung entstehen kann. Nach Rothdach sind heute schon über 1.000 krebserregende (kanzerogene) chemische Stoffe bekannt. Es gibt aber auch einige Naturstoffe, wie Schimmel- und Pilzgifte, die zu Krebs führen können. Sogar im Speichel und Magen treten sog. *Nitrosamine* auf, die zu den Krebserregern (Karzinogenen) gezählt werden müssen. – M. SCHOELLER, Graz, führt in der Broschüre „Baubiologie – oder wie wohne ich gesund“ eine Reihe von krebserregenden Stoffen an, so Benzol mit seinen Abgasen (in Entfärbungs- und Reinigungsmitteln), Dioxin (Seveso-Affäre!), von dem in letzter Zeit, auch im Zusammenhang mit dem Hochofen Donawitz viel gesprochen wurde, und das bei der Herstellung von Unkraut-, Holzschutz- und Desinfektionsmitteln entsteht, aber auch in Keramikwerken und bei der Papiererzeugung anfällt; Asbest, das über seine feinsten Fasern unsere Atmungsorgane gefährden kann, weiters Perchlor- und Tetrachloräthylen (in Reinigungsmitteln), Formaldehyd (das zwar nach neuesten Erkenntnissen nicht krebserregend sein soll).

Als besonders krebserregend gelten manche Kohlenwasserstoffe wie das gefährliche Penzpyren, das u.a. in den Abgasen von Motoren enthalten ist, sowie die Schwermetalle. – Das umweltschädliche PVC, das heute noch reichlich zu Verpackungen, als Bodenbelag, etc. verwendet wird, setzt nach und nach krebserregende Stoffe frei und ist biologisch nicht abbaubar. Wien, Linz und Graz haben bereits ein Verwendungsverbot ausgesprochen. Die ständige Berührung mit krebsfördernden Stoffen hat der Krebsforscher DDr. P.G. SEEGER, Berlin, in seinem Buch „Krebsproblem ohne Ausweg" sehr zutreffend geschildert. Es wird auch im Buch des Naturheilpraktikers HANS SCHUMANN „Erfolgreiche Krebsbehandlung" zitiert. Seeger schreibt: „Frühmorgens beim Baden und Waschen mit Wasserentspannungsmitteln, sog. Detergentien, die Zahnputz- und Gurgelmittel, die nicht immer unbedenklich sind, beim Frühstück, das mit Pestiziden gespritzte Obst, die gespritzten Zitrusfrüchte, die paraffinierten und geschwefelten Rosinen im Müsli, das chemisierte Brot, die konservierten Marmeladen, die gefärbte Butter usw. Auf dem Wege zur Arbeitsstätte die mit Autoabgasen vergiftete Luft, während der Arbeit die Dunstwolke des Tabakrauchers, im Mittagessen gelöst die Geschirrspülmittel, das mit Pestiziden behandelte Gemüse (Möhren, etc.), Kartoffel mit Keimstoppmitteln, mit bedenklichen Mitteln erzeugtes Mastfleisch, überhitzte Fette in den Pommes frites, im Backhendl usw. Abends bei mangelnder Bewegung in Tabakwolken und Alkoholkonsum vor dem Fernsehschirm oder in den Gaststätten. „Wen wundert es dann noch", so Seeger weiter, „wenn nach Unpäßlichkeiten zur Tablette gegriffen wird und sich nach diesem Wohlstandsleben Stoffwechselentartungen im menschlichen Körper einschleichen, die früher oder später an anfälligen Organen zu Krebs führen".

Hinsichtlich der Krebsgefährdung durch *Rauchen* kann ich berichten, daß ich bei Karzinomen der Luftwege und der Lunge bei starken Rauchern trotzdem einen Krebspunkt im befallenen Bereich feststellen konnte. Das soll aber nicht heißen, daß es nicht auch Krebsfälle gibt, für die nur oder hauptsächlich das Rauchen verantwortlich zu machen wäre. Es liegen mir zu wenig Fälle dieser Art vor. Tatsache ist, daß in den letzten Jahren das Rauchen bei Mädchen und Frauen stark zugenommen hat und damit aber auch der Lungenkrebs beim weiblichen Geschlecht. – Bei Vorliegen ausgesprochen krebserregender Stoffe dürfte die Krebsnoxe, d.h. der Einfluß der sonst so wesentlichen und verantwortlichen „Krebsstrahlung" in diesen Fällen eher als gering erachtet werden. – Die Versuche, das Krebsgeschehen zu klären, hat zu vielen Vorstellungen und Theorien geführt. Einen diesbezüglichen Überblick soll der nächste Abschnitt bringen.

C. Krebstheorien

Schon 1775 warf ein englischer Chirurg die Frage nach der Entstehung des Krebses auf. – 1861 hatte bereits der Engländer DE HAVILLAND einen Zusammenhang zwischen Krebs und dem Aufbau des Untergrundes hergestellt, was Prof. G. LAKHOVSKY – ein in Paris lebender Pole – 70 Jahre später bestätigen konnte. Aufgrund seiner 1931 herausgegebenen Statistik konnte er feststellen, daß über lehmigem Boden die Krebshäufigkeit am größten ist. – Der damalige Ärztepapst Prof. VIRCHOW hatte wiederum 1863 die Krebserkrankung auf eine chronische Reizung zurückgeführt, womit er nicht so unrecht hatte. – In Deutschland gab es um 1930 Forscher wie die Ärzte Dr. KOLB und Dr. PRINZING, die die Meinung vertraten, daß Haus und Boden (Betonung der Standortfrage!) für die Entstehung von Krebs ausschlaggebend sind. –

Der Radiologe Dr. SMOLNIG, Klagenfurt, ist der Ansicht, daß es sich bei Krebs um einen Rückfall von Organzellen in den Urzustand (Atavismus!) mit unkontrollierbarem Wachstum handle, wobei dies durch das Fehlen von Krebshemmstoffen ausgelöst werden soll. – Dem bekannten Bio-Physiker Dr. FRITZ POPP (Kaiserslautern) zufolge, der in seinem Buch „So könnte Krebs entstehen" u.a. sehr umfangreiche Literaturangaben über die Krebsforschung gibt, wird die elektrische Zellinformation durch Einwirkung körperfremder Strahlenfrequenzen gestört, so auch die Kommunikation zwischen den Zellen. Als Folge davon kommt es zu einer Verschiebung des pH-Wertes der Zelle aus dem Normalbereich um 7,4 in den Säurebereich von 6,3. Das Gewebe wird so übersäuert, das Blut aber alkalisiert. – Eine ähnliche Ansicht habe ich seit langem, so auch immer bei meinen Vorträgen vertreten. Ich führte und führe immer wieder aus, daß man sich unschwer vorstellen könne, was passiert, wenn Fremdschwingungen negativer polarisierter Erdstrahlen in bestimmter Konstellation zu unserer großen vegetativen Steuerungszentrale im Stammhirn (Hypothalamus), dem entwicklungsgeschichtlich ältesten Gehirnabschnitt, zu unserem *biologischen Computer*, kommen. Die Folge ist eine Falsch-Regulierung der sich hier abspielenden Informationstätigkeit, der zelleigene Code wird gestört und umprogrammiert. Die weitere Folge dieser

Fehlsteuerung ist, daß sich die Zelle nicht mehr normal teilt, sondern zu einer unkontrollierbar wuchernden Zelle, der *Krebszelle* wird.

Eine entsprechende Schwächung des Immunsystems ist die Voraussetzung. Der russiche Biophysiker A. GURWITSCH hat schon vor mehr als 50 Jahren erkannt und berichtet, daß Krebszellen eine andere Strahlung aussenden als gesunde Zellen. Heute weiß man, daß das Krebsgewebe eine chronisch erhöhte Strahlungsintensität hat. Ähnliches gilt auch für sterbende Zellen, wo gleichsam ein letztes Aufbäumen vor dem Tod stattfindet. –

Zum gleichen Ergebnis kommt auch die *Biophotonen-Theorie* des schon erwähnten Biophysikers POPP. Biophotonen sind ganz schwache Abstrahlungen von Licht aus den Zellen von Lebewesen, wodurch auch eine Kommunikation der Zellen untereinander ermöglicht wird. Sie weisen einen kausalen Zusammenhang mit den Trägern der Erbsubstanz, der sog. DNS (bzw. DNA) auf. Hier ist nach Rothdach eine klare Verbindung mit der Geobiologie in der Weise gegeben, als diese Strahlung mit dem Grad der magnetischen Unordnung im Zellaufbau zunimmt. Tumorzellen strahlen infolge ihrer stark ausgeprägten magnetischen Unordnung mehr Photonen ab als normale Zellen. –

Eine nach dem bisher Gesagten sehr naheliegende und verständliche Erklärung gab vor einigen Jahren der amerikanische Professor und Biophysiker ALEX RICH (Technische Universität Massachusetts, Cambridge). Dieser konnte mit seinem Mitarbeiter-Team beobachten, daß die DNS (die Abkürzung für die Desoxyribonukleinsäure, die in jedem Zellkern in doppelter Schraubenform, der sog. Helix, auftritt und die die Erbanlagen, aufgefädelt wie bei einer Perlenkette, trägt und damit den programmierten Vererbungskode in der Zelle darstellt), die bisher nur als rechtsdrehend bekannt war, manchmal auch linksdrehende Varianten aufwies. (In der belebten, gesunden Natur gibt es normalerweise nur rechtsdrehende Strukturen). Dr.Rich verband mit dieser sensationellen Feststellung die Vermutung, daß dies der Grund für ein ungeordnetes Wachstum der Zelle und damit für die Krebserkrankung sein könnte. Das hätte eine bedeutende, ja entscheidende Wende in der Krebsforschung bedeuten können, doch ist diese so grundlegende Erkenntnis anscheinend nicht weiter aufgegriffen und verfolgt worden. Unter welchen Umständen es aber zu einer Änderung des Drehsinnes der DNS kommen kann, konnte nicht geklärt werden. – Für mich ist die Erklärung eigentlich sehr naheliegend. Aufgrund meiner früheren Ausführungen hinsichtlich der Möglichkeit der Beeinflussung der im Stammhirn gelegenen Steuerungszentrale durch Fremdschwingungen der Erdstrahlen und der damit gegebenen Umpolung und Umprogrammierung der Zellen, kann man sich als Folge davon auch eine Änderung des Drehsinnes der DNS und eine Störung des Gesamthaushaltes der Zellen vorstellen.

Eine schon auf die zwanziger Jahre zurückgehende Krebstheorie ist die *Mutationstheorie*. Derzufolge kann eine Erbmaterialschädigung der Zelle die Ursache einer Entwicklung zum Tumor hin sein. J.EUGSTER ist der Ansicht, daß sich in jedem Körper ständig Mutationen abspielen. Die meisten Menschen sind aber in der Lage, diese dank körpereigener Abwehr abzubauen. – Durch eine radioaktive Bestrahlung kann es u.U. zu einer Störung des Code der Erbinformation kommen. –

Eine bekannte Theorie ist die *Virus-Theorie*, die besagt, daß durch bestimmte Viren Krebs entstehen kann. Eine gewisse Bestätigung dafür brachte das Jahr 1957, wo zum ersten Mal die Isolierung eines Virus gelang, das mit Sicherheit bei Mäusen, Ratten und Kaninchen alle Tumore, aber auch Sarkome hervorrufen konnte. Es gibt Hinweise, daß auch beim Menschen bei gewissen Krebserkrankungen, so bei Leukämie, Brustkrebs, Melanomen u.a. eine Beziehung zu den Viren bestehen kann. –

Weitgehend bekannt sind die Aussagen von Krebsforschern wie von A. WEBER, daß Krebserreger im Blut eines jeden Menschen vorhanden sind, die dann zum Angriff übergehen, wenn für sie günstige Umstände, insbesondere Immunschwäche, vorliegen. – Nach BREMER sind Blutparasiten, so die *Siphonospora polymorpha* als Erreger von Krebskrankheiten anzusehen. – ROTHDACH spricht und schreibt auch von der Möglichkeit, daß Fermente (Enzyme), die für den Ablauf von biochemischen Reaktionen im menschlichen Körper notwendig sind (Biokatalysatoren) durch Chemikalien und durch Herdgifte (kranke Mandeln und beherdete Zähne), aber auch durch das Auftreten von magnetischen Anomalien, wie sie über Reizzonen und Netzgitter nachweisbar sind, in ihrer Wirkung schwer gestört werden und auch zur Krebsentstehung beitragen können. Er verweist auf die Tatsache, daß bei den meisten Krebskranken chronische Entzündungen im Körper nachweisbar sind. –

Auch durch sog. *freie Radikale* treten häufig Störungen in der Wirkung der Enzyme mit den geschilderten Folgen auf. Freie Radikale sind Atome oder Atomgruppen, die eine ungerade Anzahl von Elektronen (negative Atomhülle) aufweisen, daher instabil sind, aber nach Stabilität streben, und damit eine hohe Reaktionsfähigkeit haben. Sie können durch ionisierende Strahlen und durch Mikrowellen-Strahlung entstehen, sowie durch viele Chemikalien und Stoffe (Anilinfarben, Nikotin, Ruß, Haarfärbemittel, Puder, Konservierungsstoffe, Chemikalien, die in der Landwirtschaft eingesetzt werden, bestimmte Lösungsmittel, etc.). Sie haben auch die Eigenschaft, magnetische Umordnung in die Zellstruktur zu bringen und können die Bildung abnormer körperfremder Verbindungen veranlassen. Eine ihrer wesentlichen Eigenschaften ist es, Viren zu aktivieren.

Einige allgemeine Bermerkungen und aus dem ausführlich Geschilderten hervorgehende Schlußfolgerungen sollen das so enorm wichtige Kapitel über das Krebsgeschehen abschließen.

Schlußbemerkungen und Schlußfolgerungen:

Krebs ist keine reine Zivilisationskrankheit. Der griechische Arzt HIPPOKRATES (5./4.Jh.v.Chr.) berichtet, daß es diese Krankheit schon in der geschichtlichen Vorzeit gegeben hat.

Die bei Vorträgen immer an mich gestellte Frage, warum eigentlich die Krebserkrankungen noch immer zunehmen, dies trotz jahrzehntelanger Krebsforschung und sonstiger medizinischer Hochleistungen, beantworte ich so: Dank des allgemeinen Fortschrittes in der Medizin und der damit *ständig zunehmenden Lebenserwartung* erkranken viele Menschen altersbedingt noch an Krebs, während sie früher ihres kürzeren Lebens wegen davon verschont geblieben sind. Dazu kommen die vielen negativen Faktoren, die auf den Menschen einwirken – die vielfach geübte falsche Ernährung und Lebensweise nicht zu vergessen – die allesamt dem Krebs den Angriff auf den Menschen leicht machen. Trotzdem ist es aber so, daß, während Österreich in den fünfziger Jahren hinsichtlich der Krebshäufigkeit an erster Stelle stand, es nun unter 28 Ländern an die 14. Stelle gerückt ist. – Es sei auch noch einmal betont, daß beileibe nicht jeder Krebspunkt oder jede Krebszone zum Krebs führen muß! Daß die Anerkennung der Geobiologie gerade auch hinsichtlich der chronischen Krankheiten und vor allem der Krebserkrankung so lange auf sich warten läßt, wird verständlich, wenn man gewisse Aussagen einst sehr bedeutender Männer in Erinnerung ruft. So stellte ALBERT EINSTEIN fest, daß die Wissenschaft zur sehr mit Vorurteilen behaftet ist und daß es leichter sei, ein Atom zu zertrümmern als ein Vorurteil aufzugeben. Unter Vorurteil verstand Einstein die Tatsache, daß sich die Wissenschaft oft sehr lange widersetzt, neue Erkenntnisse, die nicht in das derzeitige wissenschaftliche Bild passen, aufzunehmen. – Sehr zutreffend hat sich auch der Physiker MAX PLANCK (nach ihm sind bedeutende Forschungsinstitute benannt) ausgedrückt, wenn er meinte, daß sich neue Ideen in der Wissenschaft erst dann durchsetzen könnten, wenn die derzeit lebenden Professoren und deren Schüler gestorben sind. – Denken wir auch an die Schicksale eines Robert Koch, eines Dr. Semmelweiß, eines Dr. Mesmer u.a., die zumindest in ihrem Land statt Anerkennung und Beachtung Verachtung erleben mußten.

Auf die Frage, warum die Schulmedizin immer noch den Zusammenhang zwischen Standort und Krankheit, insbesondere mit der Krebserkrankung verneint, hat der Arzt Geheimrat Dr. H. BACH, ein Zeitgenosse von Pohl, 1930 eine sehr passende Antwort gegeben, der ich mich vollinhaltlich anschließe. Er sagte: „Wir Menschen sind begrenzte Wesen, trotten in alten, ausgefahrenen Geleisen dahin und sträuben uns mit Hand und Fuß gegen alles Neue, ehe wir uns von seinem Wert überzeugen lassen. Besonders für die Wissenschaft trifft dies zu, was auch verständlich ist, ohne daß dadurch ihre große Bedeutung geschmälert wird. Bei ihrem exakten Arbeiten und Experimentieren wird sie nur allzu leicht einseitig und schwer für neue Ideen zugänglich."

Zum Schluß noch einige Merksätze und Ratschläge:

Für uns Geobiologen und vor allem für mich steht es aufgrund der vielen statistisch belegbaren Fälle fest, daß ein absoluter Zusammenhang zwischen dem Standort, d.i. der Ort mit einer bestimmten Strahlenkonstellation und Krebs in gut 95% der Erkrankungen besteht. Allein auch die Tatsache, daß bei Vorhandensein eines Krebspunktes die Stelle der Erkrankung mit diesem übereinstimmt, erhöht außerdem die Beweiskräftigkeit. – Da es unmöglich ist, alle Schlafzimmer und Betten oder auch Arbeitsplätze durch verläßliche Rutengänger überprüfen zu lassen, wird empfohlen, sich selbst in der Weise zu helfen, daß man den Schlafplatz (oder die Arbeitsstelle) ändert, falls ständige Beschwerden oder auch schon Erkrankungen aufgetreten sind. Eine Verschiebung von 30 bis 40 cm genügt oft schon, um aus dem Gefahrenbereich zu kommen. – Bei öfterem Wechsel der Bettstellen bzw. durch Ortswechsel kann man vermeiden, daß eine Sensibilisierung zur Erkrankung hin eintritt. Eine Bestätigung dafür sind die Nomaden, die infolge ihres öfteren Ortswechsels angeblich keinen Krebs bekommen sollen.

Auf eines muß mit besonderem Nachdruck aufmerksam gemacht werden: Ein Krebsoperierter soll und darf sich nicht mehr auf die bisherige Bettstelle legen. Bei Nichtberücksichtigung dieses Ratschlages läuft der Mensch Gefahr, daß es zu Rezidiven, d.h. Rückfall in die Krankheit bzw. zu *Metastasen* kommt. Diesen Ratschlag haben ein Internist und ein Chirurg aus Wien, nämlich NOTHNAGEL und HOCHENEGG, die damals großes Ansehen in Wien hatten, schon um die Jahrhundertwende ihren krebsoperierten Patienten vor ihrer Rückkehr nach Hause gegeben, wenn sie warnten, nicht mehr an die alte Bettstelle zurückzukehren, da sonst ihre Restitution (Wiedergenesung) gefährdet wäre. – Auch der damals als Chirurg sehr berühmte Prof. SAUERBRUCH – er starb 1951 – wußte um diese Zusammenhänge.

Trotz allem ist das Unwissen um diese schon so frühen Erkenntnisse heute, wie ich immer wieder erfahren muß, trotz Aufklärung von verschiedener Seite, noch ungemein groß.

So hat sich in meinen Ausführungen gerade auch in diesem Kapitel gezeigt, daß die Geobiologie durchaus in der Lage ist, auf manche strittigen Fragen Antwort zu geben und auch das Krebsgeschehen weitgehend transparent zu machen.

Abschließend zitiere ich noch einmal Dr. Rothdach, der schreibt: Die geobiologischen Gesichtspunkte sind zwar durchaus nicht die einzigen im Krebsgeschehen und in der Krebsheilkunde, aber in der Zukunft und gerade bei dieser Erkrankung wird nichts mehr ohne Geobiologie gehen!

II/6 – EINE AUSWAHL GEOBIOLOGISCH BEGRÜNDETER BESCHWERDEN UND KRANKHEITEN MIT FÄLLEN VON HEILUNGSERFOLGEN DURCH VERLEGUNG DES SCHLAF- ODER ARBEITSPLATZES

Bis vor dem Erscheinen dieses Buches wurden von mir eine große Anzahl neurovegetativer und psychosomatischer Erkrankungen und Beschwerden geobiologisch untersucht, weiters noch mehr rheumatische und durch Entzündungen verursachte Erkrankungen, sowie über 600 gut- und bösartige Tumore.

Alle untersuchten Fälle wiesen eine sehr starke Belastung durch Störzonen auf, sodaß ich annehmen muß, daß die schwere Strahlenbelastung der Haupt- oder zumindest der auslösende Faktor gewesen sein muß.

Aus dieser hundertfachen und beweiskräftigen Erkenntnis heraus, die aber keineswegs neu ist, da, wie vor allem in II/5 hingewiesen, zu dieser u.a. namhafte Ärzte schon vor Jahrzehnten gekommen waren, schien es mir geboten, eine Auswahl aus diesen Fällen auch zeichnerisch darzustellen. Auf diese „augenscheinliche" Weise kann am ehesten die Bedeutung der negativen Erdstrahlung für die Entstehung vorwiegend chronischer Erkrankungen aufgezeigt und daraus die oft lebenswichtige Folgerung gezogen werden, strahlengestörte Schlaf- und Arbeitsplätze unbedingt zu meiden. Eine bessere Prophylaxe, noch dazu dieser einfachen Art, gibt es nicht. Die Krankheitsfälle wurden in drei Gruppen eingeteilt. Die *erste, N-Gruppe* genannt, umfaßt im wesentlichen die Fälle neurovegetativer und psychosomatischer Art, die zweite, *R-Gruppe*, den ganzen rheumatischen Formenkreis und alle Erkrankungen, die auf Entzündungen zurückzuführen sind und schließlich als dritte, heute ganz wesentliche *K-Gruppe*, alle Krebsformen und Tumore, auch Zellwucherungen wie Myome, Zysten u.a. Gerade bei dieser Gruppe sticht der unmittelbare Zusammenhang zwischen Störstrahlung und Erkrankung in besonderer Weise hervor.

Eine *4., B-Gruppe,* soll weitere spezielle Krankheitsfälle umfassen, die gruppenmäßig nicht eindeutig definierbar sind oder seltener auftreten, die aber z.T. in den anderen Gruppen eingegliedert hätten werden können. Anschließend die Legende zu den Skizzen:

Wasserader G.St. = Geologische Störungen (Brüche, Verwerfungen, etc.) einfach positiv (rechtsdrehend) einfach negativ (linksdrehend) Doppelzone (n) = DZ (n)	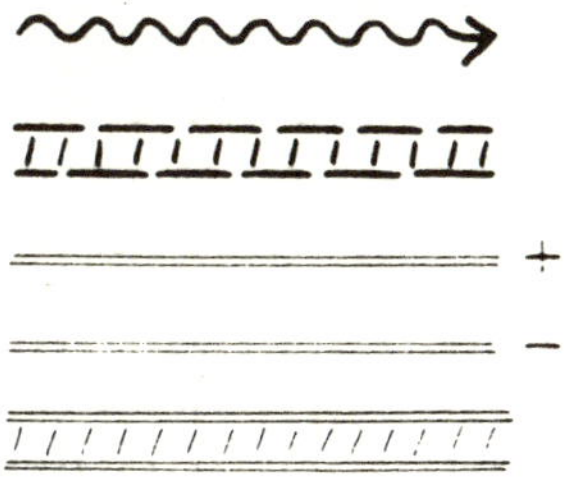
Hartmann-Netz	Ha
Curry-Netz	Cu
weiblich	♀
männlich	♂
Reaktionsabstands-Messung nach Curry (2. Messung nach 2 Min.)	R.A.
Krebs (Carcinom)	Ca
Geomantische Zone(n) = GZ(n)	GZ 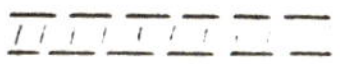

N–Gruppe

N 1 – Die Frau schlief sehr schlecht und fühlte sich am Morgen immer wie zerschlagen. Obendrein hatte sie auch Bauchbeschwerden. Auch ihr einjähriges Kind schlief bei Nacht fast nicht.
Die Frau, die auf Kreuzungen von Ha- und Cu-Doppelzonen sowie auf einer Wasserstrahlung lag, meldete mir schon nach wenigen Tagen, daß sie keine Beschwerden mehr habe und sie morgens ausgeruht aufstehen kann. – Das Kind, dessen Kopf vornehmlich von der Wasserstrahlung betroffen war, schlief nun die Nacht über durch.

N 2 – Obwohl sich der Mann immer erst gegen Mitternacht schlafen legte, wurde er dennoch alle Stunden wach und ging in seinem Schlafzimmer auf und ab. Zusätzlich hatte er auch noch Magenbeschwerden. R.A. 60 – 260 cm. Auch sein Arbeitszimmer war stark bestrahlt.
Der Mann wurde in seinem Bett durch Kreuzungen von Ha- und Cu-Dzn mit Wasser gequert. Der eigentliche Arbeitsplatz, in der Mitte des Arbeitszimmers, stand sogar auf einer Krebszone. Nach wenigen Wochen erfuhr ich durch einen Anruf, daß sich die Schlafstörungen schon wesentlich gebessert hatten.

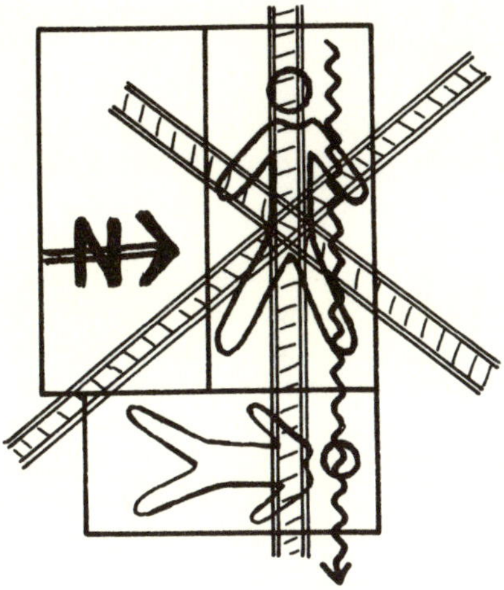

N 1

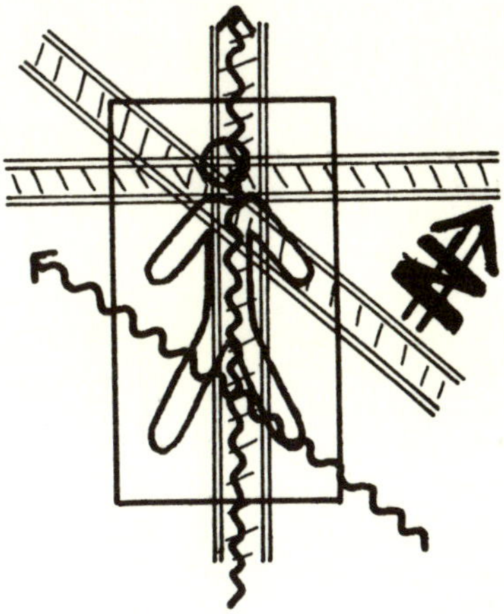

N 2

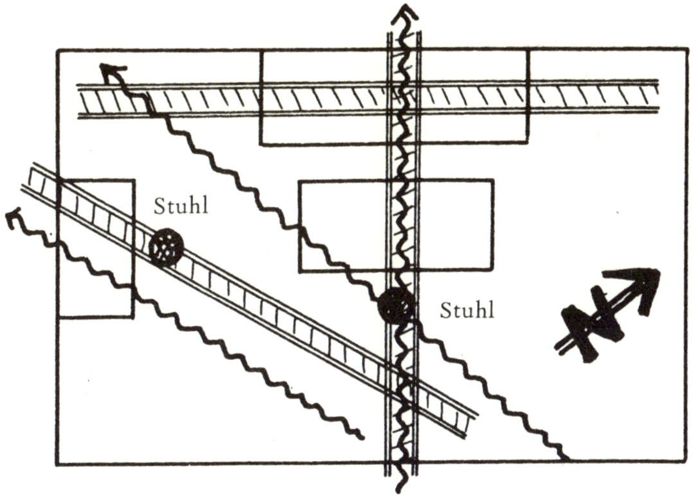

Arbeitszimmer

N 3 – Das 14-jährige Mädchen schlief seit zwei Jahren nur stundenweise, hatte in der Nacht Bauchkrämpfe und konnte nur fallweise in die Schule gehen.
Die Mutter des Mädchens, das auf einer Wasser- und Cu-Kreuzung lag, meldete mir sehr rasch, daß es der Tochter etwa fünf Tage nach Verlegung des Schlafplatzes eher schlechter ging, daß aber dann nach zwei Tagen die Bauchkrämpfe aufhörten und das Mädchen seither gut schlief.

N 4 – Der 11jährige Bub war sehr nervös und kränklich, schlief schlecht und mußte Medikamente nehmen. Auch hatte er schulische Schwierigkeiten.
Zwei Monate nach Verlegung des Buben erhielt ich den Anruf des Vaters, wobei er mir mitteilte, daß sein Sohn nunmehr gut schlafe und auch keine Medikamente mehr einzunehmen brauche. Überhaupt sei er nun wie ausgewechselt und in der Schule ausgezeichnet. Der Bub war durch Wasser- und durch Ha-Dzn-Strahlung belästigt worden. Nach meiner Untersuchung erzählte mir der Vater, daß ein junger Stier, der infolge eines strahlenmäßig schlechten Standes immer lahmer geworden war, nach Änderung seines Standplatzes nunmehr vollkommen in Ordnung sei.

N 5 – Das 9-jährige Mädchen hatte schwere Schlafstörungen und wollte nicht in ihr Bett, sondern in das der Eltern.
Die Mutter des Mädchens teilte mir fernmündlich mit, daß bei der Tochter bald nach ihrer Verlegung nunmehr alles in Ordnung sei und sie nunmehr auch in ihrem eigenen Bett schlafe. Das Mädchen war in erster Linie durch Wasser- und negative Cu-Strahlung belästigt worden.

N 6 – Der 5-jährige Bub und seine 8-jährige Schwester lagen in einem Stockbett. Der Bub hatte Alpträume und Bronchialbeschwerden, das Mädchen schlief sehr unruhig und war Bettnässerin.
Beide Kinder lagen auf einer Wasserkreuzung, wobei diese außerdem von einer Cu-Dz im Unterleib gequert wurde. Nach relativ kurzer Zeit erfuhr ich, daß alle Beschwerden nach Verlegung sehr rasch aufgehört hatten.

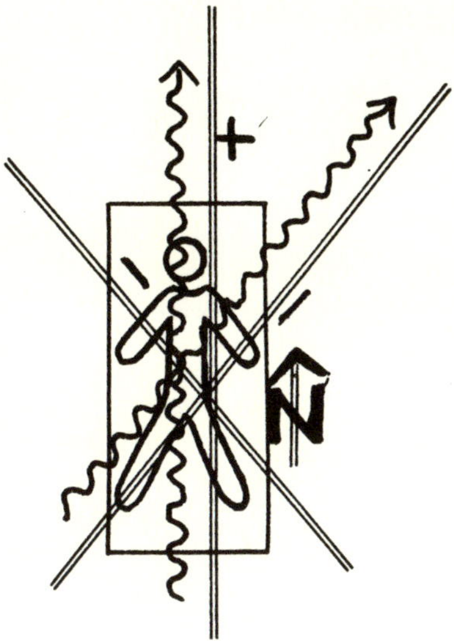

N 3

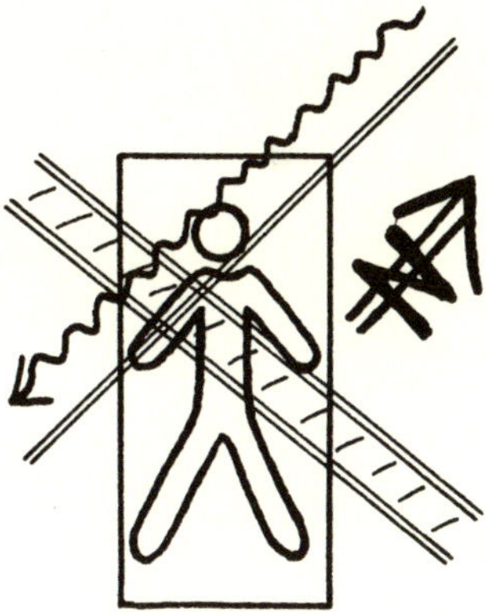

N 4

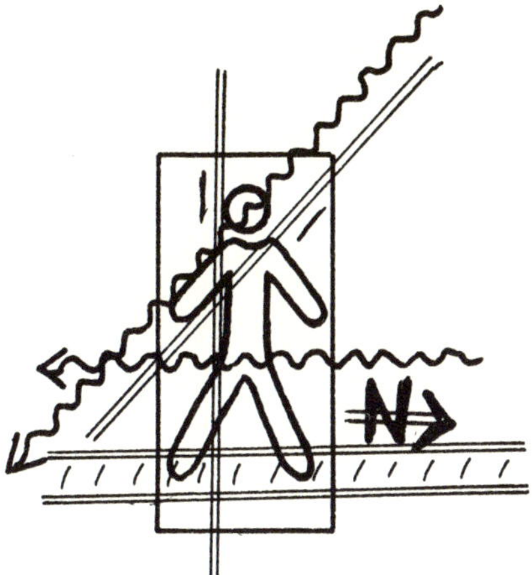

N 5

Kinder

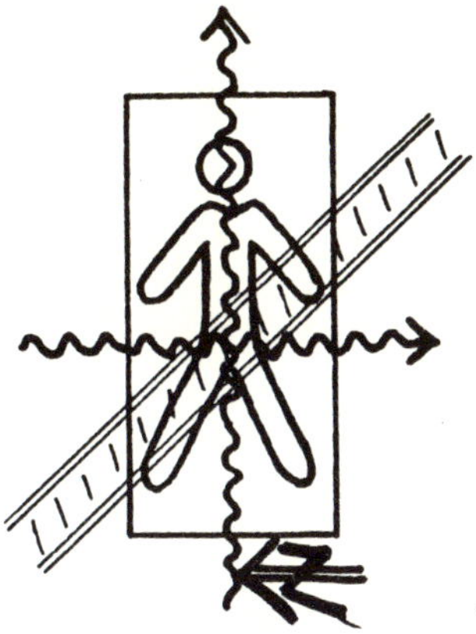

N 6

N 7 – Die Frau hatte Migräne und Schlafstörungen. Sie berichtete mir, daß nach Verlegung diese Beschwerden verschwunden waren. Durch ihren Körper war eine Ha-Dz gelaufen und über den Kopf eine Wasserstrahlung.

N 8 – Die Frau hatte schwere Depressionen und mußte medikamentös behandelt werden. R.A. 62 – 160 cm.
Nach fünf Wochen meldetete mir die Frau, daß sie nunmehr durchschlafe, keine Depressionen mehr habe und keine Medikamente mehr brauche. Drei Wochen nach der Verlegung hatte sie allerdings eher schlechter geschlafen als vorher. Der Kopf der Frau lag auf einer argen Kreuzung von Ha- und Cu-Dzn und auf einer Wasserstrahlung.

N 9 – Der Mann hatte zuhause wie auch an seinem Dienstort ähnlich schlechte Strahlenverhältnisse. In der Nacht schlief er sehr schlecht und bekam Depressionen. R.A. 90 – 280 cm.
Fünf Monate nach Verlegung des Schlafplatzes erfuhr ich, daß dieser Mann, der bereits außer Dienst gestellt werden mußte, nun wieder voll arbeitsfähig war. Wieder waren es Kreuzungen von Ha- und Cu-Dzn mit einer Wasserstrahlung. Am Dienstort kamen noch geologische Störungen hinzu, die diese argen Zustände bei dem Mann verursachten.

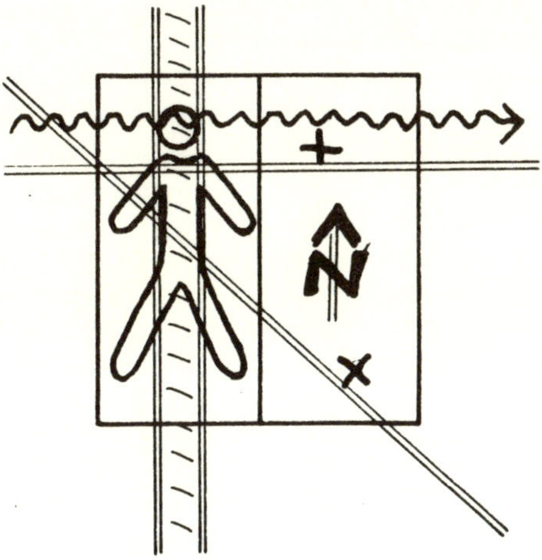

N 7

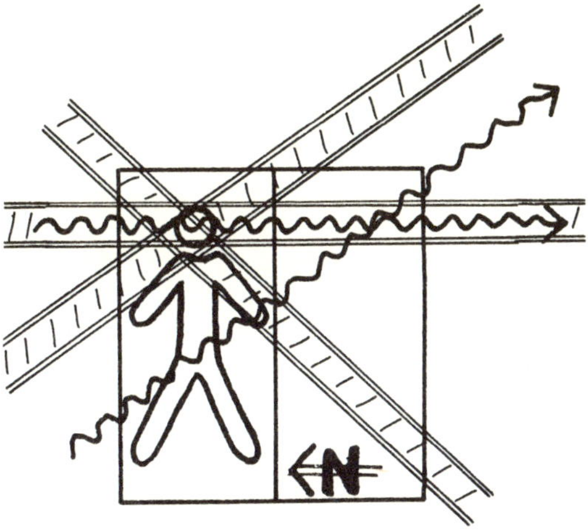

N 8

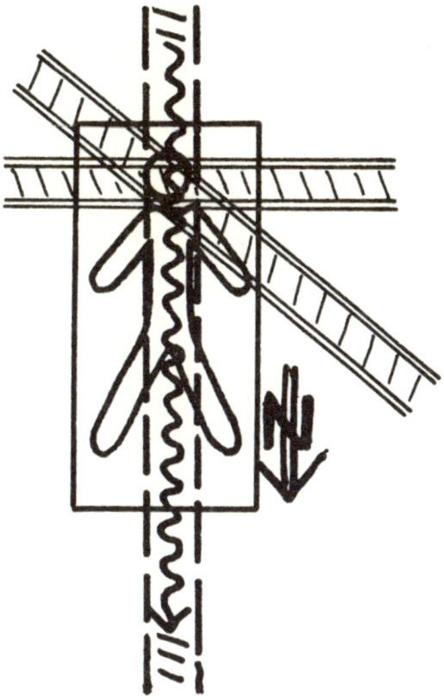

N 9

N 10 – Die Frau (rechts) klagte über Migräne, Depressionen, Zerschlagenheit am Morgen sowie über Rheuma und stand vor einer Unterleibsoperation. Der Mann hatte rheumatische Beschwerden am linken Fuß und an der linken Schulter. Auch die Tochter hatte solche Beschwerden in der Schulter und in den Armen, war depressiv und konnte nur mit Hilfe von Medikamenten schlafen.
Etwa ein dreiviertel Jahr nach Verlegung des Ehepaares und der Tochter wurde ich benachrichtigt, daß sowohl beim Ehepaar wie bei der Tochter die vielerlei Beschwerden weg seien, mit der Einschränkung, daß bei der Frau die Depressionen „fast" weg wären. Das Ehepaar sei auch viel ruhiger geworden.
Die Beeinträchtigung durch Strahlen war bei dem Ehepaar besonders arg (Kreuzungen von Dzn von Ha und Cu, bei der Frau außerdem noch eine Wasserstrahlung über den Kopf gehend.). Durch den Körper der Tochter ging eine Ha-Dz, die in Kopfnähe durch Wasserstrahlung gekreuzt wurde.

N 11 – Die Frau hatte schon mehrere Jahre eine vegetative Dystonie, war depressiv und bekam immer wieder Allergien verschiedener Art. Auch klagte sie über Magenbeschwerden und über Atemnot. R.A. 70 – 190 cm.
Nach Verlegung des Schlafplatzes berichtete mir die Frau, daß sie zwar noch Beruhigungsmittel nehmen müsse, daß aber die Depressionen weg seien und daß sich auch die vegetative Dystonie gebessert habe. Die frühere Inaktivität sei verschwunden, sie könne wieder Sport betreiben und hätte wieder Freude am Leben.
Aus der Strahlenskizze wird ersichtlich, daß die Frau infolge schwerer Kreuzungen von Dzn und Wasser äußerst schlecht gelegen war.

N 12 – Zweieinhalb Jahre, nachdem die damals 33-jährige Frau in das neue Haus eingezogen war, bekam sie schwere Depressionen verbunden mit Schreikrämpfen. Außerdem litt sie unter vegetativen Störungen und hatte ein abnormal großes Schlafbedürfnis (bis zu 16 Stunden!). Sie dachte schon an Selbstmord.
Zehn Tage nach meinem Besuch, bzw. nach Schlafplatzwechsel rief mich die Frau an und teilte mir mit, daß die Depressionen und die Selbstmordgedanken weg seien. Sie meinte, ich hätte ihr Leben gerettet, wäre ich nur eine Woche später gekommen, wäre sie nicht mehr am Leben.
Die Dzn-Kreuzung von 2 Cu-Zonen und eine Wasserstrahlung, die alle ihren Kopf trafen, hatten zu dem gefährlichen Zustand der Frau geführt.

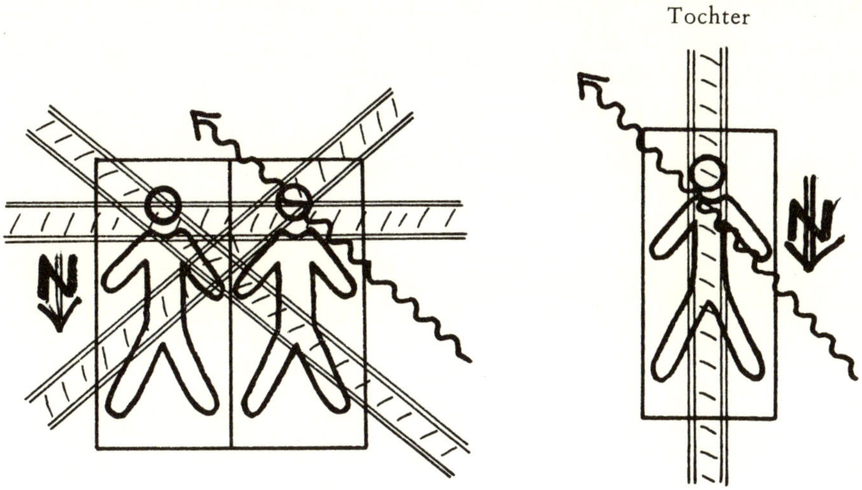

N 10

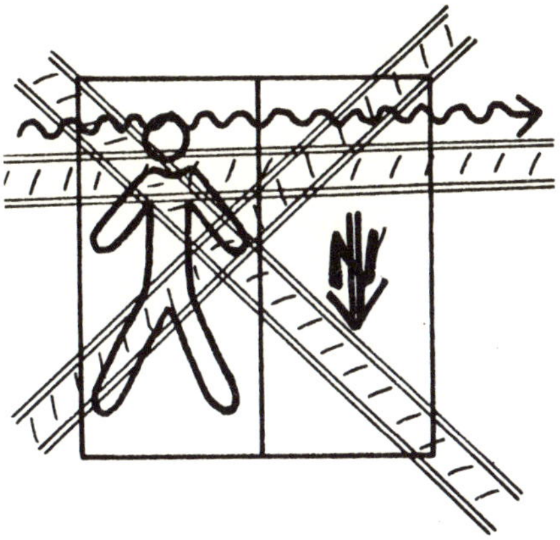

N 11

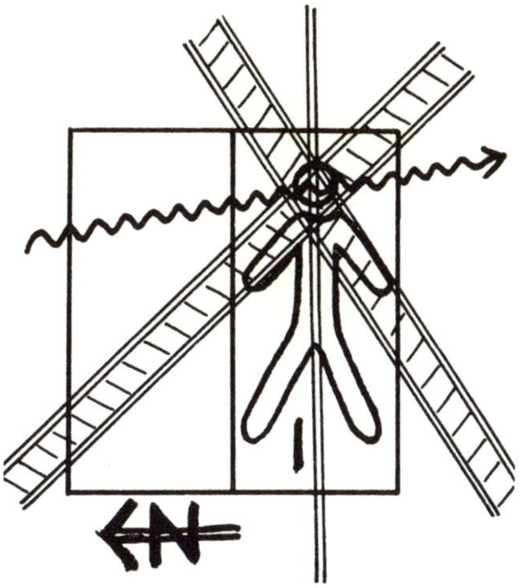

N 12

N 13 – Die Frau hatte Depressionen und Schlafstörungen. Sie träumte immer wieder davon erschossen zu werden. Außerdem litt sie häufig an Stirnhöhlen-Eiterungen. An der selben Stelle lag früher ihr Vater, der mit 54 Jahren an Magenkrebs gestorben war.
Die Frau hatte sich schon vor der geobiologischen Untersuchung einen anderen Schlafplatz gesucht und teilte mir mit, daß es ihr seither viel besser ginge.
Die Störstrahlung bestand bei ihr hauptsächlich aus einer Kreuzung von Ha-Dzn und Wasser.

N 14 – Die damals 36-jährige Frau war schwerstens depressiv und wollte schon mehrmals aus dem Leben scheiden. Sie war ganz teilnahmslos und wollte überhaupt nicht mehr aufstehen.
Nach der Verlegung des Schlafplatzes gab mir die Tante der Frau bekannt, daß es ihrer Nichte schon längere Zeit gut gehe und daß sie nur hie und da etwas depressiv wäre. Auch Medikamente seien nun nicht mehr erforderlich.
Strahlenmäßig war vornehmlich der Kopf der Nichte von Ha- und Cu- und ebenso von Wasserstrahlung betroffen.

N 15 – Die Frau (links) hatte seit neun Jahren ein schweres Nervenleiden, das als unheilbar galt. Der Mann hatte hingegen keine besonderen Beschwerden.
R.A. (Frau) 85 – 180 cm.
Die Frau berichtete mir, daß kaum zwei Monate nach Verlegung des Schlafplatzes schon eine wesentliche Besserung eingetreten sei und sie die Medikamente weitgehend reduzieren konnte. Sehr bald darauf konnte sie diese ganz absetzen. Die Frau war seither vollkommen in Ordnung.
Die in der Skizze ersichtlichen gefährlichen Strahlenkreuzungen erklären wohl alles.

N 16 – Die Frau hatte jede Nacht starke Schweißausbrüche. Schon kurze Zeit nach dem Schlafplatzwechsel hatten diese Schweißausbrüche rasch aufgehört. Der Kopf der Frau war von einer Cu-Dz gequert worden.

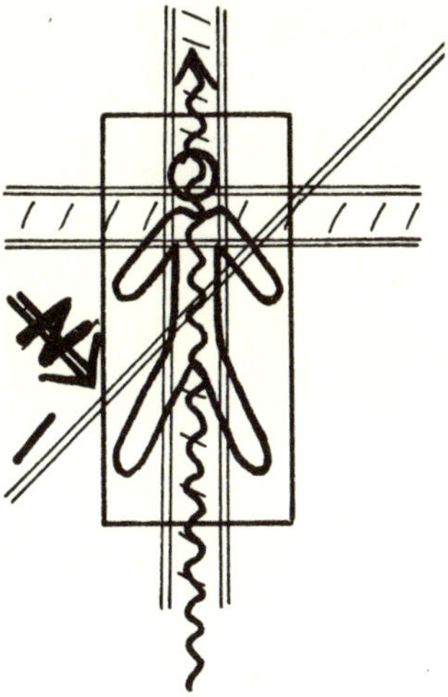

N 13

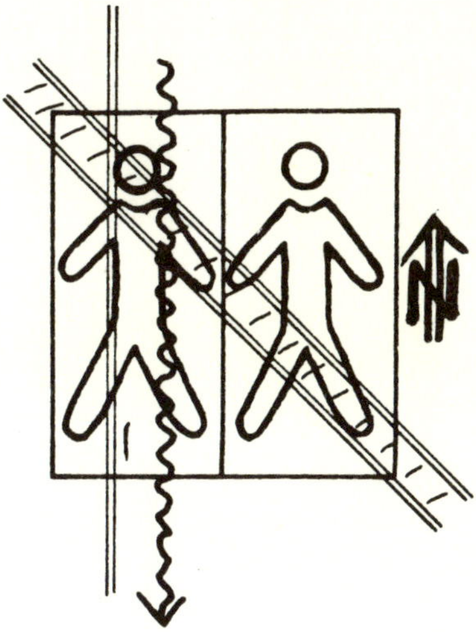

N 14

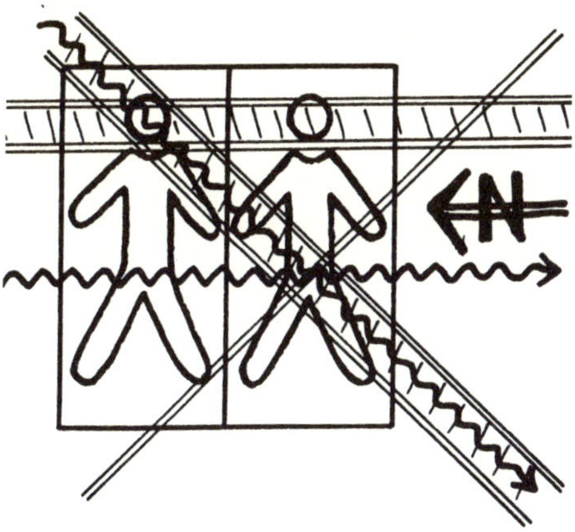

N 15

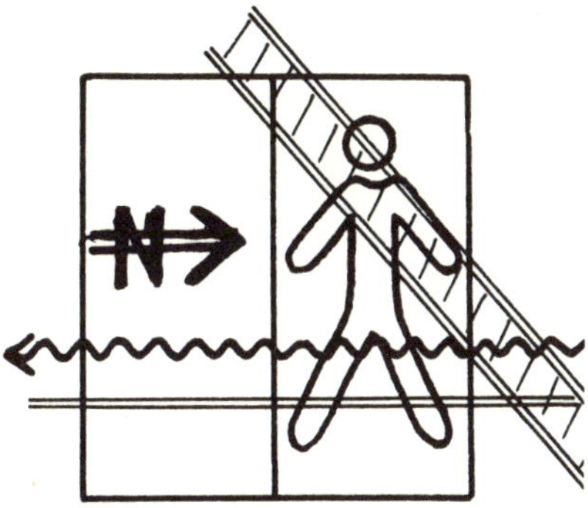

N 16

N 17 – Das damals 10-jährige Mädchen hatte Schlafstörungen und Kopfschmerzen, konnte sich nicht konzentrieren und war Legasthenikerin, hatte also Lese- und Rechtschreib-Schwierigkeiten.
Die Eltern des Mädchens teilten mir eineinhalb Monate nach der Bettumstellung mit, daß ihre Tochter seither ganz ruhig schlief und auch die Konzentrationsschwächen sehr nachgelassen hatten.
Das Mädchen lag auf einer Wasser- und Cu-Dzn-Kreuzung. Näheres darüber in II/3.

N 18 – Die vierjährigen Zwillinge bekamen seit drei Jahren immer häufiger epileptische Anfälle, und dies trotz bester medikamentöser Behandlung.
Nach der Verlegung des Schlafplatzes berichtete mir der behandelnde Arzt auf meine Anfrage hin, daß er bei den Zwillingen innerhalb von sechs Wochen immer mehr den Einsatz der Medikamente herabsetzen und schließlich ganz damit aufhören konnte. Die epileptischen Anfälle hatten inzwischen ganz aufgehört. Die Kinder eholten sich rasch, so daß ich sie, wie der Arzt meinte, nicht mehr wiedererkennen würde.
Auch hier waren Dz-Kreuzungen, z.T. auch solche mit Wasser, für die Epilepsie hauptverantwortlich.

N 19 – Der 11-jährige Bub hatte bis vor drei Jahren epileptische Anfälle. Auch hatte er eine schwache Konzentrationsfähigkeit, die sich besonders unangenehm in der Schule äußerte. Er lag einige Zeit vorher auf einer dreifachen Wasserkreuzung. R.A. 52 – 200 cm.
Wenige Wochen nach Verlegung des Buben ergab sich schon eine merkliche Besserung im EEG. Die Lern- und Konzentrationsfähigkeit in der Schule hatte stark zugenommen. Seither schlief er auch in der Nacht gut. Seine schlechten Schlafplätze aufgrund bestehender Störstrahlungen trugen sicherlich die Hauptschuld an den Zuständen des Buben.

N 20 – Das 11-jährige Mädchen hatte Neurodermitis (eine Hauterkrankung), hatte dauernd Kopfschmerzen und es war ihm fast immer übel. Es fühlte sich oft ganz zerschlagen und war depressiv. Es hatte auch früher Asthma gehabt, das aber im Heilstollen von Oberzeiring (Steiermark) ausgeheilt worden war. Das Mädchen war auch in seiner Entwicklung stark zurückgeblieben. R.A. 55 – 210 cm.
Die Mutter des Mädchens, das vor der Verlegung des Schlafplatzes so schwach war, daß es nur fallweise in die Schule gehen konnte, schrieb mir nach einiger Zeit einen ausführlichen Brief, in dem sie mir berichtete, daß drei bis vier Wochen lang nach der Verlegung der Tochter keine Besserung, eher eine Verschlechterung zu verzeichnen war. Hernach ging es aber rasch aufwärts und dem Mädchen ging es von Woche zu Woche besser. Ein lästiger Ausschlag verschwand und die bleierne Müdigkeit und die Niedergeschlagenheit waren plötzlich weg. Nun schlief das Mädchen rasch ein, während früher das Einschlafen für das Mädchen ein Alptraum war. Heute, so schrieb die Mutter weiter, käme ihr alles wie ein schlechter Traum aus vergangenen Zeiten vor. Die Tochter schlief nun gut, war völlig ausgeglichen und wurde eine sehr gute Schülerin. Die Kreuzung von vier Dzn und solche mit Wasser sowie eine Bruchzone erklären hier wohl alles.

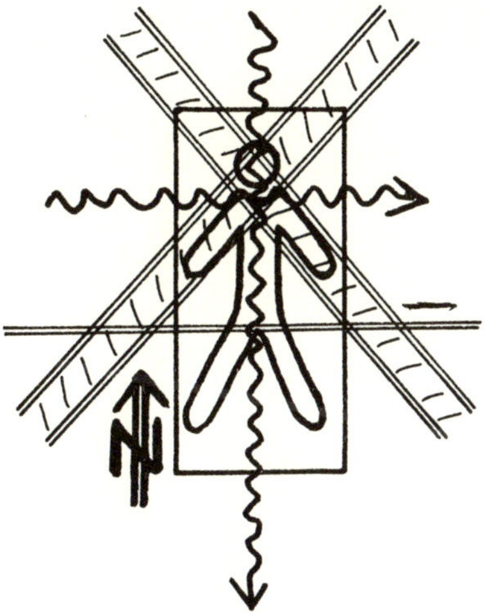

N 17

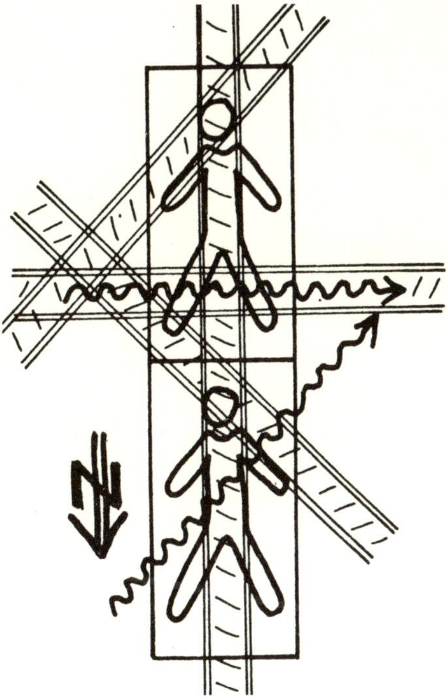

N 18

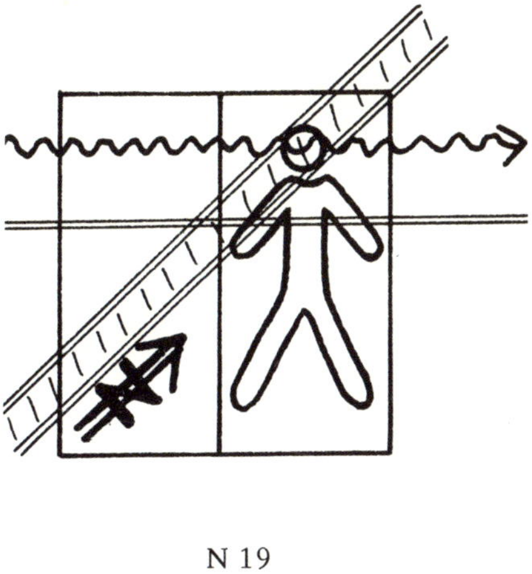

N 19

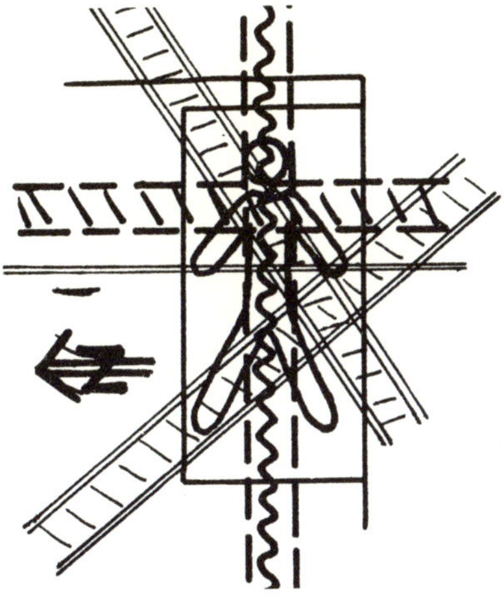

N 20

N 21 – Der Mann erlitt mit 34 Jahren einen schweren Schlaganfall und hatte seitdem epileptische Anfälle und starke Krämpfe. Überdies war er schwerstens sprach- und gehbehindert. Der Arzt konnte wegen der strahlenmäßig sehr schlechten Beeinflussung vor allem des Kopfes keinen Erfolg erzielen. R.A. 74 – 174 cm. Der Hausarzt meldete mir wenige Wochen nach Verlegung des Mannes schon, daß gleich nach Schlafplatzwechsel die epileptischen Anfälle und die Krämpfe zur Gänze aufgehört hatten und ein nicht zu erwartender Fortschritt in der Genesung des Mannes zu verzeichnen gewesen wäre. Wieder zwei bis drei Monate später war der Mann nur mehr sehr gering in seiner Gehfähigkeit behindert.
Hier war es offensichtlich, daß die schwere Störstrahlung (Kreuzung von Ha- mit Cu-Dzn und Wasser) die Hauptschuld am schlechten Gesundheitszustand des Mannes hatte.

N 22 – Der Mann wurde jede Nacht um 2 Uhr früh wach und sah vom Fenster her in Richtung der Ha-Doppelzone eine Schar Mäuse auf sich zukommen. Am Fenster erschien jedesmal ein unbekannter Mann.
Die halluzinationsartigen Erscheinungen des Mannes verschwanden schon in der ersten Nacht nach seiner Verlegung und kamen nicht wieder. Schuld daran war eindeutig die Ha-Dz, die den Kopf des Mannes traf.

N 23 – Der Mann litt unter Verfolgungswahn (Paranoia). Er bildete sich Tag und Nacht ein, daß man es auf ihn mit Strahlen abgesehen hätte. Er hatte dauernd Angstzustände und glaubte, wahnsinnig zu werden. Von Unruhe geplagt wachte er fünf- bis zehnmal in der Nacht auf und wanderte dann auf und ab. Nicht nur der Schlafplatz des Mannes war sehr schlecht, sondern auch sein Arbeitsplatz.
Nach dem Schlafplatzwechsel schlief der Mann die erste Nacht durch. Auch das Gefühl, ständig verfolgt zu werden, nahm allmählich ab, es brauchte aber einige Monate, bis es vollkommen verschwand.
Die Skizze zeigt, daß 3 Dz und Wasser den Mann betroffen hatten.

N 24 – Mann und Frau bekamen seit drei Jahren genau um 3 Uhr morgens Schwindelanfälle, z.T. mit Erbrechen. Auch ein Bettwechsel zwischen Mann und Frau sowie ein Krankenhausaufenthalt halfen nicht. Eine Schwester der Frau (links) die früher hier geschlafen hatte, war schwer depressiv geworden.
Es wurde mir berichtet, daß bereits eine Woche nach Wechsel der Ehebetten die Schwindelanfälle bei Nacht aufgehört hatten und daß beide Eheleute nun durchschliefen.
Hier wurden in erster Linie die Köpfe von den Dzn getroffen. Durch den Körper des Mannes ging auch eine Wasserstrahlung.

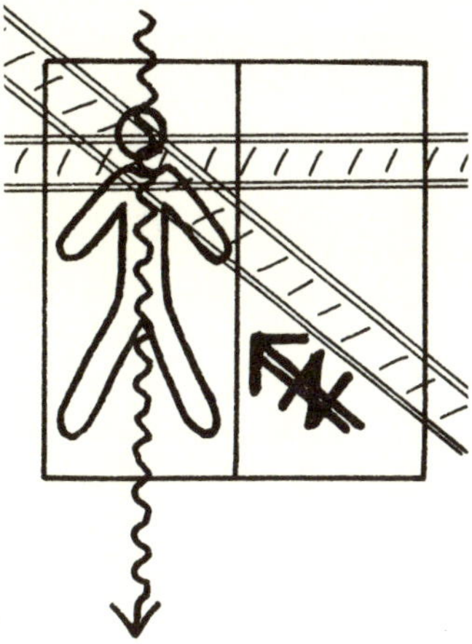

N 21

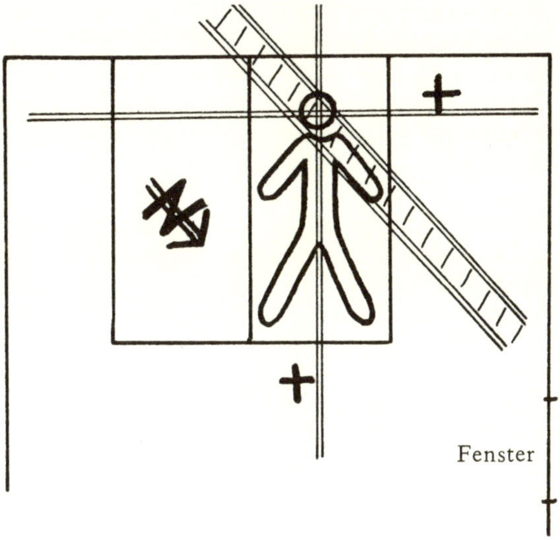

N 22

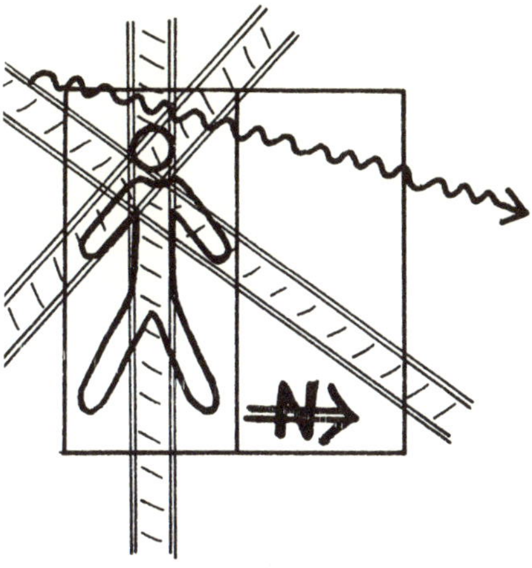

N 23

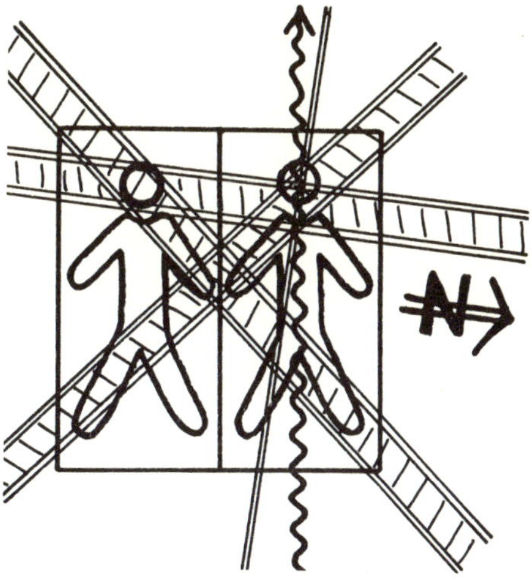

N 24

N 25 – Der Mann hatte in der Nacht Herz-Rhythmus-Störungen, die Frau in der Nacht Magenbeschwerden und vegetative Störungen. Beide Eheleute wurden von Wasserstrahlungen, z.T. als Kreuzung und negativen Ha- und Cu-Zonen betroffen. Zwei Monate nach dem Schlafplatzwechsel wurde mir mitgeteilt, daß die Herz-Rhythmus-Störungen aufgehört hatten. Auch die Frau konnte seither bestens schlafen und war beschwerdefrei.

N 26 – Der Firmenchef ermüdete sehr rasch an seinem Arbeitsplatz, nachdem er ein neues Büro bezogen hatte. Dadurch wurde seine Leistungsfähigkeit stark eingeschränkt. R.A. 70 – 168 cm.
Schon sehr bald nach Verschiebung des Arbeitssessels in Richtung der positiven Ha-Zone konnte der Mann wieder bestens arbeiten. Vorher war er auf einer Cu-Dz gesessen.

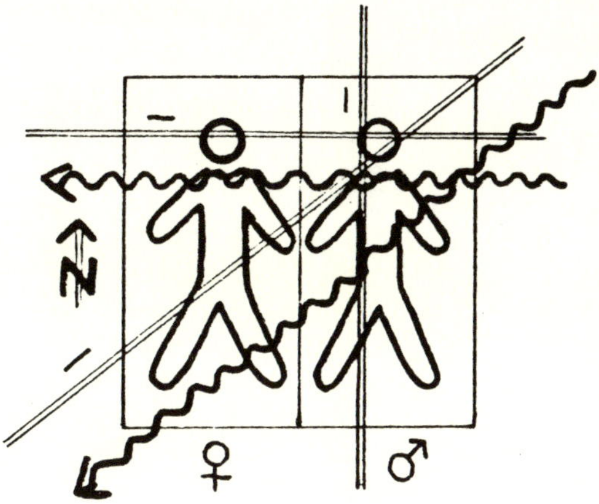

N 25

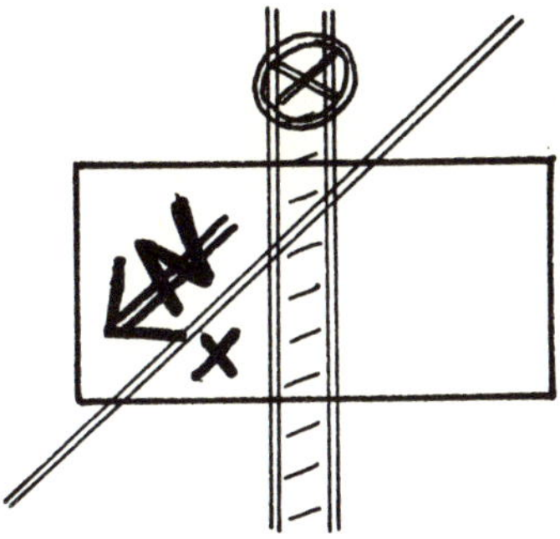

N 26

R–Gruppe

R 1 – Die Frau (rechts) klagte über starke Gelenkschmerzen, war sehr nervös und hatte häufig Kopfschmerzen und Schlafstörungen. Der Mann hatte bis dato keine besonderen Beschwerden. Seine doch gegebene Strahlenbelastung drückte sich in seinem hohen R.A. aus. – Die Ehe blieb kinderlos.
R.A. des Mannes: 65 – 190 cm; R.A. der Frau: 62 – 205 cm.
Die Frau schrieb mir fünf Monate nach der Verlegung des Schlafplatzes, daß ihre Gelenkschmerzen verschwunden seien und daß sie weiters schon die erste Nacht durchgeschlafen habe. Die Nervosität und die Kopfschmerzen hätten sich ebenfalls gebessert. Sie sei nun wieder in der Lage Bergtouren zu unternehmen. –
Die Frau wurde in ihrem Bett durch drei Doppelzonen und durch eine Wasserkreuzung getroffen.

R 2 – Der Mann (links) litt an argen Schmerzen im Brust- und Rückenbereich, hatte Gelenkschmerzen und immer geschwollene Augen. Die Frau klagte über mehrmalige Verkühlungen im Jahr und litt unter Bronchial-Katarrhen.
Der Schwiegervater hatte schweres Rheuma und ebenfalls geschwollene Hände. Er lag auf einer Bruchzone, die außerdem wasserführend war. Auch das Ehepaar lag auf einer Bruchzone.
Nach fünf Monaten wurde mir gemeldet, daß bei allen die verschiedenen Beschwerden verschwunden seien.

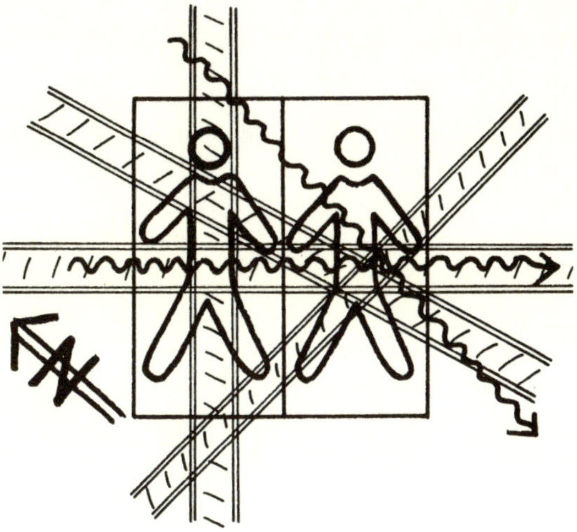

R 1

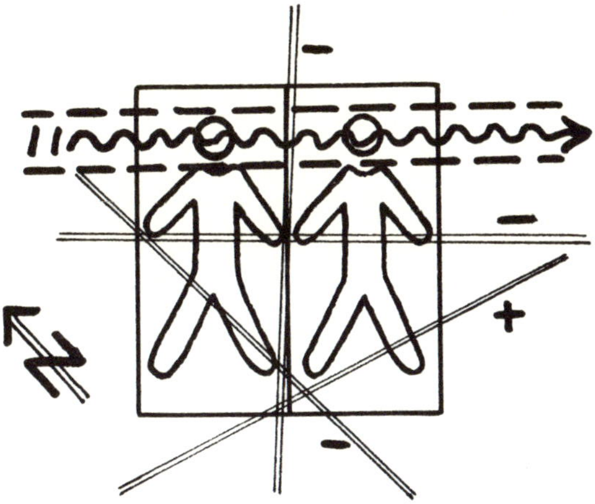

R 2

R 3 – Der 19-jährige Sohn hatte schweres Rheuma und Asthma und wurde bisher ohne Erfolg ärztlich behandelt. Die Tochter hatte wegen der Wasserstrahlungen Schlafstörungen. Auch die Eltern hatten Schlafstörungen.
Acht Monate nach Verlegung der Schlafplätze aller Familienangehörigen erhielt ich die Nachricht, daß nunmehr alle so gut schliefen wie dies seit Jahren nicht der Fall gewesen sei. Beim Rheuma des Sohnes war eine fühlbare Besserung zu verzeichnen, auch hatte er kein Asthma mehr. Die ganze Familie war durch Wasserstrahlungen und negative Cu-Zonen beeiflußt worden.

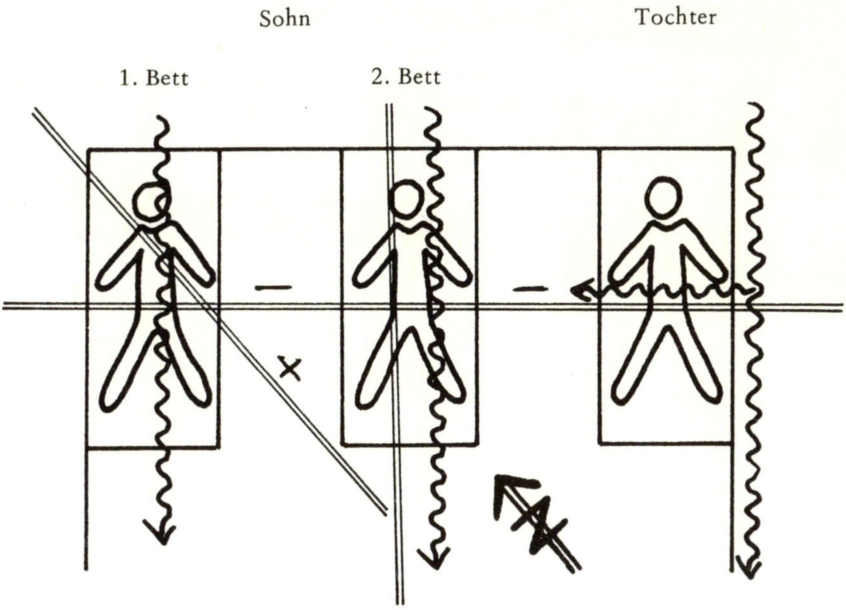

R 3

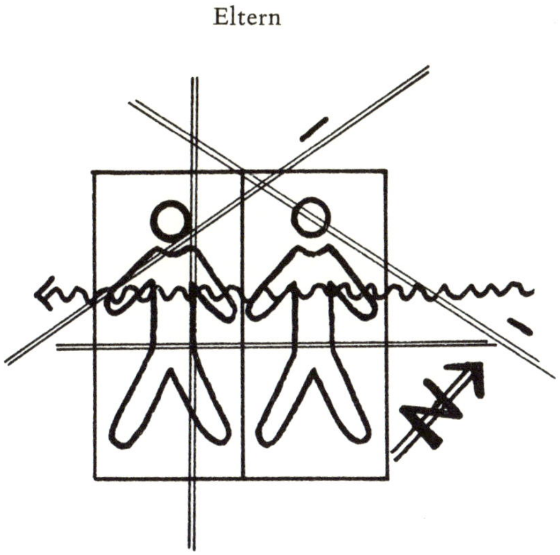

R 4 – Die Frau (rechts) hatte seit zwölf Jahren Rheuma und Gelenkschmerzen, der Mann starke Verdauungsbeschwerden.
Fünf Monate nach Schlafplatzwechsel wurde mir berichtet, daß die Gelenkschmerzen der Frau sich wesentlich gebessert hatten. „Sensationell" sei hingegen der Erfolg beim Mann, der nach der Verlegung nun keine Verdauungsbeschwerden mehr habe.
Bei dem Mann war Wasserstrahlung in Verbindung mit einer einfachen negativen Cu-Strahlung wirksam gewesen, bei der Frau in erster Linie eine Cu-Dz.

R 5 – Die Frau bekam jede Nacht furchtbare Rückenschmerzen und konnte morgens vor Steifheit kaum aufstehen. R.A.: 60 – 170 cm.
Sie war auf einer Wasserkreuzung und einer Cu-Dz gelegen. Nach wenigen Tagen berichtete sie mir fernmündlich, daß sie nach Verlegung des Bettes in der ersten Nacht kaum geschlafen habe, daß aber dann die schlimmen Rückenschmerzen vollkommen verschwunden seien.

R 6 – Der Mann (links) litt unter rheumatischen Beschwerden, die Frau hatte häufig Nebenhöhlen-Entzündungen und Bronchitis.
R.A. des Mannes: 55 – 250 cm; R.A. der Frau: 85 – 200 cm.
Beide Eheleute lagen auf Dzn von Cu und auf Wasser, der Mann lag außerdem auf einer Wasserkreuzung.
Nach fünf Monaten erhielt ich die Mitteilung, daß die Beschwerden verschwunden seien, nachdem der Schlafplatz gewechselt worden war. Auch die Nebenhöhlen-Entzündungen und die Bronchitis hatten aufgehört.

R 7 – Der Mann (rechts) hatte eine schwere Arthritis mit schlimmen Schmerzen und war auch schon etwas gehbehindert. Die Frau verspürte hingegen nichts. Der Mann war von 3, die Frau von 2 Dzn, und beide waren überdies durch Wasser bestrahlt.
Keine Rückmeldung.

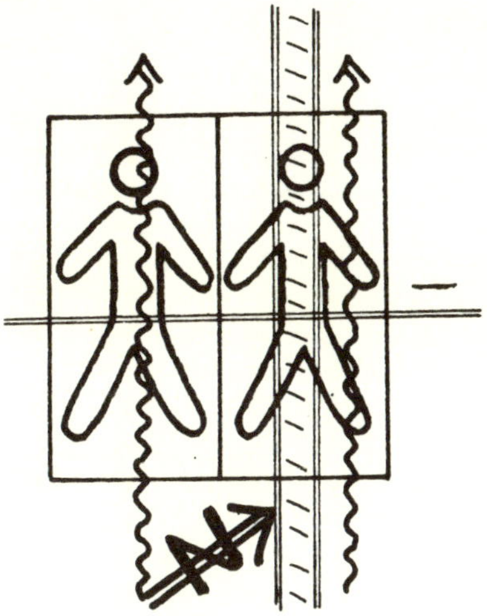

R 4

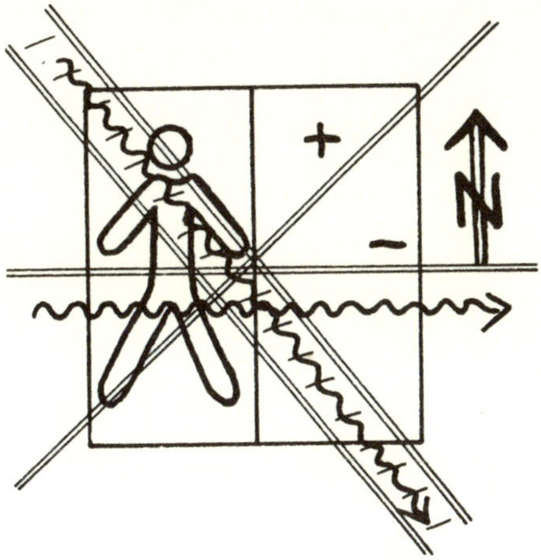

R 5

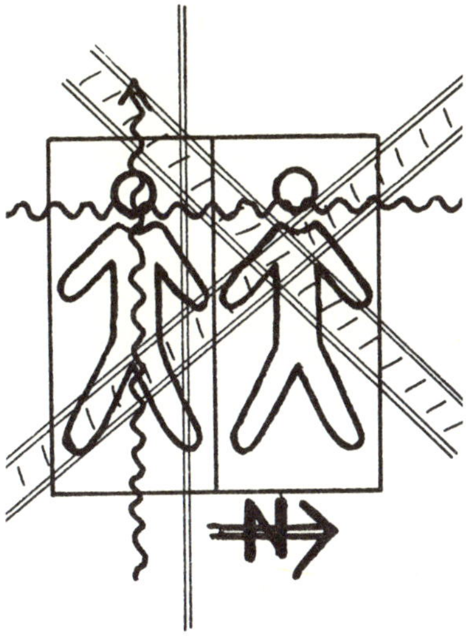

R 6

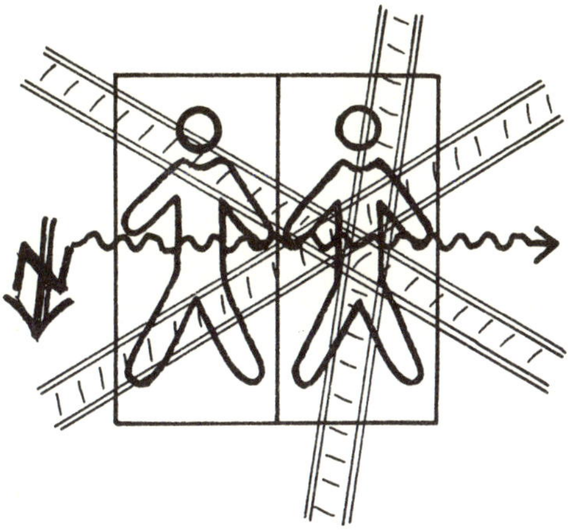

R 7

R 8 – Die Frau litt unter Polyarthritis. R.A.: 74 – 215 cm.
Nach Verlegung des Schlafplatzes teilte mir die Frau mit, daß sich nach einem halben Jahr ihr Zustand nicht geändert habe. Dann aber seien die Beschwerden ständig zurückgegangen, wozu wohl auch eine homöopathische Behandlung und eine Kur beigetragen haben dürften.
Die Frau lag ganz schlecht auf einer Cu-Dzn-Kreuzung und auf 2 Wasseradern.

R 9 – Die Frau hatte fast dauernd Stirn- und Kieferhöhleneiterungen. Sie schlief mit ihrem Kopf auf einer Kreuzung von Wasser und einer Cu-Dz.
Schon wenige Tage nach Umstellung des Bettes kam die Meldung von der Frau, daß die Eiterungen aufgehört hätten und sie sich nun bestens fühle. So blieb es auch.

R 10 – Das 11-jährige Mädchen klagte über dauernde Halsschmerzen, hatte häufig Angina und Verkühlungen. Es schlief auch sehr schlecht und war am Morgen immer ganz zerschlagen.
Nach Verlegung des Schlafplatzes erfuhr ich, daß sich die entzündlichen Beschwerden und die Verkühlungen bald gebessert und dann aufgehört hätten. Es habe auch keine Schlafstörungen mehr gegeben.
Das Mädchen wurde nachts von einer negativen Cu-Kreuzung (davon eine Cu-Dz) und einer Wasserkreuzung getroffen.

R 11 – Der 4-jährige Bub war häufig verkühlt und litt an Bronchitis und Sinusitis. Hier war einzig und allein die durch den ganzen Körper gehende Wasserader an den Beschwerden schuld, denn kurz nach Verlegung des Schlafplatzes erhielt ich die Mitteilung, daß die Verkühlungen aufgehört hatten und auch Bronchitis und Sinusitis nicht mehr aufgetreten waren.

R 12 – Der 18-jährige Sohn litt ständig unter Harnblasen-Entzündungen.
Die Entzündung war gleich nach Verlegung des Schlafplatzes verschwunden. Der junge Mann war sehr schlecht über einer Wasserkreuzung gelegen und war auch einer Cu-Dz, einer einfachen negativen Ha- und einer Cu-Strahlung ausgesetzt gewesen.

R 13 – Der 19-jährige Sohn hatte immer wieder Augenentzündungen. An seiner Schlafstelle wurde sein Kopf hauptsächlich von einer Cu-Kreuzung linksdrehender Art und von einer Wasserstrahlung getroffen.
Auf meinen Anruf hin erfuhr ich, daß die Augenentzündung nach Verlegung des Schlafplatzes sehr rasch verschwunden sei. Innerhalb eines halben Jahres sei sie dann nur einmal wieder aufgetreten.

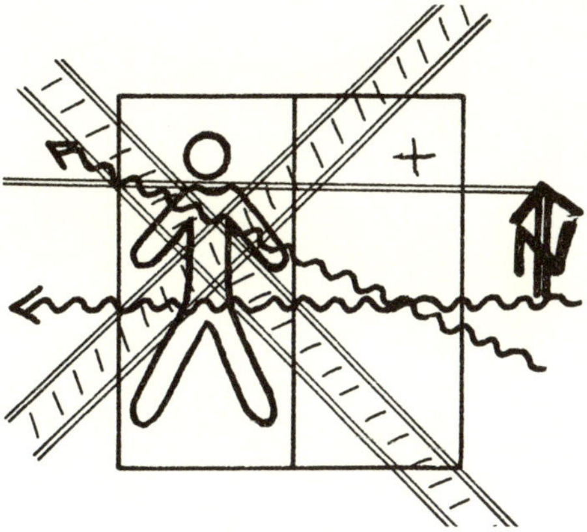

R 8

R 9

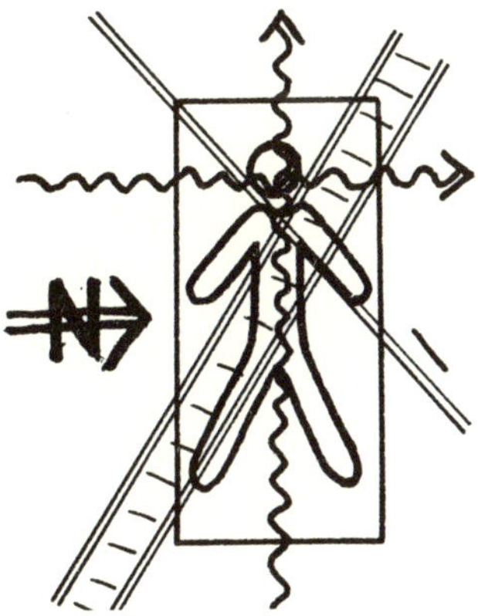

R 10

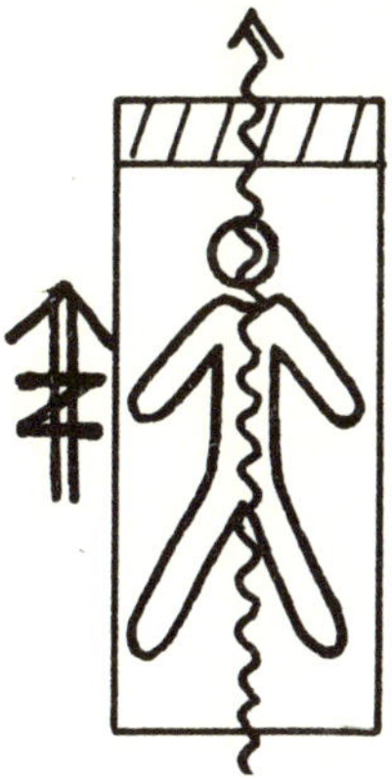

R 11

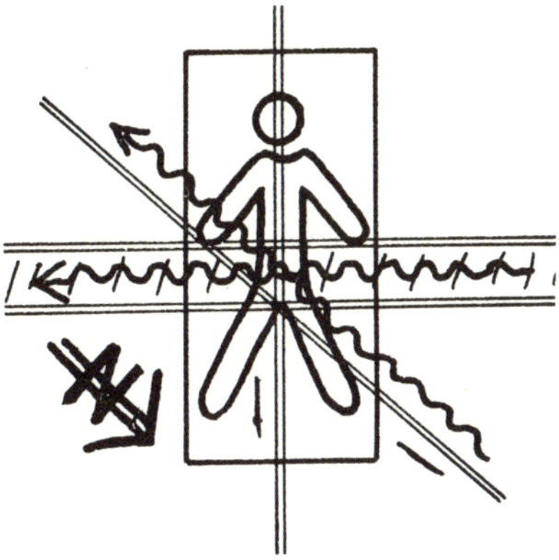

R 12

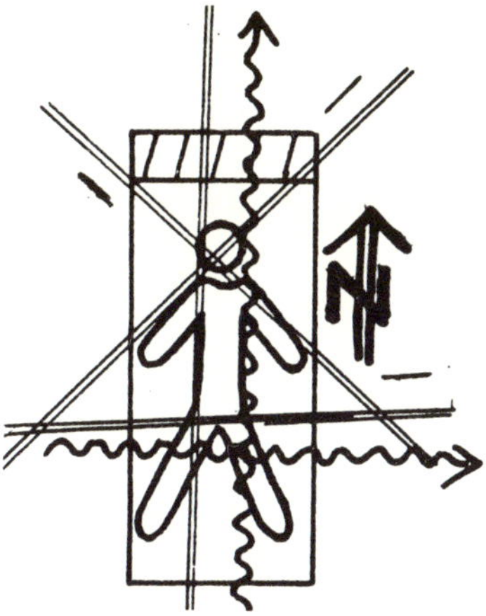

R 13

R 14 – Der Mann litt unter einer Gastritis. R.A.: 73 – 145 cm.
Nach Verlegung des Schlafplatzes kam schon nach einer Woche die Mitteilung, daß bei dem Mann, der auf Kreuzungen von Cu-Dzn und von Wasseradern lag, sich die Gastritis wesentlich gebessert hätte.

R 15 – Die Frau hatte schon eine Unterleibsoperation hinter sich und klagte nun über Venen-Entzündungen. Auch litt sie unter Angina pectoris. Der Mann wurde jede Nacht um 0 Uhr 30 wach, hatte aber sonst keine Beschwerden.
Auf die Frau wirkte scheinbar die Ha-Dz gekreuzt mit Wasser ein, auf den Mann nur eine einfache negative Cu-Zone und Wasser.
Schon kurze Zeit nach Verlegung des Schlafplatzes bekam ich die Nachricht, daß sich die Frau nun wesentlich besser fühle, sehr gut schlafe, und sich das Herz nur wetterbedingt bemerkbar mache.

R 16 – Die Frau (rechts) hatte Venenentzündungen und starke Ischias-Schmerzen. Von Zeit zu Zeit bekam sie auch Gesichtslähmungen. R.A.: 68 – 143 cm.
Hier dürften hauptsächlich die Kreuzungen von Cu und Wasser zu den Beschwerden geführt haben.
Keine Rückmeldung.

R 17 – Der Mann litt unter Osteomyelitis (Knocheneiterung) und hatte schon eine Gallenblasen-Operation hinter sich. Die Frau (rechts) hatte schwere Schlafstörungen.
Die Störstrahlung war bei der Frau wesentlich schlechter als beim Mann, der zwar auch von einer Cu-Dz und durch Wasser gequert wurde.
Keine Rückmeldung.

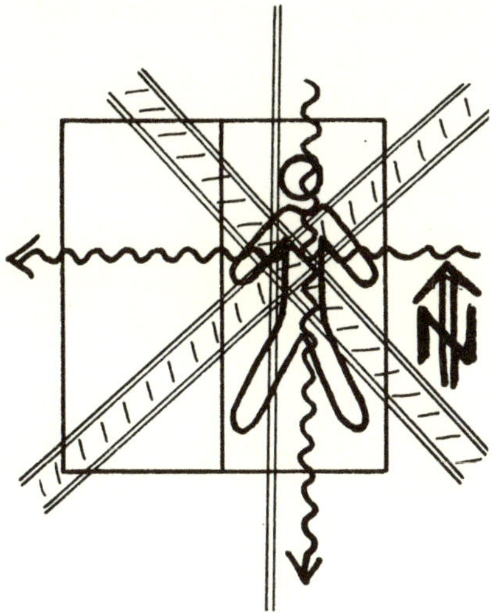

R 14

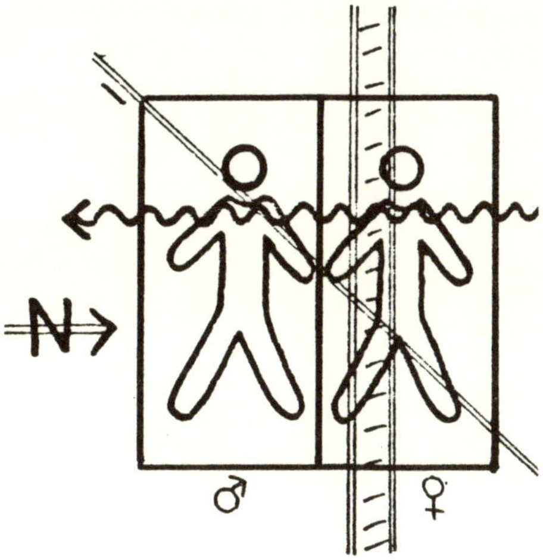

R 15

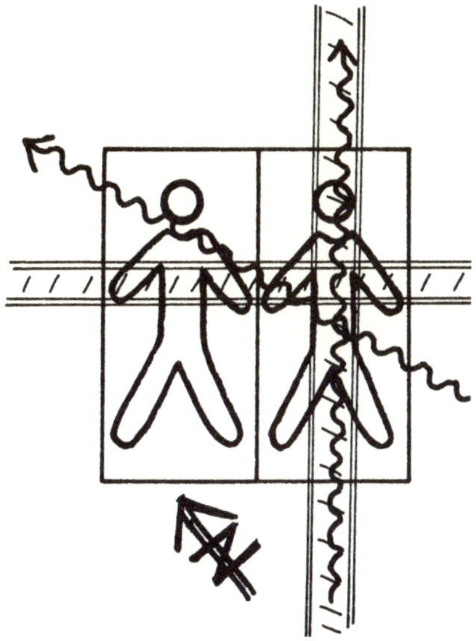

R 16

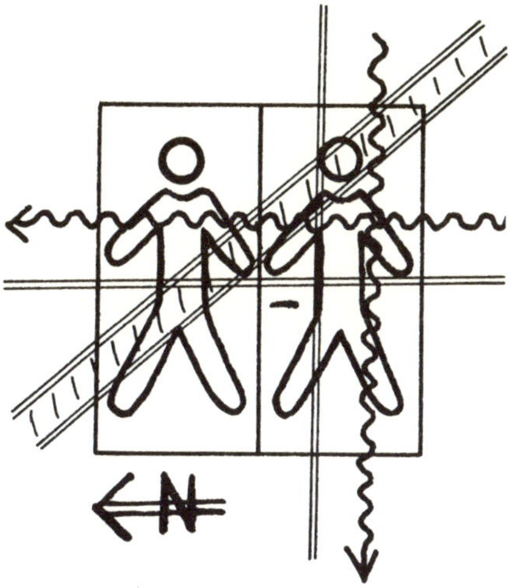

R 17

R 18 – Die Frau hatte eine Herzmuskel-Entzündung. Sie konnte nur mit Hilfe von Medikamenten schlafen.
Mit im Spiele waren bei diesem Fall Kreuzungen von negativen Ha- und Cu-Zonen.
Keine Rückmeldung.

R 19 – Die junge Frau hatte eine chronische Nierenentzündung und war bisher kinderlos geblieben. R.A.: 59 – 172 cm.
Zu der Erkrankung trug wesentlich die durch den ganzen Körper ziehende Cu-Dz mit der Kreuzung einer einfachen negativen Cu-Zone im Unterleib bei.
Keine Rückmeldung.

R 20 – Der Mann litt unter Asthma und Allergien. R.A.: 63 – 128 cm.
Die Skizze zeigt eine starke Bestrahlung durch Dzn von Ha und Cu, die die angeführten Leiden mitverursacht haben dürften.
Keine Rückmeldung.

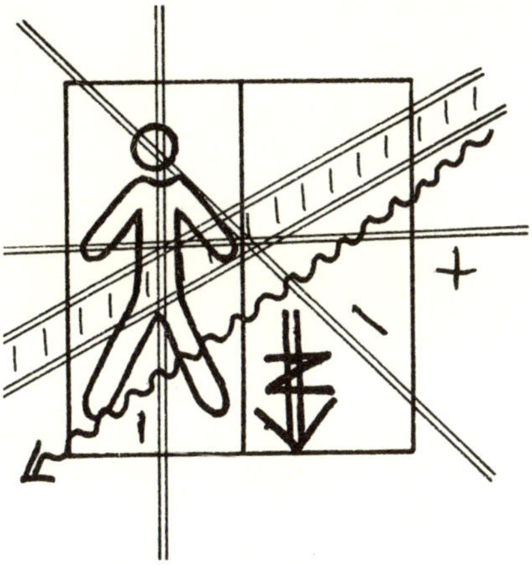

R 18

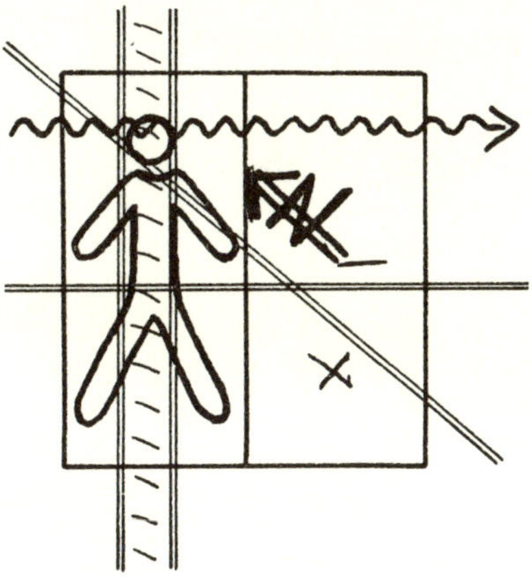

R 19

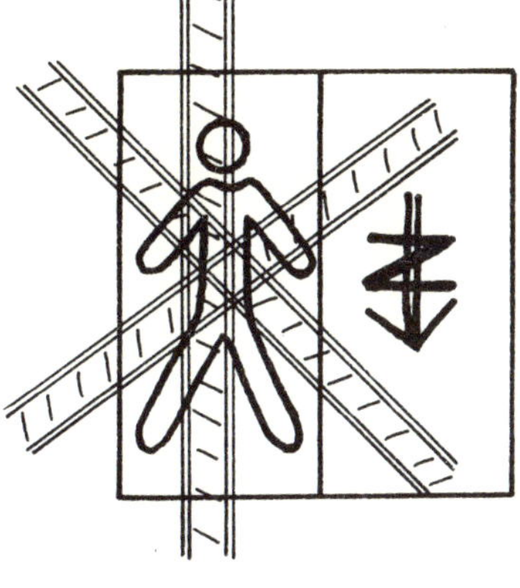

R 20

R 21 – Die ganze Familie hatte Beschwerden, so insbesonders Magen- und Kreuzschmerzen. Der 14-jährige Sohn litt seit einem Jahr unter einer Knochenmarkentzündung, die jeder ärztlichen Behandlung trotzte. Nur die Großmutter hatte ein strahlenmäßig gutes Bett und war völlig gesund. Der Mann lag auf Wasser und einer negativen Ha- und Cu-Kreuzung,z.T. auch auf solchen Dzn. Bei der Frau war der Fall ähnlich, jedoch ohne Wasserstrahlung. Durch den Körper des Sohnes lief eine Wasserader, außerdem wurde er von einer Cu-Dz gekreuzt.
Nach Verlegung der Schlafplätze wurde mir fünf Wochen später mitgeteilt, daß bei allen eine Besserung zu verzeichnen gewesen sei. Vor allem beim Sohn, der nun nicht mehr unter der Knochenmarkentzündung litt.

R 22 – In diesem Zimmer, wo von Zeit zu Zeit wechselnd Arbeiter ein paar Jahre lang ihren Schlafplatz hatten, gab es in relativ kurzer Zeit nacheinander sechs TBC-Fälle (5 Lungen- und 1 Drüsen-TBC). Ein 40-jähriger Mann, der sein Bett in der oberen Mitte hatte, mußte sich wegen Vereiterung alle Zähne ziehen lassen. Das Kind des Besitzer-Ehepaares, das vor den Arbeitern hier geschlafen hatte, war immer krank. Hier wurden alle Arbeiter von Dzn und von Wasser getroffen. Einen besonders schlechten Platz hatte der 40-jährige Mann.

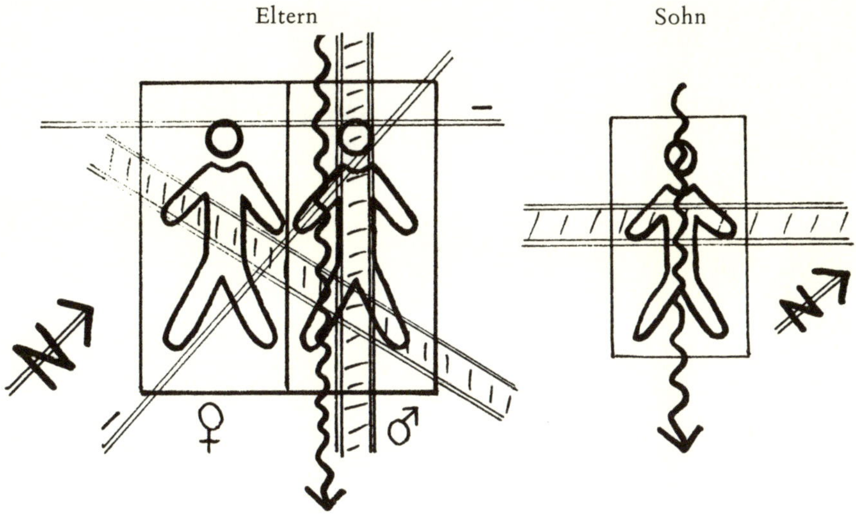

R 21

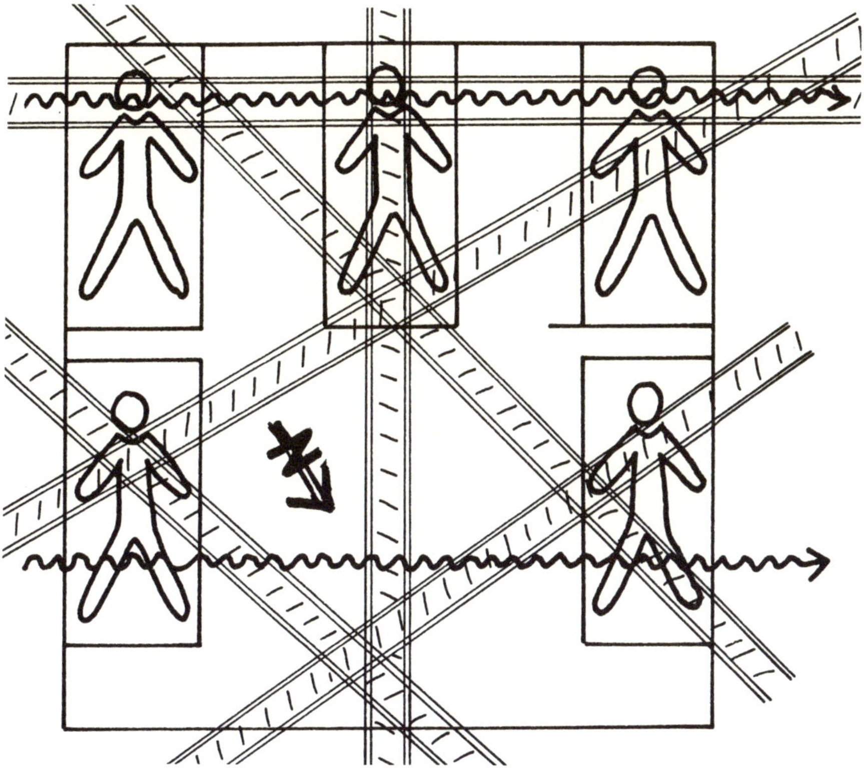

R 22

K–Gruppe

K 1 – Der noch junge Mann war vor einem Jahr an einem Lymphdrüsen-Ca im Oberkörper (Morbus Hodgin. Stad. IV b, Typ II/N) erkrankt. Er wurde am 2.4. 1988 von mir auf einen strahlenmäßig günstigen Schlafplatz verlegt. Am 27.5. d.J. bekam ich die Nachricht, daß nach Aussage der behandelnden Ärzte und des Hausarztes der Mann außer Gefahr und ein Karzinom nicht mehr feststellbar sei. Die zuständigen Klinikärzte gaben zu, daß die Verlegung des Mannes wesentlich zur Genesung beigetragen haben mußte. Sicherlich hat die Kombination von medizinischer Behandlung und Verlegung des Schlafplatzes die Gesundheit wiedergebracht.
Der Mann lag auf einer Kreuzung von 2 Cu-Dzn mit Dz-Ha und Wasser (Krebspunkt!).

K 2 – Der Mann hatte vor drei Jahren ein Lymphdrüsen-Karzinom bekommen. Er lag mit seinem Oberkörper auf einer mehrfachen Kreuzung von Ha- und Cu-Dzn und einer solchen mit Wasser. Der Mann wechselte seinen Schlafplatz, wurde medizinisch entsprechend behandelt und gilt seither als geheilt.

K 3 – Die erste Frau starb an Brustkrebs, die zweite Frau im gleichen Bett mit 39 Jahren ebenfalls an dieser Krankheit. Hier gab es genau am Ort des Krebspunktes auch die Krebserkrankung.

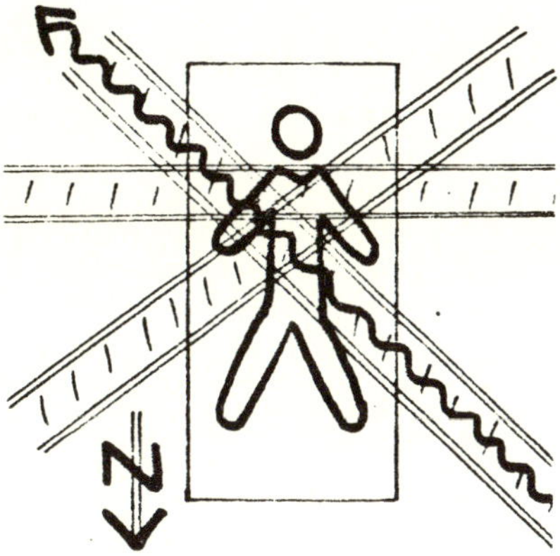

K 1

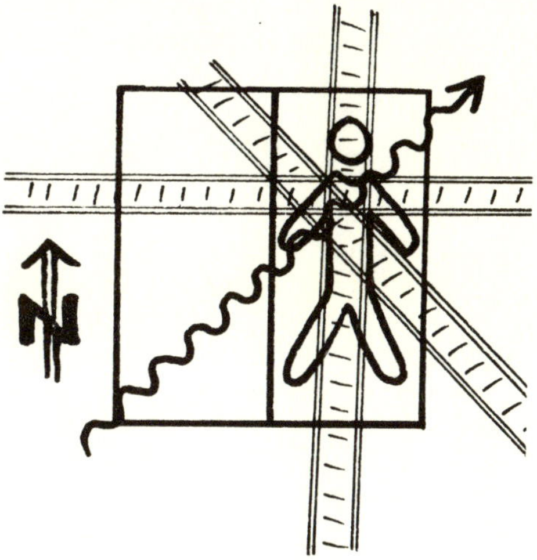

K 2

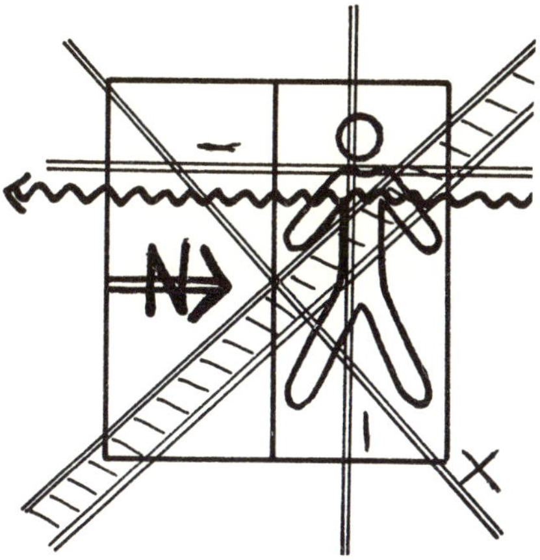

K 3

K 4 – Das 15-jährige Mädchen erkrankte an der 1. Bettstelle an einem Eierstock-Karzinom, an der 2. Bettstelle lag es ebenfalls gefährdet. (s.R.A.!)
R.A. 1. Bettstelle: 60 – 179 cm, 2. Bettstelle: 60 – 140 cm.
An der 1. Bettstelle war im Unterleib ein Karzinom-Punkt gegeben, an der 2. Bettstelle nicht mehr. Das Mädchen ist vollkommen gesundet.

K 5 – Die zum Zeitpunkt meiner Untersuchung hier schlafende Frau hatte einen Eierstock-Tumor. Die vorher hier liegende Frau war an einem Bauchspeicheldrüsenkrebs noch jung verstorben. Eine im nächsten Stockwerk genau darüber liegende Frau war an einem Lymphdrüsen-Karzinom erkrankt.
Wie aus der Skizze ersichtlich ist, lag hier ein ganz schwerer Krebspunkt (u.a. auch eine Bruchzone) vor.

1. Bettstelle 2. Bettstelle

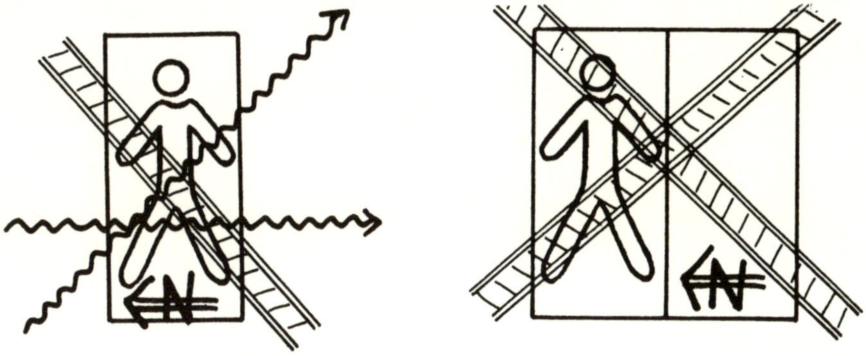

K 4

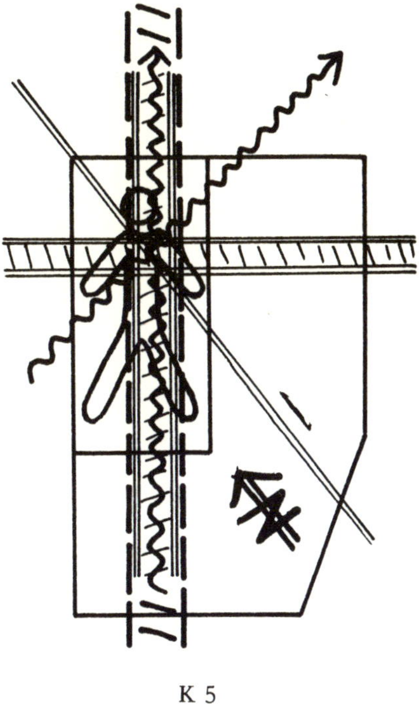

K 5

K 6 – Der 58-jährige Mann hatte das Pech, an drei stark gestörten Bettstellen zu liegen. Die Krebserkrankung an der Lunge kam an der 2. Bettstelle zum Ausbruch, wo er aber nur einige Monate lag, während er an der 1. Bettstelle sechs Jahre lang schlief. An der 3. Bettstelle schlief er nur kurz. Für die Erkrankung war in erster Linie die mit einer oder zwei Dzn gekreuzte Bruchzone verantwortlich.
Zur Zeit der geobiologischen Untersuchung lag der Mann auf einem 4. Platz, der strahlenmäßig vollkommen in Ordnung war. – Der Vater des Mannes war auch mit 52 Jahren an Krebs gestorben.
R.A. der Frau an der 3. Bettstelle des Mannes: 55 – 275 cm.

1. Bettstelle

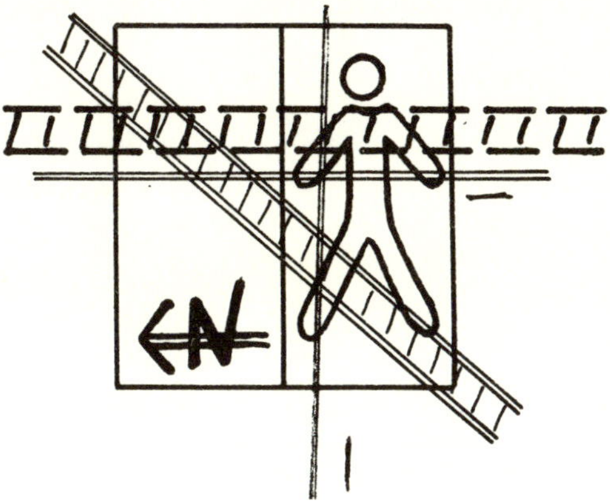

K 6

2. Bettstelle

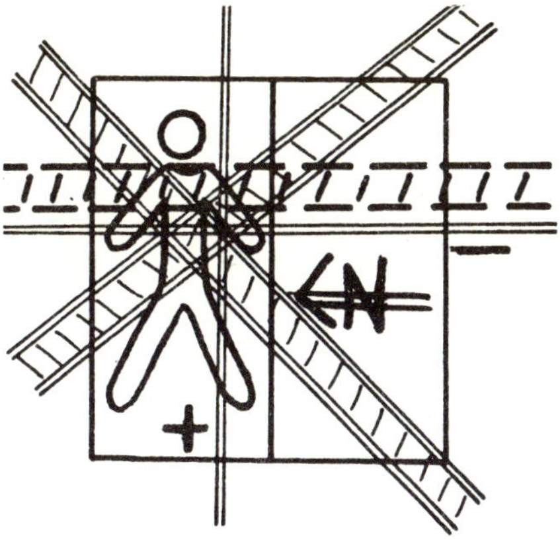

3. Bettstelle

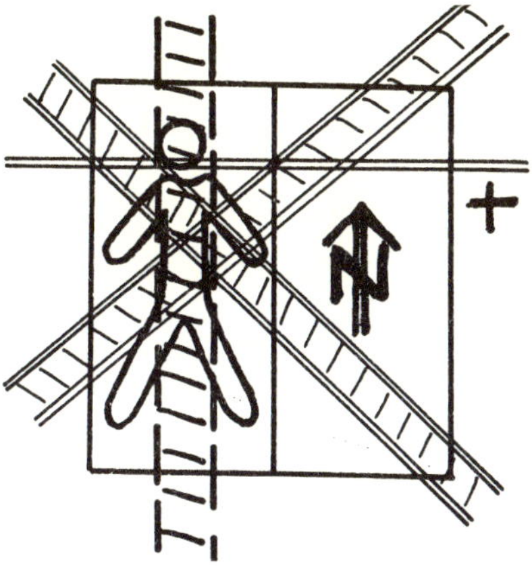

K 7 – Der Mann (links) starb mit 67 Jahren an Lungenkrebs, die Frau bekam 1984 ein Nieren-Karzinom. Beim Mann hatte nur eine Cu-Doppelzone den Krebs ausgelöst (kein Krebspunkt!).
R.A. der Frau: 77 – 195 cm.

K 8 – Die erst ein Jahr lang verheiratete Frau (links) starb mit 21 Jahren an einem Gehirn-Tumor. Früher lag ihre Mutter hier, war immer krank und alterte sehr rasch. Auch später hier schlafende Dienstboten waren dauernd kränklich.
R.A. der Mutter an der Bettstelle der Tochter: 78 – 220 cm.
Hier befand sich hauptsächlich im Kopfbereich eine ganz gefährliche Kreuzung von Dz-Cu mit Wasser und einer Bruchzone.

K 9 – Der damals 25-jährige Mann war vor zwei Jahren an Knochenmark-Krebs erkrankt. Vor der Verlegung am 8.11.1986 war er drei Monate chemotherapeutisch behandelt worden. Vor Weihnachten 1988 kam die ärztliche Meldung, daß der Mann nun vollkommen geheilt sei. Auch bei diesem Fall waren die Ärzte der Meinung, daß die Verlegung des Schlafplatzes sehr zur Gesundung beigetragen habe. Der Mann lag auf einer Kreuzung von Ha- und Cu-Dzn und mit Wasser.

K 10 – In diesem stark bestrahlten Bett (Krebsbett) mußte ein 37-jähriger Mann an Magenkrebs sterben. Das andere, nicht benützte, Bett wäre vollkommen strahlenfrei gewesen.

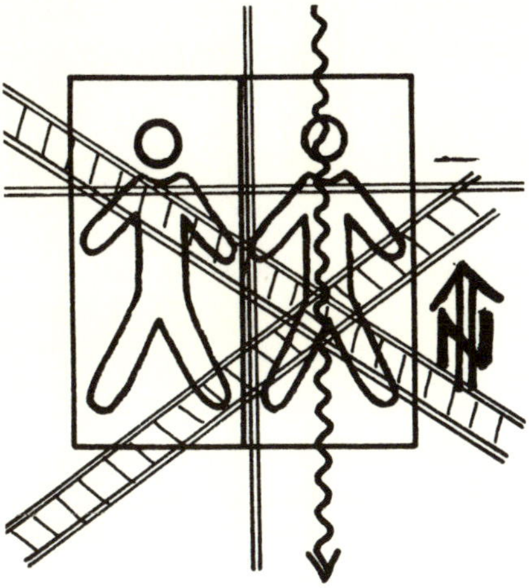

K 7

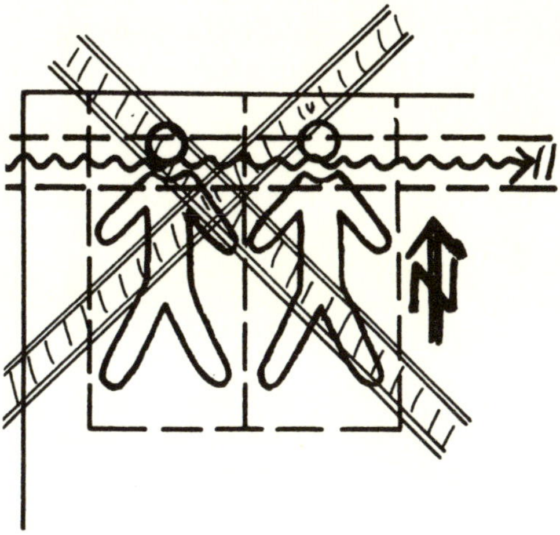

K 8

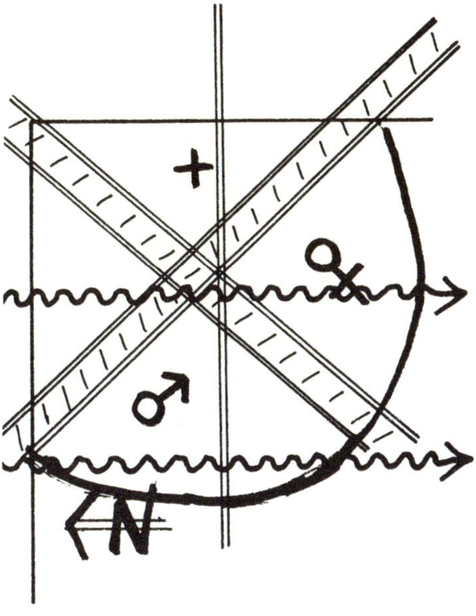

K 9

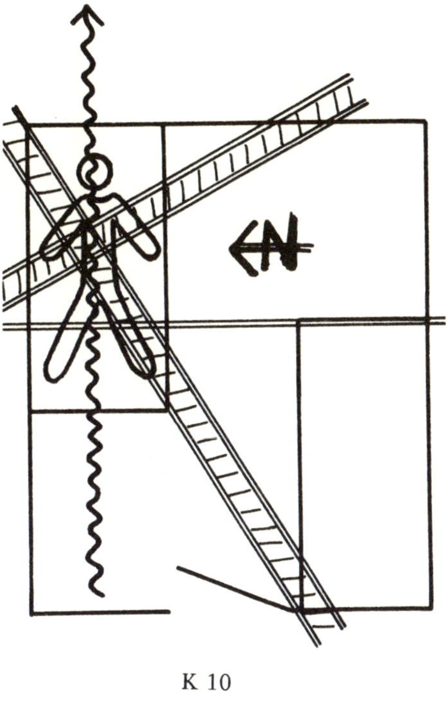

K 10

K 11 – Der Mann (links) verstarb mit 42 Jahren an einem Magen-Karzinom (sein Vater war mit 48 Jahren an Leukämie gestorben). Die Tochter (hier nicht dargestellt) starb mit 5 Jahren an einem Bauchtumor. Bei diesem Standort kommt die stark belastende Disposition sehr klar zum Ausdruck!
Der Krebspunkt wurde hier durch die Kreuzung von zwei einfachen Cu-Zonen mit Wasser gebildet.

K 12 – Die erste Frau des Mannes starb hier an Magen- und Rückenmark-Krebs, die zweite Frau im gleichen Bett mit 42 Jahren an Brustkrebs. – Die Frauen lagen mit dem Oberkörper über einer Wasserkreuzung, die sich weiters mit einer Cu-Dz kreuzte.

K 13 – Der 34-jährige Mann (links bzw. rechts) erkrankte 1988 an Tumoren der Leber und an der Wirbelsäule. Er lag an beiden Schlafplätzen auf Krebspunkten oder auf einer Krebszone. Die Frau hatte bis dato noch keine Beschwerden, ist aber aufgrund der R.A.-Messung sehr gefährdet.
R.A. des Mannes: 94 – 170 cm; R.A. der Frau: 65 – 160 cm.
In diesem fast hoffnungslosen Fall schien nach meiner letzten Information eine leichte Besserung eingetreten zu sein.

K 14 – Der Sohn der Familie wurde 1987 wegen eines Hoden-Karzinoms operiert. R.A.: 85 – 250 cm.
Er lag mit dem Unterleib auf einem sogen. doppelten Krebspunkt. Nach Verlegung des Schlafplatzes traten keine Krankheitserscheinungen mehr auf.

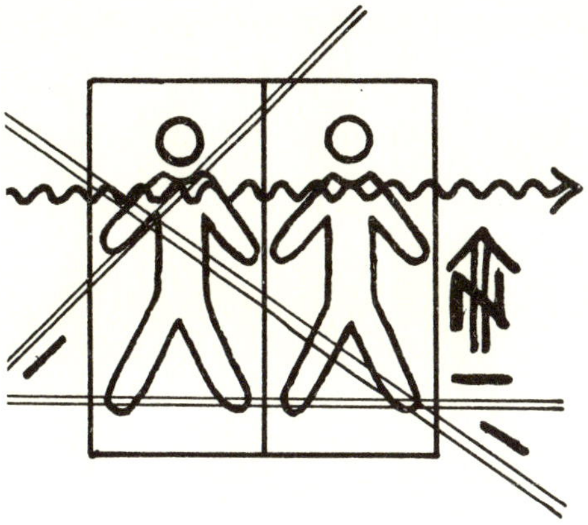

K 11

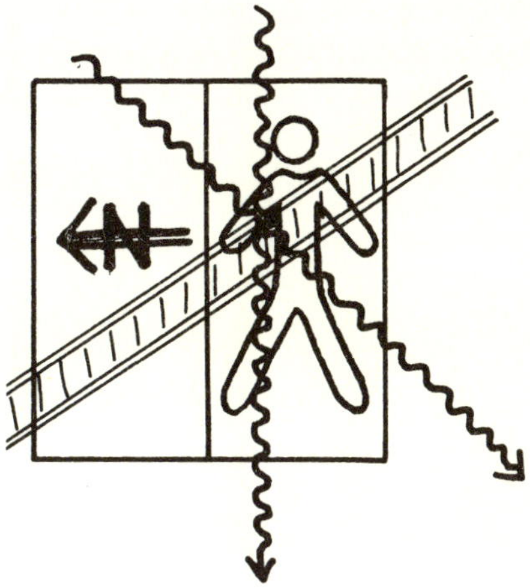

K 12

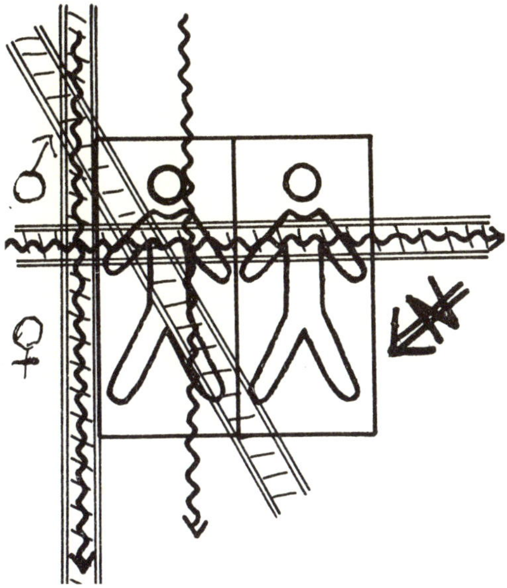

K 13

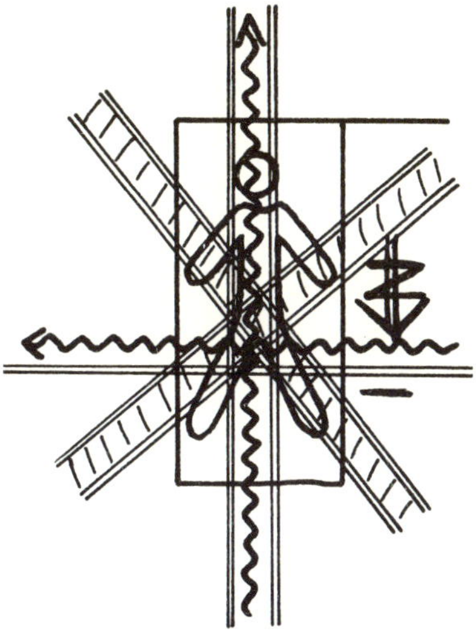

K 14

K 15 – Der Mann (links) war mit 63 Jahren an Bauchspeicheldrüsen-Krebs gestorben. Er hatte seinen Schlafplatz auf einem typischen schweren Krebspunkt. Die Frau (rechts) klagte über Einschlafschwierigkeiten.

K 16 – Der Mann (rechts) war wegen eines Nieren-Karzinoms operiert worden. Er lag mit seinem Unterleib auf einem Krebspunkt.
Die Frau hatte Schilddrüsen-Störungen (Kropf). Sie wurde am Hals durch eine Wasserstrahlung gestört.
Keine Rückmeldung.

K 17 – Der Mann verstarb mit 39 Jahren an einem Melanom (schlimmste Form des Hautkrebses). Der Mann lag auf einem Krebspunkt.

K 18 – Die Frau wurde 1983 wegen eines gutartigen Brusttumors operiert. Zur Zeit meiner geobiologischen Untersuchung hatte sie eine Zyste im Unterleib. R.A.: 66 – 220 cm.
Die Frau wurde nicht nur durch den Krebspunkt belastet, sondern strahlenmäßig am ganzen Körper.

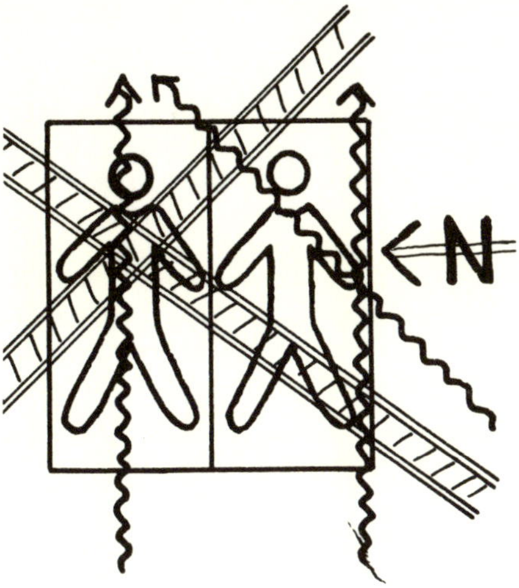

K 15

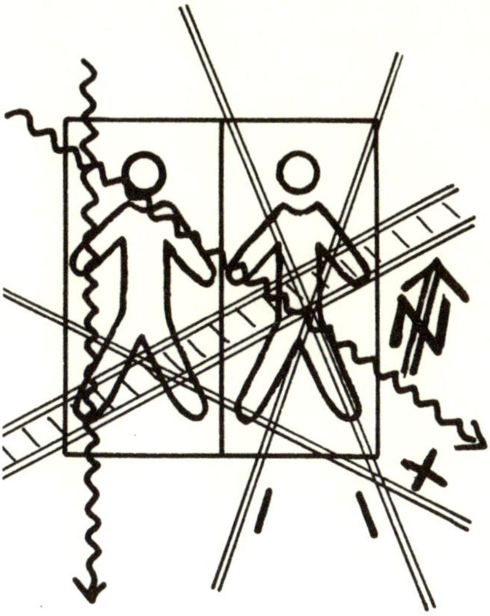

K 16

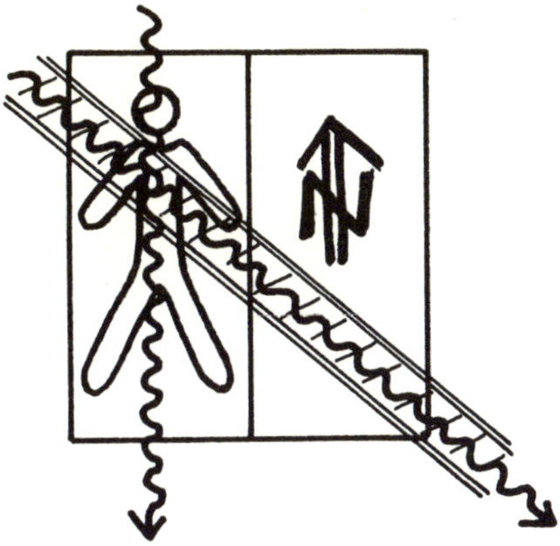

K 17

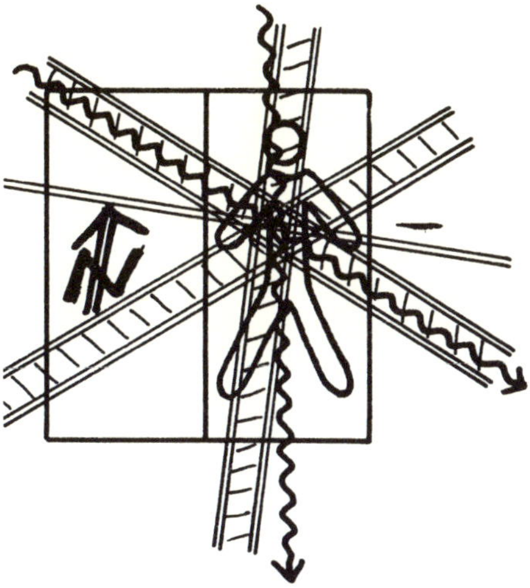

K 18

K 19 – Der Mann (links) bekam an beiden Seiten des Halses Tumore (Carcinoma epipharingis). Die Frau fühlte sich krank. –
Ein Krebspunkt lag hier nicht vor. Die Wasserstrahlung dürfte beim Entstehen dieser Erkrankung mit eine Rolle gespielt haben, die Ha-Kreuzung vielleicht funktionell.

K 20 – Die Frau hatte drei Zysten in der Brust, war auch depressiv und hatte Beschwerden im Unterleib. Als erste Ursache für die Erkrankung ist die Kreuzung der zwei Cu-Dzn anzunehmen. (Kein ausgesprochener Krebspunkt.)
Nach Schlafplatzwechsel gingen die Zysten, wohl auch mit Hilfe einer homöopathischen Behandlung, nach einem halben Jahr schon stark zurück und waren nach weiteren eineinhalb Jahren zur Überraschung des behandelnden Arztes ganz verschwunden.

K 21 – Der Mann hatte eine Zyste an der Niere und zwei Zysten an der Leber. Er lag schon 22 Jahre an dieser Schlafstelle. Der Unterleib des Mannes wurde durch einen schweren Krebspunkt getroffen.
Keine Rückmeldung.

K 22 – Die Frau (links) hatte schon mehrmals Myome und klagte über geschwollene Hände. Der Mann litt an Rheuma.
Hier kam es trotz des gegebenen Krebspunktes nur zu einer Myom-Bildung.
Keine Rückmeldung.

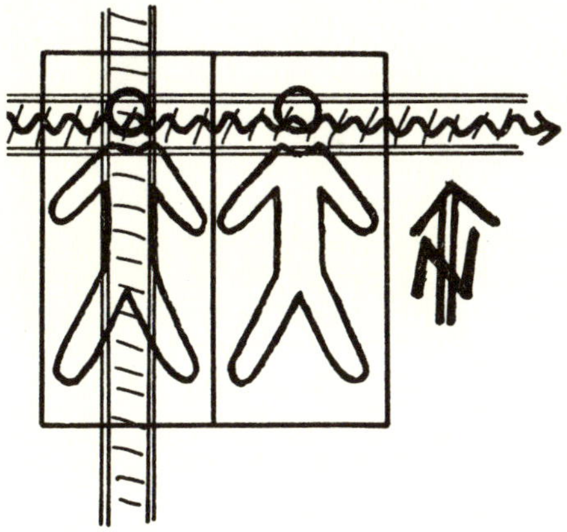

K 19

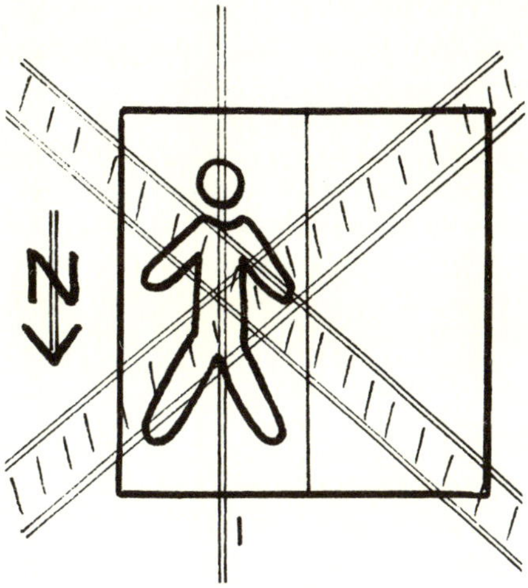

K 20

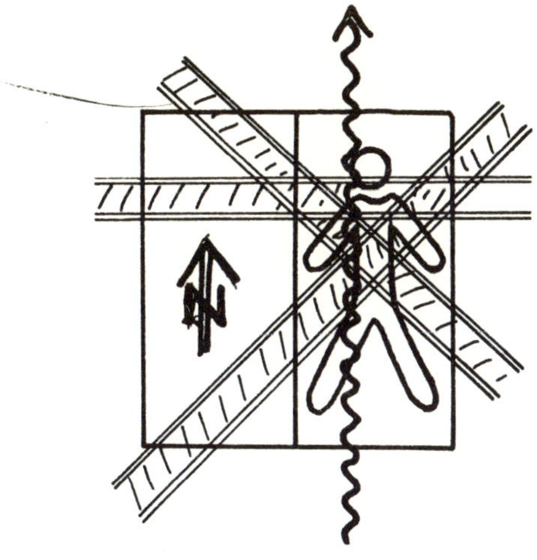

K 21

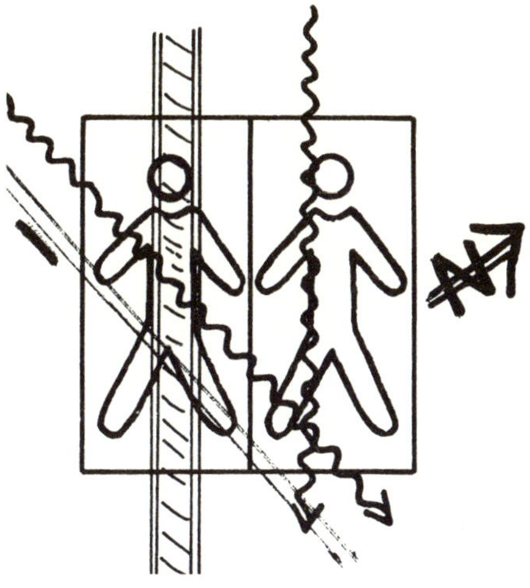

K 22

K 23 – Die Frau hatte seit nicht ganz einem Jahr einen sogen. heißen Knoten im Bereich der Schilddrüse und sollte operiert werden. Die Frau lag wie ihr Mann, der bis dato noch keine Beschwerden hatte, auf einer sehr starken Wasserstrahlung und einer Ha-Dz, weiters auf einer Ha- und Cu-Zone positiver Art, der Mann, noch schlechter, auf Wasser mit Cu-Dz (Krebszone).
R.A. der Frau: 74 – 280 cm; R.A. des Mannes: 70 – 400 cm!
Für die Erkrankung der Frau ist die erwähnte über Kopf und Hals gehende Wasser-Strahlung mit der Ha-Dz hauptverantwortlich. Es scheint auch, daß sie durch die positiven Zonen noch mehr „aufgeheizt" wurde. – Die starke Aufladung bei der Messung des R.A. beweist die Gefährlichkeit der gegebenen Strahlung. Dies auch noch mehr beim Mann, bei dem sich bei der Messung fast eine Versechsfachung der ursprünglichen Ausstrahlung gezeigt hat.

K 24 – Der Direktor einer Anstalt saß an seinem ersten Büroplatz nur ungern, da er die Störstrahlung spürte. Sein Vorgänger, der ebenfalls an diesem Platz gesessen war, war an Darmkrebs gestorben. Ein anderer Vorgänger, der am 2. Büroplatz saß, starb mit 58 Jahren an Herzversagen. –
In beiden Fällen konnten die Schlafplätze nicht untersucht werden. Der 1. Büroplatz war schon schlecht, der zweite stand auf einem Krebspunkt.

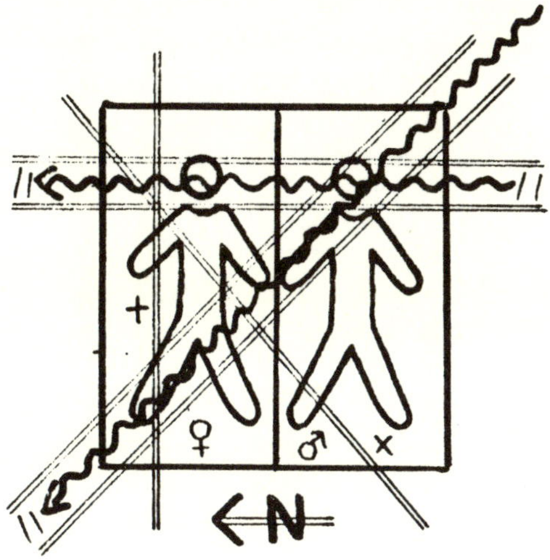

K 23

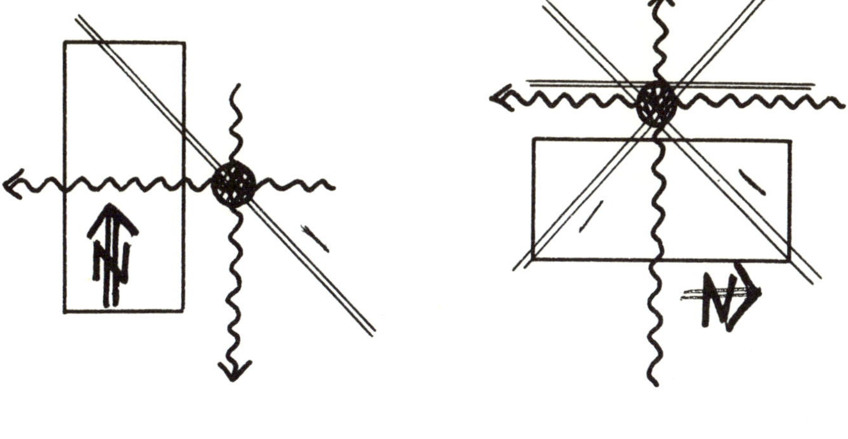

K 24

B–Gruppe

B 1 – Der 40-jährige Mann hatte seit drei Jahren eine Nierenschrumpfung und hatte wenige Tage zuvor einen Schlaganfall erlitten. R.A.: 70 – 250 cm.
Sein Schlafplatz hatte eine außerordentlich schlechte Strahlenlage, die sicherlich am Krankheitsgeschehen beteiligt war. Zwei sich kreuzende Wasseradern trafen mit Ha- und Cu-Dzn-Kreuzungen zusammen.

B 2 – Das zum Zeitpunkt der Untersuchung zweieinhalb-jährige Mädchen litt an einer Nephrose (nicht entzündliche Nierenerkrankung mit Eiweißausscheidung im Harn).
Die Kreuzung von zwei Wasseradern im Unterleib hat sicherlich die Krankheit des Mädchens mitverursacht.
Zweieinhalb Monate nach Bettumstellung erfuhr ich, daß das Mädchen nunmehr keine Medikamente benötige.

B 3 – Die Frau (links) war an einer Nierenschrumpfung gestorben, die zweite Frau bekam hier schwere Schlaf- und Herz-Rhythmus-Störungen. Der Mann war schwer depressiv und konnte ebenfalls kaum schlafen.
R.A. des Mannes: 80 – 140 cm; R.A. der Frau: 88 – 192 cm.
Die pathogene Strahlung bei der Frau wurde durch eine Wasserkreuzung, die sich wiederum mit 2 Cu-Dzn kreuzte, ausgelöst.
Keine Rückmeldung.

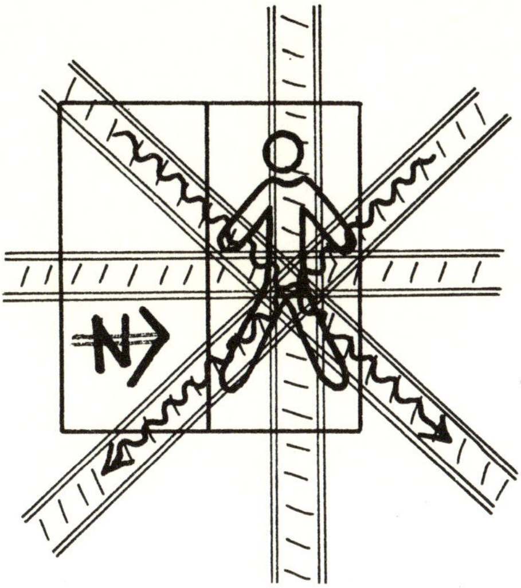

B 1

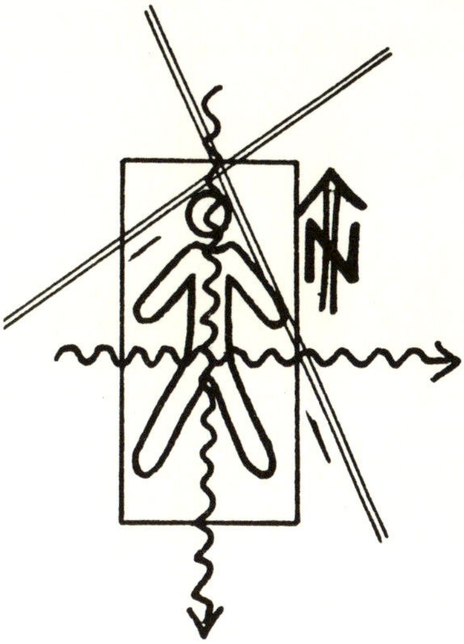

B 2

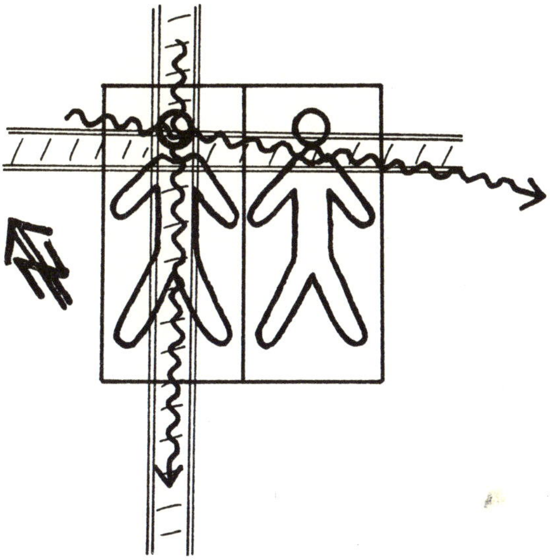

B 3

B 4 – Die Frau litt seit ihrem 11. Lebensjahr an Muskelschwund. Der außerordentlich gestörte Schlafplatz im Kindesalter hatte diese Krankheit ausgelöst. In diesem Fall konnte eine Verlegung nur das Fortschreiten der Krankheit hemmen. Auch der Schlafplatz zur Zeit der geobiologischen Untersuchung war schlecht.

B 5 – Die Tochter hatte seit dem 7. Lebensjahr Leberzirrhose und war bis zum Schulbeginn Bettnässerin. Das Mädchen lag mit dem Oberkörper auf einem doppelten Krebspunkt.
Keine Rückmeldung.

B 6 – Der Mann erlitt einen Herzinfarkt und mußte sich einer Bypass-Operation unterziehen. R.A.: 67 – 250 cm.
Die Belastung durch die Dzn- und Wasserkreuzung war sehr hoch (s. Meßergebnisse des R.A.). Hier lag ein ausgesprochener Herzinfarkt-Punkt vor.

Schlafplatz als Kind

Derzeitiger Schlafplatz

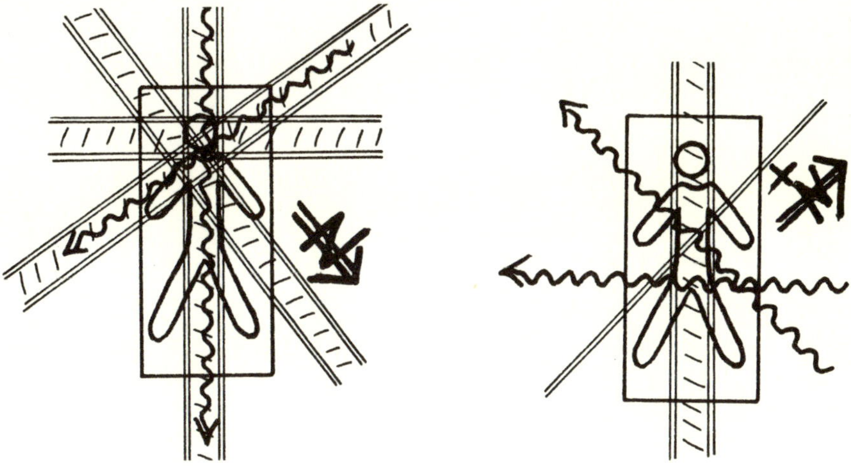

B 4

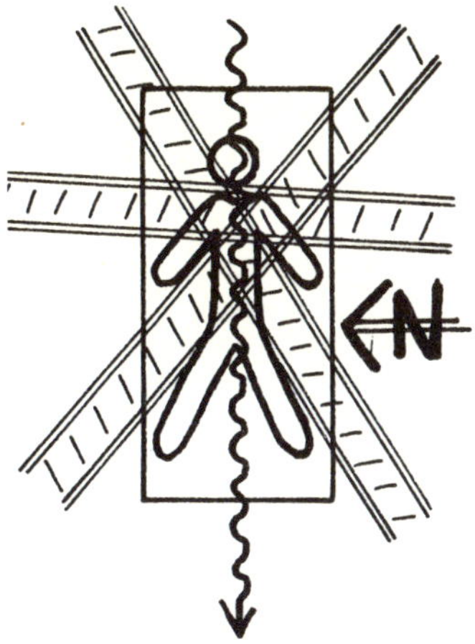

B 5

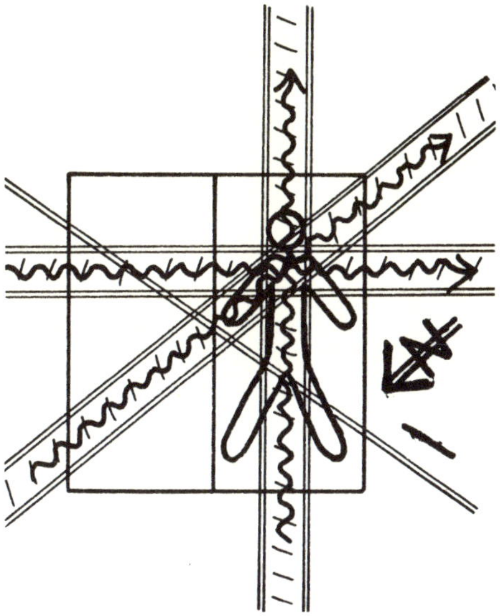

B 6

B 7 – Der Mann starb mit 55 Jahren an einem Herzinfarkt. Die Cu-Doppelzonen-Kreuzung hat hier jedenfalls wesentlich dazu beigetragen.

B 8 – Der Mann hatte seit seinem 70. Lebensjahr bereits fünf Schlaganfälle. Daß man bei einer solchen Strahlensituation Schlaganfälle bekommt, ist verständlich, weniger, daß man sie überlebt.

B 9 – Die 30-jährige Frau hatte seit einem Jahr Sklerodermie (Verhärtung der Lederhaut). Sie lag auf Doppelzonen-Kreuzungen von Ha und Cu, außerdem auf einer Wasserkreuzung. R.A.: 76 – 154 cm.
Die Frau berichtete nach einiger Zeit, daß es ihr nach Änderung des Schlafplatzes rasch besser gegangen sei und daß es ihr derzeit sogar sehr gut ginge.

B 10 – Die Frau (rechts) bekam mit 37 Jahren medizinisch nicht erklärbare Lähmungen, die immer mehr fortschritten. Diese gingen aber nach dem Genuß bestimmter Teearten zurück, kamen aber wieder, als diese Teearten nicht mehr beschafft werden konnten.
Die nachträgliche Untersuchung der Bettstelle der Frau (rechts) ergab ein für Multiple Sklerose (MS) typisches Erscheinungsbild, nämlich die Kreuzung dieser spezifischen Zonen mit Cu-Dzn. Außerdem lag im Bereich des Unterleibes ein schwerer Karzinom-Punkt.
Die Frau starb mit 52 Jahren an einem Unterleibs-Krebs.

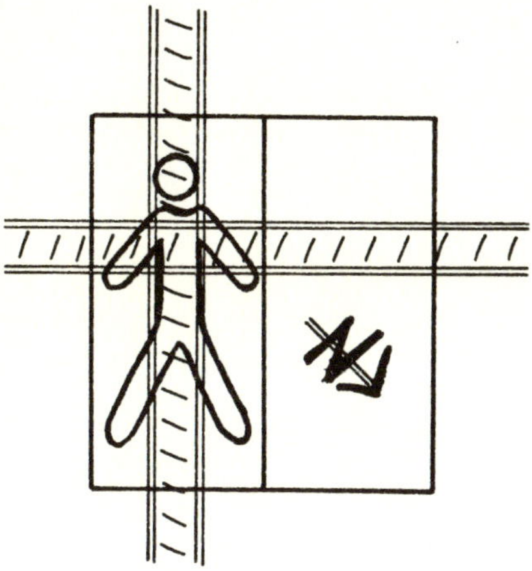

B 7

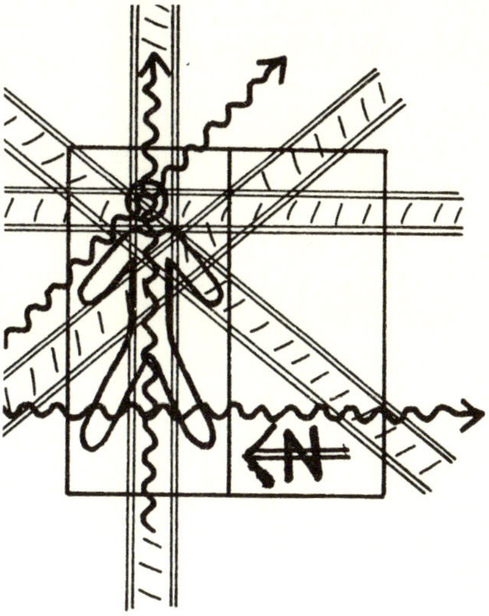

B 8

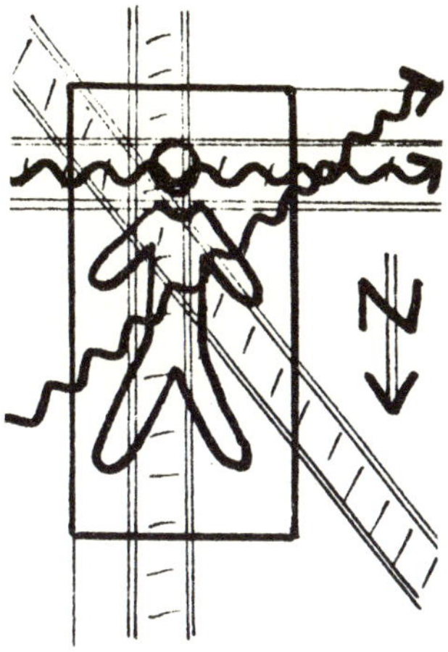

B 9

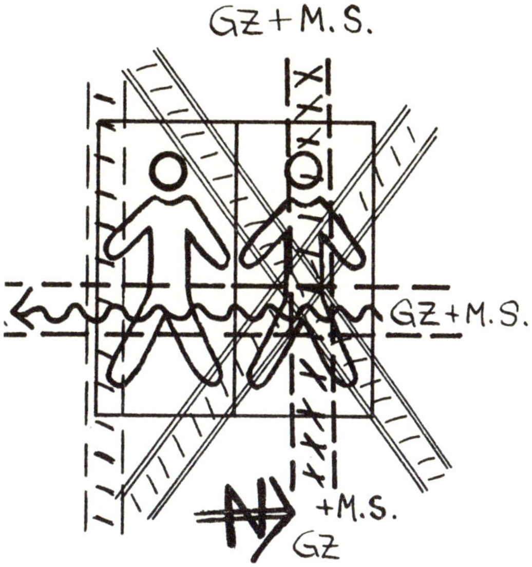

B 10

B 11 – Die Frau litt besonders in der Nacht an verschiedenen Beschwerden am ganzen Körper. Sie hatte verdickte Hände, so daß die Ärzte Polyarthritis vermuteten.
Da bei ihrem Bett die für Multiple Sklerose typische Strahlenkombination vorlag, bestand große Gefahr für die Frau, daran zu erkranken. Nach der Verlegung der Schlafstelle gingen die Beschwerden immer mehr zurück. Hier handelt es sich um einen Fall, der als Rettung oder Vermeidung dieser schlimmen Krankheit bewertet werden darf.

B 12 – Seit vier Jahren hatte die Frau in der Nacht ein Zucken am ganzen Körper. Außerdem hatte sie einen heißen Knoten an der Schilddrüse (Fibrom) und war sehr nervös. Die Ärzte standen vor einem Rätsel. Nur einer von ihnen vermutete, daß es eine beginnende MS-Erkrankung sein könnte.
Die geobiologische Untersuchung ergab eine typische MS-Konstellation.
R.A.: 70 – 270 cm.
Seit Verlegung des Schlafplatzes ist bei der Frau eine deutliche Besserung zu verzeichnen.

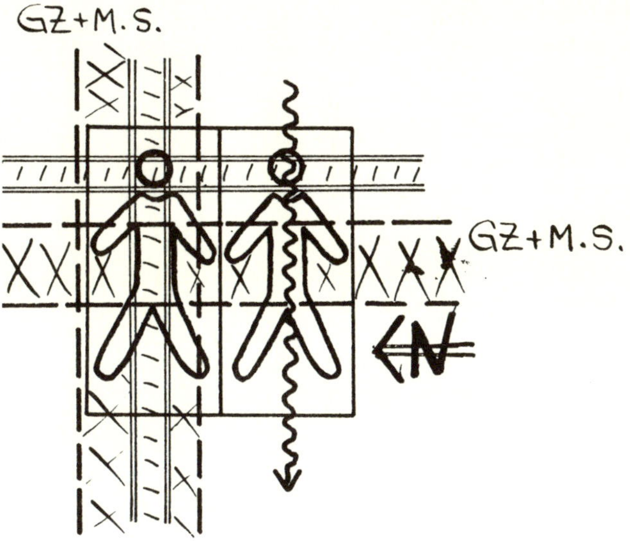

B 11

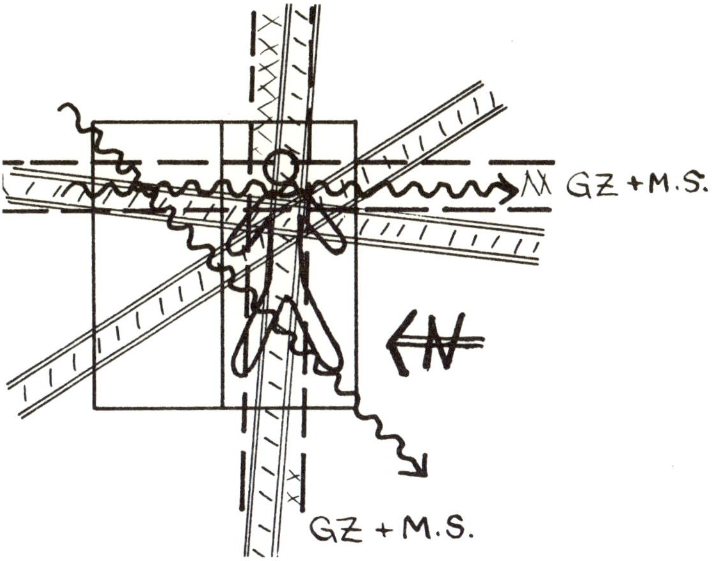

B 12

B 13 – Der 13-jährige Bub war seit zwei Jahren zuckerkrank und hatte seinen Schlafplatz seit sechs Jahren an dieser Stelle. Es ist anzunehmen, daß die Krankheit durch die schwere Störstrahlung ausgelöst wurde. Es handelt sich nämlich um eine Kreuzung von Ha- und Cu-Dzn. R.A.: 65 – 270 cm.
Keine Rückmeldung.

B 14 – Der zur Zeit der geobiologischen Untersuchung 40-jährige Mann (links) hatte schwere Stoffwechselstörungen (beträchtliche Harnsäure-, Blutzucker- und Cholesterin-Werte), hohen Blutdruck sowie Kopf- und Kreuzschmerzen. Er machte einen sehr unruhigen Eindruck. Die Frau konnte hier nicht schlafen und zog daher in ein anderes Zimmer.
Beide Eheleute hatten schlechte Strahlenverhältnisse, insbesondere der Mann. Ein halbes Jahr nach der Bettumstellung kam die Meldung, daß sich die verschiedenen Blutwerte beim Mann gebessert hätten, so auch der Blutdruck und die Kreuzschmerzen.

B 15 – Der Mann hatte sehr schlechte Leberwerte und vegetative Störungen. Er war auch sonst gesundheitlich sehr schlecht beisammen, so daß er längere Zeit im Krankenhaus sein mußte. Die Frau hatte Nebenhöhlen-Entzündungen und fühlte sich am Morgen immer ganz zerschlagen.
R.A. des Mannes: 85 – 168 cm; R.A. der Frau: 65 – 165 cm.
Beide Eheleute waren durch Kreuzungen von Ha- und Cu-Doppelzonen wie auch durch Wasser schwerstens bestrahlt.
Längere Zeit nach Verlegung des Schlafplatzes bekam ich die Meldung, daß es bei beiden ca. sechs Wochen gedauert habe, bis eine merkliche Besserung spürbar geworden wäre, daß aber schließlich alles in Ordnung gekommen sei. Der Mann brauche nun keine Medikamente mehr.

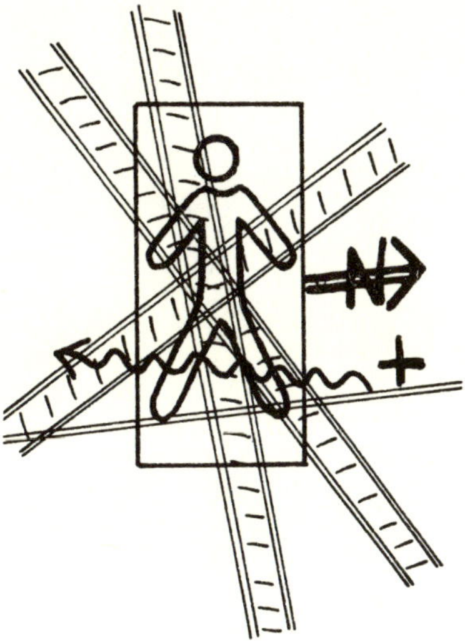

B 13

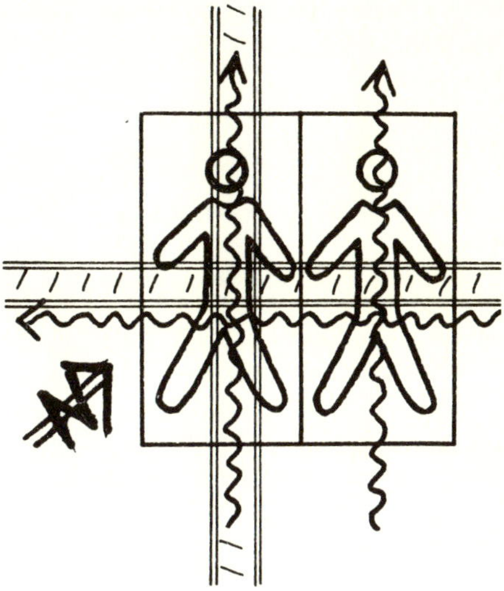

B 14

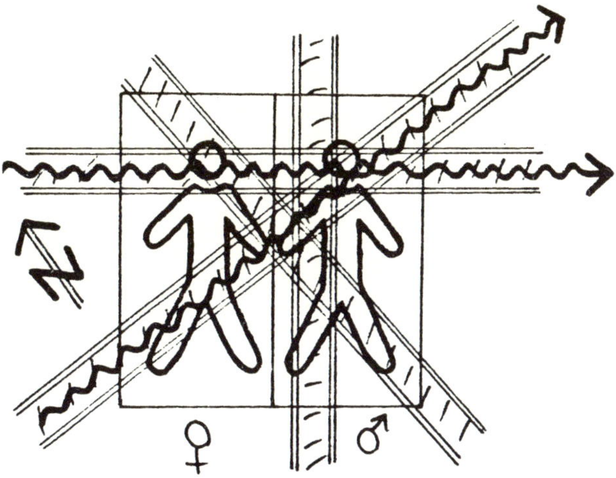

B 15

B 16 – Die Frau hatte bereits einen Abortus und eine Frühgeburt.
Die den Unterleib der Frau treffende Strahlung war besonders arg (doppelter Krebspunkt!).
Keine Rückmeldung.

B 17 – Die Frau hatte schon drei Fehlgeburten gehabt. Ihr Unterleib war durch die Kreuzung von zwei Cu-Doppelzonen stark belastet.
Nach Umstellung des Bettes gebar die Frau im darauffolgenden Jahr ein gesundes Mädchen. Im Dankschreiben heißt es wörtlich: „Wir sind nun eine lustige Familie geworden."

B 18 – Ein besonders bemerkenswerter Fall:
Obwohl die Frau seit dem Kindesalter auf einem Krebspunkt gelegen war, hatte sie keinerlei Beschwerden. Das erste Kind der Frau starb im Mutterleib mit sechs Monaten, das zweite Kind kam mit schwerster Anämie zur Welt.
Die Beeinflussung der Kinder im Mutterleib durch die Störstrahlung war hier offensichtlich gegeben!
Der Mann (rechts) hatte nur schwere Schlafstörungen.

B 19 – Hier befand sich der einstige Schlafplatz der Frau im damaligen, nun bereits abgerissenen Haus. Sie hatte schon drei normale Kinder geboren, davon zwei an der angegebenen rekonstruierten Stelle. Dann kamen noch drei Kinder, die sich ab dem vierten Lebensjahr körperlich abnormal entwickelten. Geistig waren sie aber so weit, daß sie die Hauptschule besuchen konnten.
Bei diesem Fall könnte es so gewesen sein, daß die Einwirkung der Störstrahlung (Krebspunkt!) auf den Mutterleib der bereits immungeschwächten Frau für das gestörte Wachstum der Kinder verantwortlich war.
Die Eltern der Kinder waren im 4. Grad miteinander verwandt.

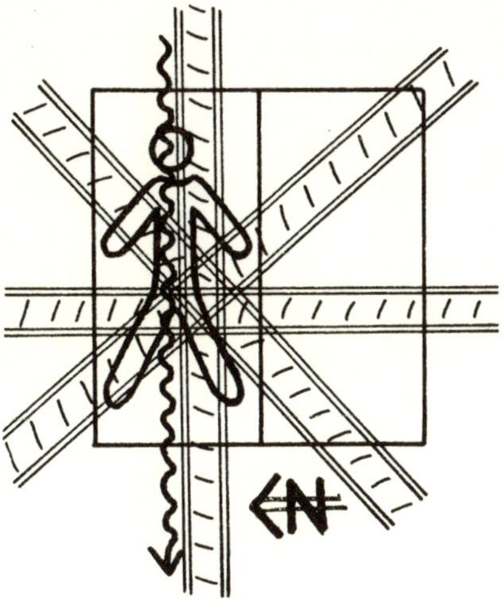

B 16

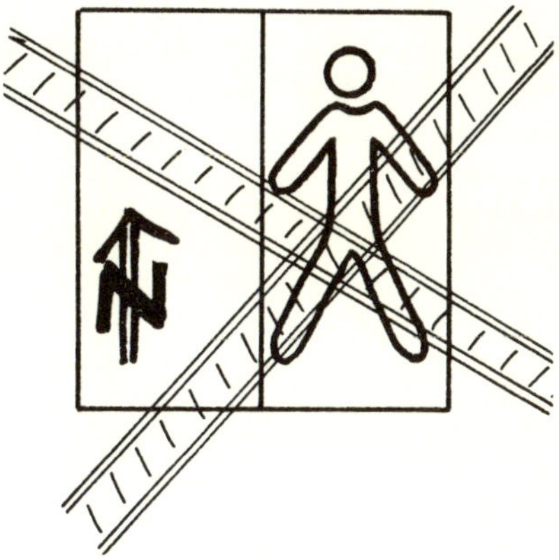

B 17

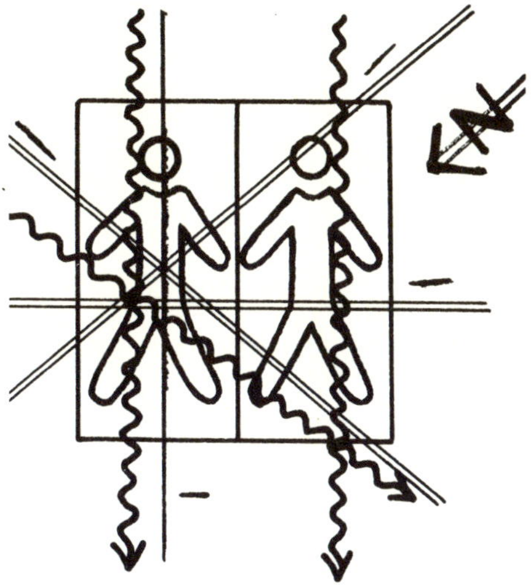

B 18

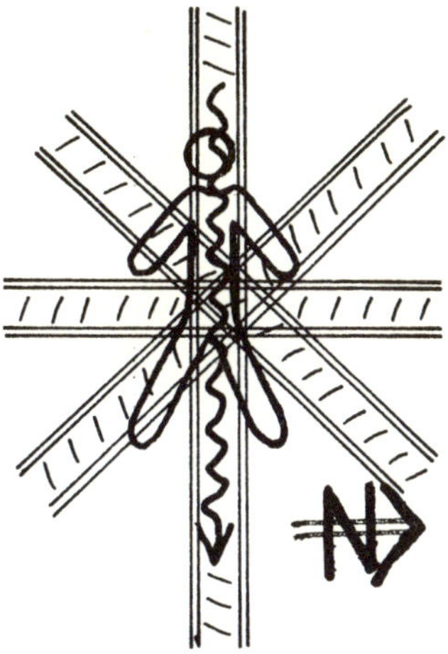

B 19

B 20 – Das 20-jährige hochbegabte Mädchen warf sich vor den fahrenden Zug. Die schlimme Strahlenkonstellation (Wasserkreuzung mit Ha-Dz und die Kreuzung von zwei negativen Cu-Zonen) hat wesentlich dazu beigetragen.

B 21 – Hier schlief der Sohn des Hauses, der im Alter von 24 Jahren Selbstmord beging. Die Ausstrahlung einer nahe vorüberführenden Hochspannungsleitung konnte außerdem noch im Bereich des Bettes gemessen werden.
Eine Wasserkreuzung und eine solche mit einer Ha-Dz – alles im Kopf des jungen Mannes – könnte mit ausschlaggebend für die Handlungsweise gewesen sein.

B 22 – Eine besondere Geschichte:
Wie aus einer bis in das 17. Jh. zurückreichenden Familien-Chronik zu ersehen ist, starben seit Jahrhunderten die engsten Familien-Angehörigen großteils sehr früh. Manche wurden nur vierzig oder fünfzig und nur wenige erreichten das 60. Lebensjahr oder mehr. Es gab nur eine einzige Ausnahme: Der Großvater der jetzigen Generation wurde sogar 97 Jahre alt. Dieser ging aber relativ früh in das Ausgedinge und damit in ein anderes Haus.
Die Männer starben fast immer an einer Lungenentzündung, die Frauen an Herzkrankheiten. – Frauen und Männer wurden im Brustbereich von einer Curry-Zone (wohl eine Doppelzone) gequert. Diese kreuzte sich bei den Frauen im Oberkörper mit einer Hartmannzone (wohl auch eine Doppelzone). Außerdem durchzog das Frauenbett der Länge nach die Strahlung einer Wasserader. –
Sicherlich hat hier die Vererbung eine wesentliche Rolle gespielt, sie wirkte sich aber scheinbar erst durch die spezifische Strahlung voll aus.

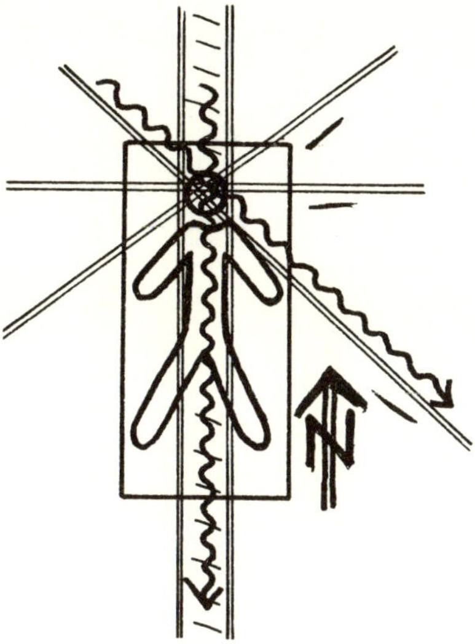

B 20

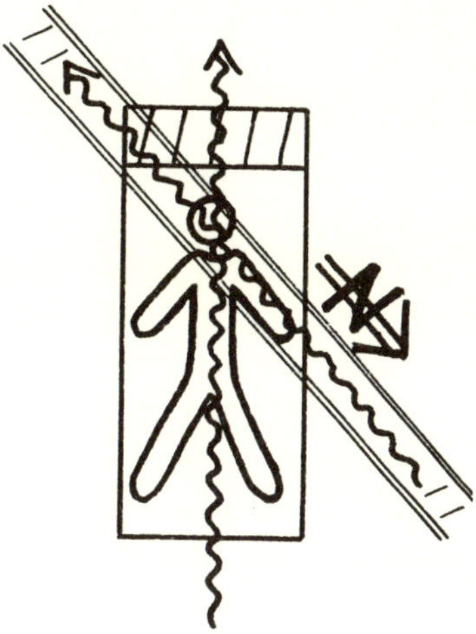

B 21

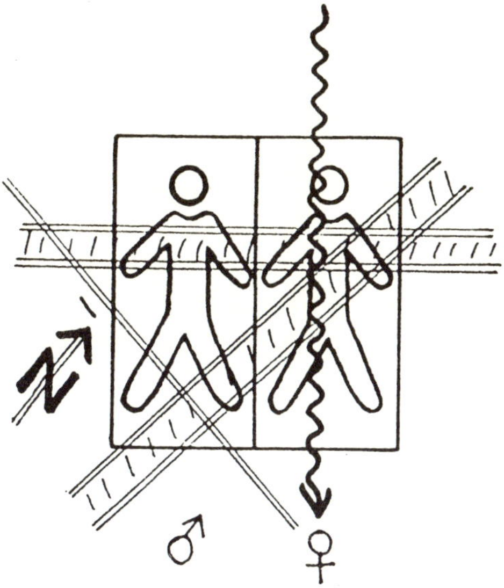

B 22

II/7 – ALLGEMEINE STELLUNGNAHME ZU DEN ANGEFÜHRTEN HEILUNGSERFOLGEN

Die Beantwortung der Frage, inwieweit durch Verlegung des Schlaf- und Arbeitsplatzes eine Besserung von Beschwerden bzw. eine Heilung von Krankheiten eingetreten ist, ist geobiologisch, aber auch aus ärztlicher Sicht, von besonderer Bedeutung.

Nicht selten begegnet man Fällen, bei denen der Arzt erkennen muß (oder müßte), daß noch andere Kräfte am Werke sind, und zwar dann, wenn auch die Behandlung keinen Erfolg brachte, ja manchmal sogar eine Verschlimmerung des Leidens eingetreten ist. Klar ausgedrückt heißt das, daß die erste Voraussetzung für eine weitere Behandlung bzw. für einen wirksamen Einsatz von Medikamenten ein *Standort- bzw. Schlafplatzwechsel* sein sollte. Ein solcher Platzwechsel erst könnte – das zeigt die Erfahrung – oft sehr rasch, manchmal auch erst nach einiger Zeit einen für den Arzt und auch Patienten unerwarteten Erfolg bringen. – Dabei muß daran gedacht werden, daß nach Dr. Aschoff die belastenden Strahlen vier bis sechs Wochen nach Verlegung im Körper nachwirken können. Ich habe solche Besserungs- und Heilungserfolge – für mich keineswegs unerwartet – oft genug erleben können und dies mit jenem dankbaren und freudigen Gefühl, das auch jeder Arzt bei Erfolgen verspüren kann. Diese Erfolge geben mir immer den dringend nötigen Auftrieb, der bisher half, die schwere belastende Tätigkeit als Radiästhet und Geobiologe durchführen und durchhalten zu können.

Bei Heilerfolgen ist es natürlich nicht immer möglich, dies in erster Linie bei Krebserkrankungen, etwa prozentmäßig abzuwägen, was der Standortwechsel und was die ärztliche Behandlung erbracht haben. Wesentlich ist in jedem Falle der Erfolg.

Ähnliches gilt auch für die Gruppe 2 und 4 der angeführten Fälle. Hier kann insbesondere beim rheumatischen Formenkreis nicht immer mit Erfolgsmeldungen aufgewartet werden. Es handelt sich hier – leider oft genug – um Fälle, die nicht mehr reparabel sind, und wo durch eine Verlegung des Schlafplatzes der Krankheitsverlauf bestenfalls abgeschwächt bzw. eine fortschreitende Verschlechterung verhindert werden kann. Eine Stagnation wäre in solchen Fällen schon als Erfolg zu werten, so etwa auch bei der MS-Erkrankung und bei Muskelschwund.

Eine medikamentöse Behandlung – das bestätigt sich immer wieder – bringt nur dann dauernden Erfolg, wenn vorher die Standortfrage, vor allem die des Schlafplatzes, geklärt wurde. Dies gilt in besonderer Weise auch für die Behandlung von Krebserkrankungen durch Chemotherapie und Bestrahlungen. Das gefürchtete Auftreten von Metastasen (Rezidiven) wird durch diese Maßnahme meistens zu verhindern sein.

Bei den Fällen, die ich ausgesucht habe, war einwandfrei der Nachweis gegeben, daß die Verlegung des Schlafplatzes, manchmal auch des Arbeitsplatzes, die Beseitigung bzw. Heilung von Beschwerden und Leiden gebracht hat.

Es ist nicht Aufgabe und Absicht dieses Buches auf die noch junge Wissenschaft der *Baubiologie* näher einzugehen. Da aber eine sehr enge Verbindung der Geobiologie mit dieser Sparte besteht und unmittelbare Zusammenhänge gegeben sind, ist es doch notwendig, auf wesentliche Aspekte hinzuweisen. Dies umso mehr, als bei meinen Vorträgen in der Diskussion immer die Baubiologie betreffende Fragen gestellt werden und das Interesse um diese Zusammenhänge gerade bei der heute relativ großen Bautätigkeit sehr rege ist.

Schon der Arzt und große Naturforscher PARACELSUS (1493 – 1541) sagte, das Haus soll ein Vermittler zwischen Groß und Klein, zwischen Makro- und Mikrokosmos, es soll umfassend und heilend sein. Es soll seine Hüllfunktion als 3. Haut (die 1. ist die Körperhaut, die 2. die Bekleidung) erfüllen können. (s.Lotz)

In Wirklichkeit sieht es aber so aus, daß die Menschen von heute unter vielen Beschwerden leiden, mit denen unsere Großeltern noch nichts zu tun hatten. Der Mensch ist innerhalb seiner vier Wände „föhnempfindlich" geworden, dies auch zu einer Zeit, in der es keinen Föhn gibt, weil er, eingesperrt, möglichst abgeschirmt von den günstigen und lebenswichtigen äußeren Reizimpulsen gleichsam in einer „Nullwetterlage" lebt. – Dies gilt vor allem für Hochhäuser in den höheren Stockwerken, wo bis zu einem gewissen Grad Wirkungen eines Faradayschen Käfigs gegeben sind, der nichts heraus und nichts hinein läßt. Hier spielt zwar auch eine sog. elektromagnetische Streustrahlung eine besondere Rolle.

Wo gibt es heute in der Großstadt noch ein den Menschen stimulierendes elektrisches *Gleichfeld*? – Auf diesem Gebiet haben, wie schon in II/1 beschrieben, vor allem die Professoren J.R. MÖSE und G. FISCHER vom Hygiene-Institut der Universität Graz, so auch Prof. S. SCHUY, Forschungen betrieben und Versuche mit Tieren, aber auch groß angelegte Versuche in Schulen und Krankenhäusern durchgeführt und sehr aufschlußreiche Ergebnisse bekommen. So konnten, wie im erwähnten Kapitel schon ausgeführt, durch künstlich erregte Gleichfelder in Schulklassen die Lern- und Konzentrationsfähigkeit der Schüler wesentlich verbessert und in Heil- und Krankenanstalten gewisse Erkrankungen günstig beeinflußt werden. Seit längerer Zeit wissen wir schon, daß außerhalb und innerhalb unserer Wohnungen eine elektromagnetische Schwingung um 10 Hz (Hertz) (=10 Schwingungen pro

Sekunde) günstig wäre. So schwingt auch der atmosphärische Raum zwischen Erde und der *Ionosphäre* (Hochatmosphäre), der als Hohlraum-Resonator aufgefaßt werden kann (Schumann-Resonanz). Der im EEG ersichtliche Alpha-Rhythmus ähnelt in seinem zeitlichen Verlauf sehr dieser Resonanz (König). – Diese Schwingung bringt Wohlbefinden und Aktivität, größere Widerstandskraft und Verbesserung der Lern- und Konzentrationsfähigkeit gerade auch bei Kindern bzw. Schülern. Dadurch ist eine geringere Ermüdung gegeben, auch könnten Autounfälle verhindert werden.

Die Grundforderung der Baubiologie ist die: Baustoffe und Bauformen sollen die normalen günstigen Strahlungsverhältnisse elektrischer und magnetischer bzw. elektromagnetischer Art möglichst nicht verändern. Sie sollen in der Lage sein, Störstrahlungen auszuschalten oder zu mindern und nicht, wie so oft, günstige in ungünstige Strahlung umzuwandeln.

Im *Handbuch der Geo- und Baubiologie* wird auf einige geo- und baubiologisch-wohnmedizinische Kriterien hingewiesen, die bei Baustoffen Berücksichtigung finden sollten. Es sind dies u.a. das Verhalten gegenüber Mikrowellenstrahlung, der Anteil radioaktiver Bestandteile, so auch der chemisch-toxischer Komponenten, das Verhalten bezüglich natürlicher und technischer Störfelder, Filterwirkung für chemische und physikalische Emissionen, biologische und medizinische Effekte allgemein, psychologische und mentale Effekte, etc. Gerade diese letztgenannten Effekte spielen beim Wohnen eine ganz bedeutende Rolle, können doch durch Strahlung und Baustoffe bedingte schlechte Wohnverhältnisse die Ursache für psychisch-nervöse Probleme und Erkrankungen sein. –

Univ.-Prof.Dr. ERWIN RINGEL sprach auch in seinem Vortrag anläßlich einer alljährlich in St. Wolfgang am Wolfgangsee stattfindenden Tagung des *Österreichischen Institutes für Baubiologie* (1985) über die *Psychohygiene* des Wohnens. Bei Verwendung *biologisch ungünstiger Baustoffe* – dies gilt vornehmlich für die sog. *harten Baustoffe* wie Beton, Stahl, Glas, Quarzkies u.a., die heute 70 – 80% der Baustoffe ausmachen, können sog. *Hauskrankheiten* entstehen oder begünstigt werden. Das sind vor allem Schlaf- und nervöse Störungen, Begünstigung von Allergien und Infarkten, Kopfschmerzen, Migräne, bei Kindern Entwicklungsstörungen und all das, was man *vegetative Dystonie* nennt. –

Diesbezügliche Studien hat u.a. der einstige Hochschullehrer an der Technischen Universität in Graz Dipl.-Ing. Dr. H. BIELENBERG gemacht, wie schon in II/2 hingewiesen wurde. – Zur Ehrenrettung des Betons muß gesagt werden, daß es auch einen *Leicht- und Bio-Beton* gibt, der eine Beimischung von *Trasskalk* (eine Mischung von Kalk mit fein gemahlenen vulkanischen Tuffen) aufweist. Aus der Literatur war zu entnehmen, daß Beton die Wetterfühligkeit dämpfen und gewisse Beschwerden zumindest mildern kann. Auch wird darauf hingewiesen, daß Beton eine auffallende Ausgeglichenheit der Spektren mit denen des Ziegels aufweist.

Glas ist nicht gleich Glas. Das sog. *Bioglas* läßt die U.V.-Strahlung gut durch und beeinträchtigt die biologische Qualität des Sonnenlichtes nur wenig.

Auch *Stahl* kann positiv und negativ beurteilt werden. Er hat ableitende und abschirmende Eigenschaften, kann aber auch Strahlung verstärken, diese zur Störstrahlung machen und Feldveränderungen bewirken. Die Nachteile scheinen aber doch zu überwiegen.

Die Forderung, daß Baustoffe eine Störstrahlung ausschalten oder zumindest vermindern, absorbierend und dämpfend sein sollen, kann vornehmlich nur durch die sog. *neutralen und vegetabilen Baustoffe* erfüllt werden. Dazu zählt einmal der *Kalk*, der übrigens eine fast gleiche Frequenzbreite hat wie die elektrischen Resonanzen unserer Knochen. Das gilt auch für den *Lehm* und den *Ziegel*, aber auch für den reinen *Zement* (aus Ton und Kalk), insbesondere aber für das *Holz*, den *Kork* (soweit nicht schädliche Bindungsmittel verwendet werden), die *Kokosfaser*, das *Schilf* und das *Stroh*. Mit diesen Baustoffen und Natursteinen wurde ja früher gebaut.

Holz ist neben Lehm der gesündeste Baustoff. Es hat eine Vielzahl positiver Eigenschaften, wie eine gute Diffusionsfähigkeit, begünstigt die natürliche Luftionisation, erzeugt keine elektrischen Felder, ist ein elektrischer Halbleiter, weist keine oder nur eine geringe Radioaktivität auf, bietet einen guten Schallschutz und einen optimalen Wärmehaushalt u. dergl. mehr. Noch eine wesentliche Eigenschaft kommt dem Holz und den anderen vegetabilen Stoffen zu: sie sind atmungsaktiv. Holzhäuser oder gar Lehm- oder Strohhütten haben ein großes Regenerationsvermögen. Viele Amerikaner wohnen übrigens in niedrigen Holzhäusern! – *An eine alte Bauernregel sei erinnert, die da* sagt: Holz im Haus, läßt Krankheiten draus.

Einige aufschlußreiche Daten noch hinsichtlich der *Durchlässigkeit* der für unsere Zellen und deren Biopotential (Zellspannung) so wichtigen *atmosphärischen Strahlung* (Sferics oder Atmospherics): Nach Prof. BIELENBERG nehmen hinsichtlich des niederfrequenten Anteiles der Sferics Strohdächer nur 8%, Holzdächer nur 6%, Dächer aus Tonziegel 21% dieser Einstrahlung weg. Eine Betondecke würde hingegen die Einstrahlung um 55%(!), zusammen mit Bitumen um 89% und Gips um 75% vermindern. – Hinsichtlich des Mikrowellen-Anteiles dieser Sferics schauen die Werte noch schlechter aus. So schirmt ein Holzdach mit Aluminium-Beschlag 83% der Einstrahlung ab, während – etwas überraschend – ein Kupfer- oder Eisenblechdach im Gegensatz zu Aluminium nur 9% bzw. 6% der Strahlung nicht durchläßt. PVC ist auch strahlenmäßig sehr ungünstig.

Bei Stahlbetonbauten soll nach dem früh verstorbenen Prof. LANG/ Saarbrücken die mittlere Strahlen-Durchlässigkeit bis auf 3% herabgehen können, während beim Ziegelbau nur 43% und bei Verwendung von Sandstein nur 20% Verlust gegeben sein soll.

Bei einem mehrgeschossigen Bau, insbesondere bei *Hochhäusern*, kommt es durch den mehrmaligen Übergang von der Massivdecke zum Luftraum, also von dichter zu durchlässiger Phase, zu einer Verzerrung des Strahlen-Spektrums in der Form, daß sich dieses Spektrum von biologisch günstigen zu ungünstigen Frequenzen hin vollzieht. So kommt es zur Störstrahlung, wobei die natürlichen Feldstärke-Schwankungen, die stimulierend auf die Lebensfunktionen wirken, verloren gehen. Dazu kommt nach Endrös, daß anscheinend durch Bremswirkung ein sog. *Masereffekt* entsteht, d.h., daß eine Verstärkung der Intensität von Stockwerk zu Stockwerk hinauf eintritt und nicht, wie man eigentlich annehmen müßte, eine Verminderung.

In Betonhäusern und Wohnungen sind auch die *Ionen* vermindert bzw. ist die günstige Verteilung der Kleinionen von 60% negativen zu 40% positiven gestört oder es treten vermehrt die biologisch ungünstigen Groß- und Haufen-Ionen auf, die alle zusammen das *Raumklima* verschlechtern.

Es muß auch auf die Möglichkeit des Entstehens sog. *elektrostatischer Aufladungen* in unseren Wohnungen hingewiesen werden, wodurch manchmal die Lebensqualität wesentlich vermindert werden kann. Aufladungen dieser Art sind bei Kunststoff-Teppichen (es gibt auch antistatische) bei Kunststoffen überhaupt, an den Polierflächen von Einrichtungsgegenständen, etc. meßbar. Sie können unerwartet hoch sein. So gehen solche bei PVC-Platten bis zu 3.000 – 4.000 V/m (Voltmeter), bei unbehandelten Spannplatten nur bis zu 250, bei Filzplatten nur bis 130, bei Eichenholz-Parketten bis zu 200 V/m, bei Polyäthylenen aber bis zu 65.000 V/m. Unbehandeltes Eichenholz zeigt keine Aufladung und schützt vor dieser elektrischen Aufladung am besten. – Es soll auch hingewiesen werden, daß das Gehen auf Kunststoff-Teppichen die Aufladung ganz enorm erhöht.

Leider wird Holz und werden Spannplatten immer noch mit Schutz- und Imprägnierungsmitteln behandelt, die giftig sind, und deren Wirkung in den Wohnungen monatelang anhalten kann. Dazu gehören auch ausgesprochen krebserregende oder krebsfördernde Stoffe wie das relativ häufige Dioxin, Vinylchlorid, und eine Reihe von Chemikalien, die im Haushalt Verwendung finden. (s.II/5)

Die krebsfördernde Wirkung von Asbestfasern soll hier besonders betont werden (s.u.a. Schoeller).

Das Innenklima unserer Wohnungen wird häufig durch die sog. „Technics" verschlechtert und verseucht. Dazu gehören die verschiedenen elektrischen Haushaltsgeräte, wie der Elektroherd, der Warmwasser-Boiler, der Kühl- und Tiefkühl-Schrank, Transistor-, Rundfunk- und Fernsehgeräte, schließlich auch das Telefon, und heute schon häufig der Mikrowellenherd. Nicht zu vergessen ist auch der heute doch meist in abgeschirmten Leitungen fließende Lichtstrom. Von ihnen allen gehen elektromagnetische Wellen nieder- und hochfrequenter Art aus. So sind von den Rundfunk- und Fernsehgeräten nicht nur Energien mit 50 Hz, sondern höherfrequente Felder im Bereich von K- und MHz (Kilo- und Megahertz = 1.000 und Millionenhertz) gegeben. Durch Summierung solcher Störeffekte kann sich der Mensch in seiner Wohnung unter Umständen dauernd in einem *Elektrostreß* befinden, der Herz und Kreislauf u.a. belasten kann. – Es soll daher das natürliche elektro-magnetische Feld möglichst erhalten und ungestört bleiben. Dies ist bei richtiger Elektroinstallation, bei entsprechender Abschirmung der elektrischen Leitungen und bei Verwendung von vornehmlich Naturbausteinen am ehesten gegeben.

Prof. ST. SCHUY und Doz. G. LEITGEB vom Institut für Elektro- und Biomedizinische Technik der T.U.Graz haben darauf hingewiesen, daß jede Energieform, seien es elektromagnetische oder akustische Wellen, in der Lage ist, biologische Wirkungen oder gar Schädigungen hervorzurufen, wenn sie in genügender Stärke genügend lang wirksam ist. So haben auch amerikanische neurobiologische Studien ergeben, daß elektromagnetische Felder in der Weise auf das Nervensystem wirken können, daß sie chemische Veränderungen im Gehirn, Rückenmark und an den Schaltstellen von den Nerven zu den Muskeln auslösen können (W. Volkrodt). Auf der anderen Seite hat der russische Wissenschaftler A.S. PRESMANN (Biophysiker) auf das scheinbare Paradoxon aufmerksam gemacht, daß der biologische Effekt umso größer ist, je kleiner die Feldstärken der physikalischen Einwirkungen aus der Umgebung sind.

Es ist eine alte Forderung, und A. FLACHENEGGER schrieb schon davon, daß der Sitzplatz vor dem Fernsehgerät beim Schwarz-Weiß-Sehen mindestens 3 m, beim Farbsehen 4 m entfernt sein soll, und es besser ist, wenn man nicht direkt, sondern in einem gewissen Winkel dazu sitzt. Manche auf dem Fernsehgerät oder in dessen Nähe stehende Topfpflanzen reagieren deutlich auf diese Strahlen und können sogar eingehen, was auch für im Käfig befindliche Vögel auf einem solchen Standpunkt gilt. Nicht zu vergessen sind die von vielen Satelliten abgestrahlten, dem Nachrichtendienst in den verschiedenen Formen dienenden Mikrowellen, die sicherlich nicht ohne biologischen Einfluß sind. Neuerdings bringt man sie, was aber kaum von den zuständigen Stellen zur Kenntnis genommen wird, wegen ihrer guten Resonanzwirkung mit Baumnadeln und Blattrippen mit dem *Waldsterben* in enge Verbindung. – Elektrische Bahnanlagen können auf die Bewohner nahestehender, u.U. auch auf weiter weg gelegener Häuser störende Auswirkungen haben. Dies nicht nur deshalb, weil in den Fahroberleitungen starke elektrische Ströme auftreten, sondern damit zusammenhängende sog. vagabundierende Ströme, die sich kilometerweit im Untergrund fortpflanzen können. – Eine Gesundheitsschädigung bzw. eine negative Auswirkung von *Hochspannungs- (Überland-) Leitungen* wird zwar durch die Elektrizitätsgesellschaften bestritten, und es ist auch ein Gegenbeweis aus verschiedenen Gründen nicht leicht anzutreten, doch lassen sich dadurch verursachte Schäden nicht selten im Walde oder in Weingärten beobachten. Es ist seit den Berichten von G. ALTMANN u.a. bekannt, daß Bienen im Bereich von solchen Hochspannungsfeldern aggressiv und in ihrem Instinkt schwer gestört sind, und daß beim Menschen Herzinfarkte, Allergien u. dergl. anscheinend begünstigt werden.

Im Bereich solcher Leitungen und Felder ist ein Zusammenwirken verschiedener Faktoren, so auch eines Ortsfaktors, gegeben. Darüber haben König, Palm, Altmann, Lang, Fischer u.a. geschrieben.

Prof.Dr.GERALD FISCHER, Hygiene-Institut der Universität Graz, hat in einer Studie eindeutig zum Ausdruck gebracht, daß durch die elektromagnetischen Felder der Hochspannungsleitungen ein erhöhtes Risiko für eine größere Krankheitsanfälligkeit besteht, dies auch durch die Lärmentwicklung (Knistern) infolge elektrischer Entladungen, sodaß zu den elektromagnetischen Störeffekten noch solche durch die akustischen Wellen hinzukommen. Die starken Stromkabel erzeugen nämlich Geräusche, die bis über 50 Dezibel gehen können. Die erlaubte Lärmbelastung aber hat einen Grenzwert von max. 35 Dezibel. Fischer empfiehlt einen Mindestabstand von 100 m. Die bei MAYER-WINKLBAUR (Biostrahlen) aufscheinende Aussage „Hochspannung schafft Psychospannung" hat sicherlich ihre Berechtigung. Natürlich spielen bei der Beeinflußbarkeit durch Überland- bzw. Hochspannungsleitungen die Höhe der Betriebsspannung (in kV = 1.000 Volt gemessen) und die Feldstärke die wesentlichste Rolle. – Durch Hochspannungsleitungen und auch durch die Maste selbst entstehen Neben- und Erdströme mit verschiedenen Frequenzen, wodurch es zur Ausbildung von neuen elektrischen und magnetischen Feldern kommt. Diese stören wiederum die vorhandenen natürlichen elektromagnetischen Felder der Umgebung und es kommt zu einer negativen Veränderung der natürlichen *Luftionisation* (König).

Wie weit kann sich nun der störende Einfluß solcher Leitungen auswirken? Nach A. SCHNEIDER sinkt das elektrische Feld einer Hochspannungsleitung von 110 kV erst in einer Entfernung von 100 – 200 m auf einen Wert herab, der als Grenze der biologischen Wirksamkeit angesehen werden kann. – KÖNIG gibt eine Faustregel an, derzufolge der Sicherheitsabstand für Räume, in denen sich Menschen aufhalten, je 100 V Spannung 1m betragen soll. Das hieße, daß eine 380 kV-Leitung, wie sie, zwar heftig bekämpft, durch West-Burgenland und die Ost-Steiermark gehen soll, und wie sie bereits in der West-Steiermark, so bei Preding, durchzieht, einen Abstand von 380 m! erforderlich machen würde. In diesen Bereichen befinden sich Wohnhäuser und Schulen (Schoeller). Diese berechnete Entfernung und die letzten Forderungen bzw. Empfehlungen empfinde ich aufgrund meiner eigenen Beobachtungen und Messungen als doch zu hoch. Es ist eine alte Regel, daß die nördlich einer Hochspannungsleitung befindlichen Häuser nur 1/2 bis 1/4 des Abstandes benötigen, der für die südlich der Leitung gelegenen Häuser notwendig wäre. Der größere Abstand in südlicher Richtung wird durch das Mitschleppen der Felder und Impulse durch die von Norden nach Süden ziehenden Kraftlinien des Erdmagnetfeldes erklärt.

Es liegt auf der Hand, daß direkt über Häuser ziehende Hochspannungsleitungen am ehesten mit der Zeit entsprechende nervöse und vegetative Beschwerden hervorrufen können. – An den Dächern von Häusern montierte elektrische Ständer sind abzulehnen.

Im *Handbuch der Geo- und Baubiologie* ist angegeben, daß bei einer 110 kV-Leitung bei einer Frequenz von 50 Hertz in allernächster Nähe

Feldstärken von 200 – 500 V/m (Voltmeter), in 30 – 50 m Entfernung noch 5 bis ca. 50 V/m und in 100 – 200 m Entfernung nur noch 0,5 bis etwa 10 V/m meßbar waren (gemessen mit der Feldsonde der Fa. Jahnke).

Noch ein Nachtrag: In der *Brauchl-Haus-Broschüre* wird von Hochspannungsleitungen ein Südabstand von 1.500 m, ein Nord-, West- und Ostabstand von 500 m, von Transformatoren-Stationen ein solcher von 300 m in südlicher Richtung und von 100 m in den anderen Richtungen als erforderlich angegeben. – Gartner-Winklbaur empfehlen einen Südabstand von 1.200 m und in den anderen Richtungen ein Viertel dieses Abstandes, von Transformatoren-Stationen 25 – 100 m. O. BRODEUR verlangt 5 km Abstand von Rundfunk- und Fernsehsendern, von Radarstationen noch mehr, was wohl nur ein Wunsch bleiben kann. – Dr. HUBERT PALM (Rosenheim) stellte eine Schutzformel auf, derzufolge er die Voltzahl durch tausend dividiert und bei hohen Spannungen mit drei, bei niedrigen Spannungen mit vier oder fünf multipliziert.

Eine *Fußboden-Heizung* soll nach Meinung des Baubiologischen Institutes in Wien im Schlafzimmer vermieden werden. Der alte *Kachelofen* ist immer noch die beste und gesündeste Heizmethode. Es gibt allerdings schon Systeme, die ihm qualitativ nahe kommen.

Zur *Radioaktivität* in unseren Häusern und Wohnungen ist zu betonen, daß es hinsichtlich der Baustoffe solche gibt, die eine gewisse Radioaktivität ausweisen und daher von ihnen abzuraten ist. Dazu gehören gewisse Schlackensteine vulkanischen Ursprungs, der Hochofen-Zement, Mineralwolle, Chemiegips u.a. – *Naturgips* ist nicht oder nur gering radioaktiv. Gewisse, meist eingeführte Kacheln sind oft nicht wenig radioaktiv. – Dazu ist zu sagen, daß kleinste Mengen an Radioaktivität auf längere Zeit gefährlicher werden können als größere auf nur kurze Zeit wirkende. Wenn bei uns als Belastungsgrenze 60 mrem/Jahr (Millirem) gilt, so muß hingewiesen werden, daß es bei der Radioaktivität eigentlich keine Toleranzgrenze gibt. So können Schädigungen der Knochenmarkzellen schon bei 8 mrem auftreten. Kinder und Jugendliche sind dabei viel empfindlicher und gefährdeter. Kinder im Mutterleib sollen bis zu 600-fach empfindlicher sein! –

In Regionen mit erhöhter Radioaktivität ist eine Häufung von Mißbildungen, Leukämie, verkürzte Lebensdauer und eine größere Kindersterblichkeit nachzuweisen. – *Uhren* mit radioaktivem Zifferblatt sind zu vermeiden. Phosphor-Zifferblätter sind hingegen harmlos. – Hinsichtlich der heute empfohlenen *Wärmedämmungs-Maßnahmen* ist zu sagen, daß vielfach über das Ziel geschossen wird. Durch Dampfsperren, und vor allem zu starke Fensterabdichtungen, werden Wohnungen fast luftdicht abgeschlossen. Die Folge ist u.a. das Ansteigen von radioaktiven Schadstoffen in der Raumluft. So wächst bei der Reduzierung der Belüftung um die Hälfte der radioaktive Anteil schon auf das Doppelte, und dieser kann sogar 10-mal so hoch werden wie im Freien. Eine fallweise Erneuerung der Raumluft ist daher aus diesen und anderen Gründen erforderlich, braucht doch der Mensch 30 – 60 m^3 Luft je Stunde.

Im übrigen wird, soweit noch nicht geschehen, auf baubiologische Veröffentlichungen von Palm, Lotz, Schulte-Uebbing, Felder, und vor allem der Baubiologischen Institute (s. Literaturverzeichnis) hingewiesen.

II/9 – UNFALLSTRECKEN
INTERESSANTE RADIÄSTHETISCHE FÄLLE

Seit Jahrzehnten hört und liest man immer wieder von anscheinend *unerklärlichen Autounfällen* auf gewissen Straßenabschnitten und Strecken mit vielfach tödlichem Ausgang.

Auf meist vollkommen gerade verlaufenden Straßen, wo keine Ablenkungsgefahr oder sonstige Schwierigkeiten für den Fahrer bestehen, manchmal zwar auch bei bestimmten Kurven, passiert es immer wieder, daß der Lenker eines Fahrzeuges plötzlich von der Straße abkommt. Steht da gerade ein Hindernis wie z.B. ein Baum, so kann es dann zu schweren Verletzungen des Fahrers oder seiner Mitfahrer kommen. – Hat aber der Autofahrer das Pech, daß gerade im Moment des ungewollten „Verreißens" seines Wagens ein Fahrzeug aus der Gegenrichtung kommt, so ist ein Frontalzusammenstoß meist unabwendbar.

Bezeichnend ist es immer, daß der Fahrzeuglenker, soferne er überlebt, nicht die geringste Erinnerung mehr an den Unfall hat, und daher auch nicht berichten kann, wie es überhaupt dazu kommen konnte. – *Ausweichreaktionen* im Falle der Begegnung mit einem anderen Fahrzeug sowie auch *Bremsspuren* können *nie* nachgewiesen werden.

Auf solche markante Unfallstellen wurde von anerkannten Radiästheten wiederholt hingewiesen, ohne daß sich die Behörde, abgesehen von Ausnahmen, veranlaßt gefühlt hätte, etwas dagegen zu unternehmen. So hat ADOLF FLACHENEGGER aus Wels/Oberösterreich, einer der alten, schon verstorbenen österreichischen Könner auf dem Gebiete der Radiästhesie, in seinen Unterrichtsbriefen für Rutengänger und Pendler (Brief 13) auf solche Kraftfahrzeugunfälle mit unbekannter Ursache hingewiesen. Er führt einige durch den Menschen selbst oder durch das Fahrzeug bedingte Unfallursachen an, verweist aber auch auf Einflüsse, die in bestimmten Fällen in besonderer Weise durch *unterirdisch fließendes Wasser* gegeben waren und vermerkt auch, daß die Ablenkung des Fahrzeuges immer in die Richtung des abfließenden Wassers geschieht.

Mit Unfallstrecken haben sich auch der erfahrene und inzwischen verstorbene Rutenmeister Ing. EGON SARCILLY-ERNES, weiters RICHARD MEISINGER, Arch.Dipl.-Ing. PAUL ARTMANN und andere eingehend befaßt. Auch Frau KÄTHE BACHLER, die Autorin des viel beachteten und wegweisenden Buches „Erfahrungen einer

Rutengängerin“ und zweier weiterer Veröffentlichungen, weist auf solche Straßenverkehrsunfälle hin.

In besonders umfangreicher Weise hat der verstorbene Dipl.-Ing. ROBERT ENDRÖS aus Landshut in seinem schon angeführten Buche „Die Strahlung der Erde und ihre Wirkung auf das Leben“ (1978) solche Stör- und Unfallstellen beschrieben. Aufgrund vieler Untersuchungen und Versuche z.T. im Verein mit K.E. LOTZ, Professor an der Fachhochschule für Bauwesen in Biberach/Riß, war er bemüht, eine Erklärung vom physikalisch-medizinischen Standpunkt aus zu geben.

Alle erwähnten Radiästheten und Forscher, wie auch ich, fanden übereinstimmend heraus, daß solche Unfallstrecken immer von *unterirdischen Wasserführungen* oder sogar von *Kreuzungen* derselben gequert werden, die sich meist in kurzen Abständen wiederholen. Nicht selten liegen zusätzlich noch geologische Störungen vor. An eine Beweisführung konnte man aber erst dann gehen, als man dem Wesen der Bodenausstrahlung (Grundstrahlung) und der durch unterirdisch fließendes Wasser *verursachten Störstrahlung* näher kam und diese in Verbindung mit der *Mikrowellenstrahlung* brachte. Diese konnte aber erst nach der Entdeckung der Radar-Methode im Zweiten Weltkrieg durch die Engländer meßtechnisch erfaßt werden. So ordneten ENDRÖS und andere, wie schon 1955 DDr. J. WÜST, die unterirdisch bedingte Wasserstrahlung in den Bereich der cm-Strahlen und damit der Mikrowellen-Strahlung ein. Dipl.-Ing. ENDRÖS fand heraus, daß eine enge Verbindung zwischen der Störstrahlung und dem *endokrinen*, d.h. hormonalen System besteht. Vor allem die *Schilddrüse*, die *Nebenniere* und die *Thymusdrüse* sollen davon betroffen werden.

Zum bessern Verständnis sei erklärt, daß die *Schilddrüse* mittels ihres Hormons *Thyroxin*, dessen Versiegen z.B. bei manchen Tieren den *Winterschlaf* bedingt, gleichsam ein Thermostat ist, der die Verbrennungsvorgänge im Körper regelt. – Bei der *Nebenniere* spielt ein Hormon des *Nebennierenmarks*, das *Adrenalin*, auch in unserem Falle eine ganz bedeutende Rolle. Es ist der Gegenspieler des von der *Bauchspeicheldrüse* erzeugten *Insulins*, erhöht den Blutdruck und steigert die Herzfrequenz. Bei *Streßbelastung* des Körpers antwortet die Nebenniere mit einer entsprechenden Ausschüttung dieses Hormons. – Die *Thymusdrüse* (beim Kalb Bries genannt) wird zwar während der Reifezeit stark rückgebildet, behält aber dennoch zeitlebens Eigenschaften und Wirkungen, die schon im Altertum bekannt waren. Dieses Hormon beeinflußt vor allem die *Psyche* des Menschen, wie schon früher einmal in diesem Buche angeführt wurde. Bei Mangel an diesem Hormon kann es zu *Depressionen* kommen. –

Alle diese genannten Drüsen stehen mit der größten Hormondrüse unseres Körpers, mit der *Hirnanhangdrüse (Hypophyse)* im Zwischenhirn in enger Verbindung, ja sie werden großteils von ihr gesteuert. – Es sei noch vermerkt und wiederholt, daß das Zwischenhirn und insbesondere der Teil desselben, den man *Hypothalamus* (Stammhirn) nennt, der entwicklungsgeschichtlich älteste Gehirnteil ist. Hier liegt unsere große vegetative *Steuerungszentrale*, die, wie schon einmal hingewiesen, als *Sitz der Anlage* für die Rutenfähigkeit angenommen wird.

Was geschieht nun, wenn ein Mensch über Störzonen einer Straße wandert? Da in diesem Falle die Störstrahlung den Menschen in relativ größeren zeitlichen Abständen trifft, wird kaum etwas passieren können. Was geschieht aber, wenn man mit einem *Auto* mit großer Geschwindigkeit über solche Störzonen fährt? In diesem Falle treffen die Störeffekte in Bruchteilen von Sekunden auf den Menschen bzw. auf die genannten Drüsen. Die Folge ist, nach Feststellungen von Endrös, daß zwar die *Aktivität der Schilddrüse* sofort gesteigert wird, was hier nicht als Vorteil anzusehen ist, während die *Thymusdrüse* und die Nebenniere bald mit einem Abfall ihrer *Hormonausschüttung* antworten. Sehr bald ist der Zeitpunkt erreicht, bei dem vor allem keine Ausschüttung des Adrenalins, des Anti-Streßhormons, mehr erfolgt. Es gibt dann keine Gegensteuerung und keine Abwehr gegen die durch das wiederholte Überfahren der Störstrahlung bewirkte *Streßsituation.* In Verbindung mit der Hypophyse und dem Nervensystem kommt es zu einer *kurzzeitigen Bewußtseinsstörung* – es genügen 1/1.000 Sekunden – und das Abweichen von der Straße, und der mehr oder weniger schwere Autounfall passiert.

ENDRÖS hat Entstörungsgeräte an gewissen Unfallstellen in der Form von sog. Interferenzsendern aufgestellt, die der Störstrahlung entgegenwirken bzw. diese auslöschen sollten. Prof. LOTZ/Biberach hat einen sehenswerten und aufschlußreichen *Film* über solche Unfallstrecken und deren Unfallursachen gedreht.

Es muß betont werden, daß der geschilderte Störfaktor – eine Querung durch unterirdische Wasserführungen der Straße und manchmal das Vorhandensein geologischer Störungen – zwar sehr wesentlich ist, daß aber noch *andere Faktoren* mitspielen müssen, um einen Unfall auszulösen. Solche Faktoren sind Schlafdefizit, gesundheitlicher

Tiefpunkt (schlechte Biorhythmuszeit),besondere Sensibilität, schlechter Straßenzustand, etc.

Da alles dafür spricht, daß es sich bei dieser Störstrahlung, wie schon hingewiesen, um *Impulse* handelt, die im wesentlichen der *Mikrowellenstrahlung* entsprechen, die gerade auf unser hormonales System und auf unser Stammhirn in besonderer Weise wirken, wird alles noch leichter verständlich. – Von einer „Unerklärlichkeit" bei solchen Straßenunfällen zu sprechen, wie dies immer in Polizei- und Gendarmerieberichten zum Ausdruck kommt, ist so sicherlich nicht mehr berechtigt.

Daß auf solchen Unfallstrecken wirklich grobe *Abweichungen* von der normalen Umgebungsstrahlung gegeben sind, konnte ich bei der Untersuchung solcher gefahrvoller Straßenstücke auch *mittels physikalischer Geräte* eindeutig belegen. So beging ich mit Hilfe zweier Physiker meiner Schule vor wenigen Jahren besonders genau ein bestimmtes Straßenstück südlich bzw. südöstlich von Fentsch bei St. Marein/Knittelfeld, Steiermark, sowie das umliegende Gebiet, und führte entsprechende physikalische Messungen durch. Es handelt sich dabei um den Teil der Bundesstraße, der sich von der Einmündung der Gemeindestraße Fentsch-St. Marein bis zum einstigen Sauerbrunn Fentsch, (km 16 – 15,6) erstreckt, und vollkommen gerade verläuft.

Auf dieser Strecke kam es vor einigen Jahren mehrmals zu schweren Autounfällen. Der schwerste Unfall ereignete sich am 16.3. 1978 morgens, wobei ein Auto mit drei von ihrer Arbeitsstätte heimkehrenden Arbeitern aus Fohnsdorf mit einem entgegenkommenden Wagen kollidierte, was für die drei Arbeiter den Tod bedeutete. Eine vorerst hydrologisch-radiästhetische Begehung dieser Strecke durch den Verfasser – auch Herr Ing. Sarcilly-Ernes hatte vorher schon hier Untersuchungen durchgeführt – ergab, daß alle 1,7 – 2 m unterirdische Wasserstränge in 10 – 12 m Tiefe die Straße queren, sodaß hier eine Störstrahlung hochfrequenter Art gegeben ist. Dazu kommen noch geologische Störungen, die annähernd parallel zur Bundesstraße verlaufen, wodurch die Störstrahlung noch wesentlich verstärkt wird. – Magnetische Messungen mittels eines Magnetometers, vor allem aber Messungen der radioaktiven Strahlung mittels eines Szintillometers (nach dem Prinzip eines Geigerzählers) ergaben auf diesem Straßenstück *eindeutige Abweichungen* gegenüber Messungen auf Strecken der Bundesstraße, die außerhalb dieses Gefahrenbereiches liegen. So zeigten magnetische Messungen mittels eines Magnetometers Störungen in Form von verminderter Intensität des Erdmagnetismus an. – Umgekehrt wiesen *radioaktive Messungen* auf der Unfallstrecke und dem angrenzenden nördlichen und südlichen Hangwiesenbereich um 22 – 33%, vereinzelt sogar um 40% mehr Impulse auf als auf benachbarten ungestörten Strecken der Straße (auch im direkten Bereich des einstigen Sauerbrunns wurden solche Werte gemessen). – Im Auto sitzend gingen zwar die Impulszahlen stärker zurück, waren aber gegenüber ungestörten Stellen doch noch entsprechend erhöht. – Im mehr oder minder *abgeschlossenen Auto kann aber die verminderte atmosphärische Strahlung*, die für den Menschen auch von Wichtigkeit ist, eine zu beachtende Rolle spielen. – Es ist erwähnenswert, daß die magnetischen Abweichungen im Bereich des *Sauerbrunns* selbst am stärksten waren.

Merkliche Abweichungen der gemessenen Werte konnten auch im Bereich der Bundesstraße *nordöstlich von Kobenz* bei Knittelfeld, wo ebenfalls in früheren Jahren wiederholt schwere Autounfälle zu verzeichnen waren, festgestellt werden, außerdem auch bei der *Brücke über den Pölsfluß* in *Aichdorf* bei Zeltweg. Hier wie dort ziehen in kurzen Abständen Wasserführungen unter der Straße durch. – In Aichdorf war es vor allem ein Baum an der Nordseite der Brücke, der die Autofahrer „anzog“, was auch tödliche Unfälle zur Folge hatte.

Die Ursache eines besonders tragisch ausgehenden Frontalzusammenstoßes mußte der Verfasser in Osttirol vor wenigen Jahren untersuchen und begutachten. *Westlich von Oberdrauburg/Kärnten* stießen hier am 4.9. 1978 beim km 96 zwei Autos mit insgesamt fünf jungen Burschen anscheinend unerklärlicherweise frontal zusammen, dies auf einer etwa 700 m langen, vollkommen gerade verlaufenden, daher ganz übersichtlichen Strecke. Alle Insassen wurden tödlich verletzt. Die hydrologisch-radiästhetische Untersuchung der Unfallstrecke ergab, daß auf der gesamten Länge dieses Straßenstückes und parallel zu diesem drei ausgeprägte Störzonen laufen, die vom Drau-Talgrundwasser herstammen. Diese Reizzonen wurden alle 2,5 – 3 m von Strahlungen unter einem Winkel von rund 45 Grad geschnitten, die von unterirdischen Wassersträngen kamen, die aus dem südlichen Bergland der Lienzer Dolomiten herziehen, und in nordöstlicher Richtung zur Drau hin fließen.

Auch hier war es offensichtlich, daß die sich überschneidende Stör-Strahlung nur der letzte Faktor für diesen Unglücksfall war. – Es soll auf dieser Strecke schon öfters Unfälle gegeben haben.

Inzwischen wurde das Straßenstück bei Fentsch teilweise verbreitert und saniert, wodurch schon die Zahl der Unfälle, die durch ein für den Laien und für die Behörde unverständliches Ausscheren von

Autos gekennzeichnet waren, sehr stark zurückging. Seitdem aber die unterhalb dieser Unfallstraße laufende Schnellstraße im Betrieb ist, haben die Unfälle praktisch aufgehört, da die obere Straße nur mehr vom Lokalverkehr in geringem Ausmaß frequentiert wird.

Ähnliches hat sich auch beim Straßenteil zwischen *Stadlhof und Pausendorf* westlich von Knittelfeld gezeigt, wo nach Sanierung der Straße die Unfälle fast ganz aufhörten.

Abschließend kann nur der Wunsch ausgesprochen werden, daß künftig solche Unfallstrecken behördlicherseits entsprechende Beachtung finden, und daß durch geeignete Maßnahmen – manchmal würden schon Warntafeln oder Geschwindigkeitsbegrenzungen genügen – derartige Unfälle verhindert oder zumindest reduziert werden.

III – KANN ICH MICH VOR SCHLECHTER ERDSTRAHLUNG SCHÜTZEN?

Abschirm- und Entstörprobleme

Seit Jahrzehnten wird nach der Möglichkeit gesucht und geforscht, Erdstrahlen durch Abschirmungen bzw. Entstörungen unschädlich zu machen. Noch nie wurde der Bevölkerung so viel dergleichen mit entsprechenden Prospekten und Versprechungen angepriesen wie es heute der Fall ist. Viele Menschen kaufen diese Angebote, ohne zu wissen, wie ihre Schlafstelle strahlenmäßig beschaffen ist. Hier spielt auch der meist nicht gerade niedrige Preis keine Rolle, schließlich geht es ja um die Gesundheit. So fühle ich mich verpflichtet, der Wichtigkeit dieser Probleme wegen, aufgrund meiner reichen Erfahrung auf diese näher einzugehen und entsprechende Aufklärung zu geben. – Damit soll nicht gesagt werden, daß es überhaupt keine abschirmenden Materialien und Entstörungsmöglichkeiten gibt. Es bleibt aber immer die Frage offen, ob solche Maßnahmen zutreffend und ausreichend sind, weiters, wie lange gegebene Wirkungen anhalten und welche Nebenwirkungen mit der Zeit auftreten. Darauf wird hier einzugehen sein.

Es ist bekannt, daß Edelsteine eine gewisse abschirmende Wirkung haben. Die alten Ägypter haben Achate zu Abschirmungszwekken in ihr Bett gelegt bzw. an ihr Bettgestell gehängt und ebenso Karneol sehr geschätzt. – Auf der Südhalbkugel unserer Erde werden seit Jahrhunderten Kokosmatten, auf der nördlichen Hemisphäre Flachstücher zum Zwecke der Abschirmung verwendet (Schimmel). Dadurch wird wohl eine wenig starke Strahlung, die von unterirdisch fließendem Wasser ausgeht, geschwächt, aber nie eine intensive Wasserstrahlung ausgelöscht oder ausreichend gedämpft. In vielen Fällen werden dabei auch nur Stellen mit solchen Abschirmungen bedacht, die ohnehin keine geopathogene Gefährdung darstellen. Zonen der Gitternetze werden auf diese Weise überhaupt nicht berührt. Dies gilt vor allem für Metall-Abschirmungen, so für die meisten der heute zum Verkauf angebotenen Abschirmmatten, die meist Kupfergeflechte oder Aluminiumfolien enthalten. Sicherlich können Metalle, abgesehen von anderen Erwägungen, abschirmen, es müßte aber ihre Frequenz auf die der terrestrischen Strahlung abgestimmt sein, sonst werden sie u.U. zu Strahlern mit den entsprechenden negativen Folgen. Bei vorhandener Wasserstrahlung allein können Metalle sicherlich einen Teil dieser

Strahlung zurückwerfen. Es muß aber dabei bedacht werden, daß man auf diese Weise nur niedrige Frequenzen von rein elektromagnetischen Störungen und statische Elektrizität beseitigen kann. Vereinzelt immer noch empfohlene Abschirmungen aus Blei können sich sehr gefährlich auswirken. – So kann zwar manchmal ein günstiger Effekt auftreten, der fast immer nur vorübergehend eine Besserung von Beschwerden bringen kann. Dieser hört nach einiger Zeit meist auf, kann sich umkehren, und Beschwerden wie z.B. Nachtschweiß, Unruhe und nervöse Erscheinungen zur Folge haben. – Meine Erfahrung hat auch gezeigt, daß Abschirmungen des Kopfes oder des ganzen Körpers unbedingt zu vermeiden sind.

Nicht selten wird auch versucht, durch Spiegel, Gläser, Flaschen, etc., die man unter das Bett oder, angeblich gezielt, an bestimmten Stellen des Zimmers aufstellen soll, die erwünschte Abschirmung hauptsächlich mittels Reflexion herbeizuführen.

Entstörgeräte, die auf der Basis von Schwingungsfrequenzen arbeiten, sind meist nur in der Lage bestenfalls *eine* Störfrequenz zu beeinflussen, abgesehen davon, daß man hier mit negativen Sekundäreffekten und Feldveränderungen rechnen muß. Eine effektive Abschirmung radioaktiver Strahlung ist bisher nicht gelungen. Die wenigsten, wenn nicht alle dieser meist nur kurzfristig wirksamen Abschirm- und Entstör-Maßnahmen sind nach L. MERSMANN nicht in der Lage, physikalisch oder radiästhetisch feststellbare Anomalien über Störzonen zu beseitigen und in einen ungestörten Zustand zurückzuführen. Es liegt demnach keine eigentliche „Entstörung“ vor.

Man muß dabei auch bedenken, so Mersmann, daß eine Reiz- bzw. Störzone dadurch gekennzeichnet ist, daß durch sie verschiedene Umweltfaktoren verändert sind, die außerdem mit Wetter-, kosmischen und anderen Einflüssen in Beziehung stehen. Eine Entstörung sollte aber nicht in erster Linie in der Lage sein, die physikalischen Faktoren zu beeinflussen, sie müßte *biologisch* wirksam sein, wenn sie die schädlichen Einwirkungen auf den Menschen mildern oder beseitigen wollte. Das kann aber keine Entstörung.

Der menschliche Körper kann zwar bei kurz anhaltender Reizwirkung dieser entgegensteuern und vorübergehend Fehlsteuerungen, die durch die pathogenen Standortfaktoren hervorgerufen werden, aufheben oder bessern. Bei langfristig wirkenden Reizen paßt sich aber der Körper an, d.h. es kommt zu einem die Gesundheit nicht fördernden *Gewöhnungseffekt*, wie es auch bei längerer Verwendung von Medikamenten der Fall sein kann.

Früher oder später tritt eine Wende bzw. ein Umschlagpunkt ein, und die Entstörung wird unwirksam. –

Wenn man auch, wie erwähnt, an eine positive Auswirkung durch metallische Bettabschirmungen im Bezug auf die Wasserstrahlung infolge Reflexion denken könnte, so kann es doch dadurch anderswo im Raum zu einer Störung kommen, die sich biologisch negativ auswirkt. Außerdem wird nicht alles reflektiert. Wegen der Möglichkeit der Reflexion von Strahlen ist zu empfehlen, Spiegel aus dem Schlafzimmer zu entfernen oder während der Nacht zu verdecken, auch, wenn möglich, zuzuklappen, da u.U. eine sonst ursprünglich außerhalb des Bettes befindliche Strahlung in dieses geworfen werden könnte. –

Man hat auch versucht, Mikrowellen durch *Interferenzsender* zu beeinflussen bzw. unschädlich zu machen. So berichtet ENDRÖS über den von ihm empfohlenen Einbau solcher Sender an Unfallstrecken, wodurch, nach seinen Angaben, an diesen Stellen eine Minderung der Unfallhäufigkeit eingetreten sein soll. – Nach SCHAAL würde es auch bei teilweiser Ausschaltung der störenden Auswirkungen von Erdstrahlen auf Schlafplätzen durch Interferenzsender trotzdem aus bestimmten physikalischen Gründen zu einer negativen, ja sogar doppelten Beeinflussung des Menschen kommen. – ROTHDACH (1987) und SCHAAL haben über Abschirmungs- und Entstörmaßnahmen mit allen ihren negativen Folgen sehr eingehend und übereinstimmend geschrieben (Mitt. des IAG).

Magnetfelder lassen sich praktisch nicht oder nur mit sehr hohem Aufwand abschirmen. Aber auch da wären Nebenwirkungen infolge der Veränderung des Raumklimas zu erwarten. *Magnetfeldgeräte* können daher therapeutisch, aber nicht für Entstörzwecke verwendet werden. Es ist unbestritten, daß sog. *Formstrahler* wie *Pyramiden* bei entsprechenden Maßen und gezielter Aufstellung eine gewisse abschirmende Wirkung haben können. Auch ist bekannt, daß Pyramiden – man denke an die altägyptischen – konservierende und verwesungshemmende Eigenschaften haben und auch alte Rasierklingen wieder scharf machen sollen. Wir wissen aber heute, obwohl es in Deutschland u.a. eigene Institutionen zur Erforschung der pyramidalen Eigenschaften gibt, trotz mancher Erkenntnisse noch zu wenig über ihre Nebenwirkungen. Es gehen von Pyramiden auf jeden Fall energetische Strahlenbündel insbesondere nach oben aus, die Wohn- und Schlafräume über der Pyramide u.U. schädlich beeinflussen könnten. – Kristalle und kristalline Körper, denen man an und für sich abschirmende Eigenschaften, auch solche heilender Art (siehe Hildegard von Bingen) zuschreibt, und die nach Aschoff (1988) biologisch günstig wirken, sind aber auch Strahler und können daher Störungen erzeugen. Dies vor allem dann, wenn sie sich auf Reizzonen befinden – wie, nach Aschoff, in IV/2 berichtet werden wird – und gefährliche laserartige Strahlen aussenden. Wenn diese dann an und für sich ungestörte Schlafstellen treffen, gefährden sie den Menschen sehr. Vielleicht, so schreibt Rothdach, ist der schlechte Ruf mancher berühmter Super-Diamanten als Unglücks- und Krankheitsbringer nur dadurch bedingt, daß diese zufällig auf Reizzonen standen. Durch Entfernung solcher oder anderer Kristalle von der Reizzone kann die Belastung sehr einfach beseitigt werden. Aus Gründen der Vorsicht ist daher zu empfehlen, *Mineralien-Sammlungen* und auch Pokale nicht im Schlafzimmer aufzustellen. Sogar Schmuckkästchen können u.U. negative Auswirkungen haben.

Nachdem schon die Messungen von STÄNGLE/Ulm (1960, 1965) über Wasserführungen ergeben haben, daß es sich hier bei der Primärstrahlung nicht um Alpha-, Beta- oder Gammastrahlung handelt, hat ASCHOFF daraus, und vor allem aufgrund des noch zu besprechenden Löscheffektes, den Schluß gezogen, daß es sich bei dieser durchdringenden Strahlung um eine *Neutronenstrahlung* handeln müsse. Dadurch wird jede Abschirmung und Entstör-Maßnahme ad absurdum geführt. Bei diesen Neutronen, das sind neutrale, ungeladene Atomkernteilchen, handelt es sich um ursprünglich schnelle Neutronen, die dann auf dem Weg durch die verschiedenen Erdschichten abgebremst werden. Sie dringen auch ungehindert in den menschlichen Körper ein, werden als sog. langsame Neutronen in diesem weiter gebremst und explodieren, wie sich Rothdach ausdrückt, wie kleine Granaten. Es läßt sich unschwer vorstellen, welche Wirkung auftreten kann, vor allem dann, wenn die DNS (DNA) – Sitz unserer Erbanlagen – getroffen wird. Das aber durch irgendeine Abschirmung, zumindest mit herkömmlichen Mitteln zu verhindern, ist unmöglich, abgesehen davon, daß eine Abschirmung infolge weiterer Bremsung der Neutronen das Entstehen einer sekundären, radioaktiven Schädigung noch mehr begünstigen und verstärken würde. Dies konnte ASCHOFF (s.IV/2) über seinen Bluttest einwandfrei bestätigen, sodaß er von jeder sog. Entstörung abrät. – Eine Sache ist für mich unerklärlich, nämlich die, daß der bekannte FREIHERR v. POHL in den dreißiger Jahren nach seinen Angaben in der Lage war, mittels einer Schwingkreiskonstruktion, die er später noch erweitert hat, anfänglich eine Fläche von ca. 3 km^2, dann von 5,5 und schließlich eine solche von 12 km^2 in seiner Heimatstadt abzuschirmen. Mit einem Handgriff konnte er diese Anlage – wie es heißt – ein- und ausschalten. Nach dem Einschalten der Anlage verschwanden, ärztlicherseits bestätigt, Beschwerden und Leiden von Bewohnern im Umkreis von etwa 1.000 m. Verreiste Pohl und schaltete die Anlage aus, traten die Beschwerden bei diesen Bewohnern wieder auf. – Pohl berichtete auch, daß, wenn die Anlage eingeschaltet war, die Gewitter nicht über Dachau, seiner Heimatstadt, zogen d.h. abgelenkt wurden, was sonst nicht der Fall war. Obwohl die Anlage zum Patent angemeldet wurde – wie Pohl berichtete – war die Anlageschrift lange nicht auffindbar. EGON SARCILLY-ERNES, Wien, ein bekannter Rutengänger, der 1989 im Alter von 90 Jahren starb, kam zwar in den Besitz der Kopie einer Patentschrift von Pohl, die er mir zusandte. Sie bezieht sich aber nicht auf die beschriebene Anlage Pohls, sondern ist allgemein gehalten und spricht von gefahrdrohenden Stellen, deren Ausstrahlungen durch bestimmte Einrichtungen abgeschirmt und die von ihnen hervorgerufenen elektrischen Ladungen abgeleitet werden sollen. Es heißt dann weiter, daß die Abschirmung in ähnlicher Weise wie beim Schutz elektrischer Instrumente gegen äußere, störende elektrische Einflüsse durch auf oder in die Erde gelegte Metallschirme wie Drahtnetze, Bleiplatten u. dgl. geschieht.

Daß einfache Abschirmungen mittels Kupfer bei *Haustieren* meist eine positive Wirkung haben können, beobachtete ich oft genug. Freilich fällt hier bei der relativen Kurzlebigkeit der Tiere eine negative Langzeitwirkung mit den schon geschilderten Folgen der Umkehr in der Wirkung und auch der Gewöhnungseffekt weitgehend weg.

Obwohl vielfach gerade sog. *Entstörgeräte* oft Konstruktionen zeigen, die meist der Phantasie ihrer Produzenten entspringen und daher ohne Wirkung sein müßten, konnte trotzdem da und dort eine günstige Wirkung vorübergehender Art beobachtet werden. Hier spielt einwandfrei die Beeinflussung und die Einbildung der Menschen und damit der sog. *Placebo-Effekt* die Hauptrolle. Es ist nicht verwunderlich, wenn nach einiger Zeit die vermeintliche Wirkung wieder nachläßt und verschwindet. – Es ist bekannt, daß statisch-elektrische Aufladungen, wie sie an synthetischen Materialien, so an Kunststoff, Teppichen, an Möbeln und an Kunststoffbekleidung etc. vielfach nachweisbar sind, auch schädlich auf Menschen einwirken können. Dies wird im Schlafzimmer vor allem dann spürbar, wenn die Aufladung vom Boden her bereits die Liegehöhe des schlafenden Menschen erreicht hat. Dadurch kann der notwendige Energie- und sonstige Austausch mit der Umwelt – der Mensch gibt ab und nimmt auf – sehr behindert werden. Die

Folge können vegetative Störungen sein. Eine Beseitigung des störenden Bodenbelages ist hier die beste Lösung. Hinsichtlich der *technischen Störungen* sollen die Auswirkungen elektromagnetischer Wechselfelder, die in der Baubiologie auch Berücksichtigung finden, nicht außer Acht gelassen werden. Abgesehen von der Stromversorgung und der heute im Haushalt meist schon sehr stark vertretenen Elektronik, wirkt auf uns ein Kunterbunt von vorwiegend mittel- und hochfrequenten Feldern und Strahlungen ein, außerdem die, die von unseren technischen Nachrichtensystemen, so von Funk, Fernsehen, Richtfunk und Radar ausgehen. Dabei ist nicht zu vergessen, was von den schon zahlreich im Weltraum fliegenden Satelliten auf uns herabkommt. – ROTHDACH weist darauf hin, daß über die Überlandleitung und die Stromverteilung viele Störungen und negative Informationen eingefangen werden können, die dann in unsere Wohnungen kommen.

Technische Störungen aller Art lassen sich in den Wohnungen noch am leichtesten abschirmen, so durch abschirmende Kabelführungen, geerdete Metallrohre, Netzfreischalter, etc. Durch letztere kann man während der Nacht den elektrischen Strom, außer den, der für Kühlschränke, etc. benötigt wird, abschalten. Verpönt ist es, wenn man Radiowecker, Nachttischlämpchen usw. direkt beim oder über dem Kopf stehen hat. Es galt eine Zeitlang als modern, diese und andere elektrische und metallische Einrichtungen direkt in der Stirnwand der Betten einzubauen. Störungen, die davon ausgehen, können verschiedene Beschwerden, wie Schlafstörungen, Nervosität, Herzbeschwerden und Allergien begünstigen. Es sollen daher alle störenden elektrischen Leitungen und Geräte in einer Entfernung von mindestens 40 – 50 cm vom Kopf bzw. von den Betten angebracht oder aufgestellt werden. Sicher ist, daß nicht alle Menschen in gleichem Ausmaße von solchen Störungen spürbar betroffen werden. Hinsichtlich der Abschirmung eines im Nahbereich einer *Hochspannungsleitung* stehenden Hauses geben Mayer-Winklbaur (1986) den Rat, das Haus an der gefährdeten Seite mit einer Schutzschicht zu überziehen. Vorgeschlagen wird ein feines Drahtgitter an der Außenwand, die der Stromleitung zugewandt ist, unter dem Außenputz anzubringen. Das Dach soll, wenn notwendig, mit Stahlblech und Kupfer armiert werden. Die vorgeschlagene Abschirmung soll gut geerdet sein. – Als Abschirmung gegen einen näher als 3 km befindlichen Sender wird eine geerdete Aluminium-Folie von 0,5 mm Dicke vorgeschlagen, die an der dem Sender zugekehrten Wand anzubringen wäre. – Bei der Durchführung dieser Vorschläge stellt sich aber die Frage, inwieweit durch diese Maßnahmen nicht

ERGEBNISSE VON MAGNETOMETRISCHEN MESSUNGEN

Alle folgenden Bilder entstanden mit Hilfe des Mersmann-Geomagnetometers und einer dreidimensionalen Computer-Auswertung

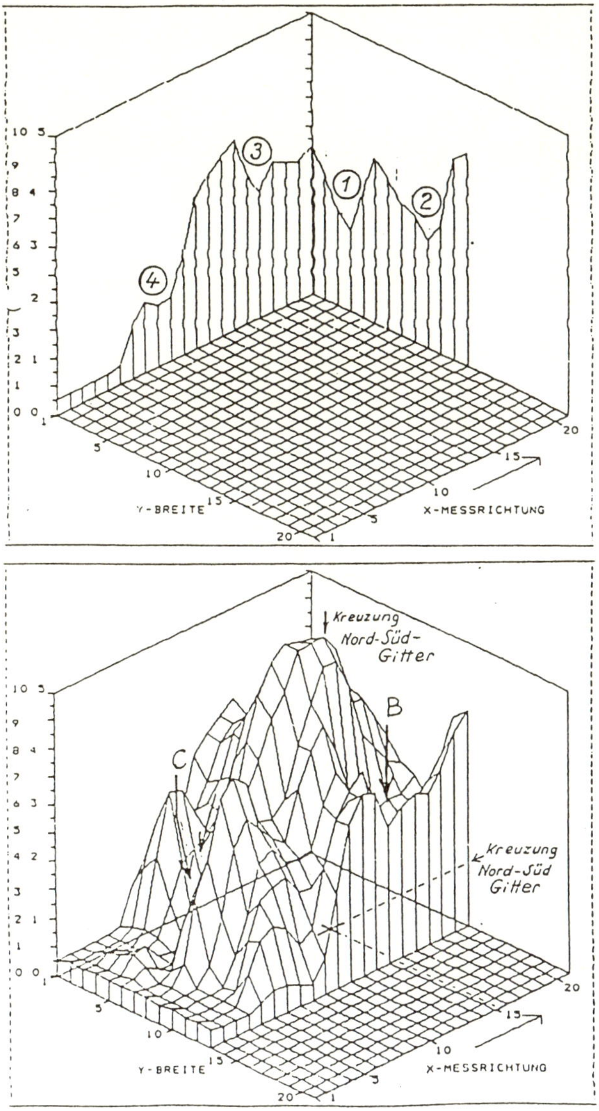

Abb. 14a-b: Durch magnetometrische Messungen des IAG konnten, wie hier zu sehen ist, mit Hilfe einer dreidimensionalen Computer-Auswertung deutliche Störungen des sonst homogenen Magnetfeldes über Zonen und Kreuzungen der Gitternetze in Form von markanten Gipfeln oder starken Einbrüchen festgestellt werden. (Veröffentl. des IAG/Frankfurt a.M., 1985)

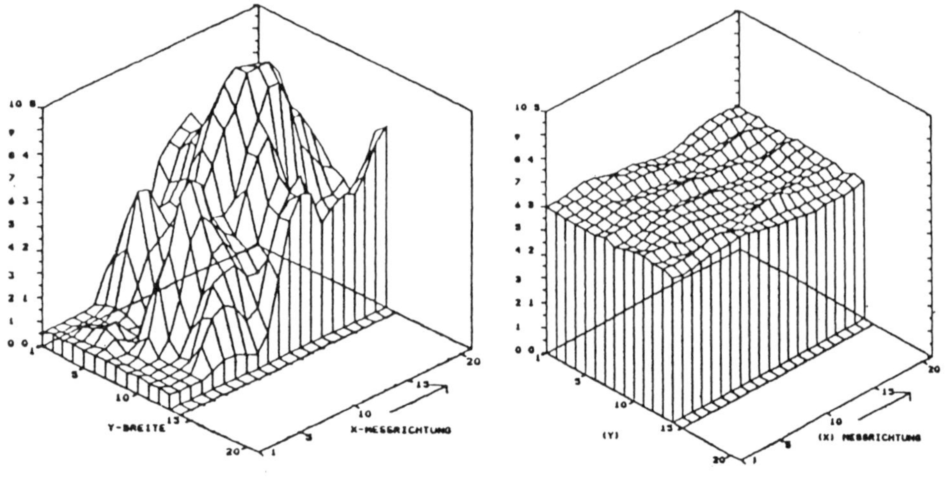

stark gestört ungestört

Abb. 15a-b: Diese Abbildungen zeigen sehr eindrucksvoll den Unterschied zwischen einem ungestörten neutralen Platz und einem gestörten Standort mit starken magnetischen Anomalien. (Nach Mersmann, Bio-Physik, Wassenach 1985)

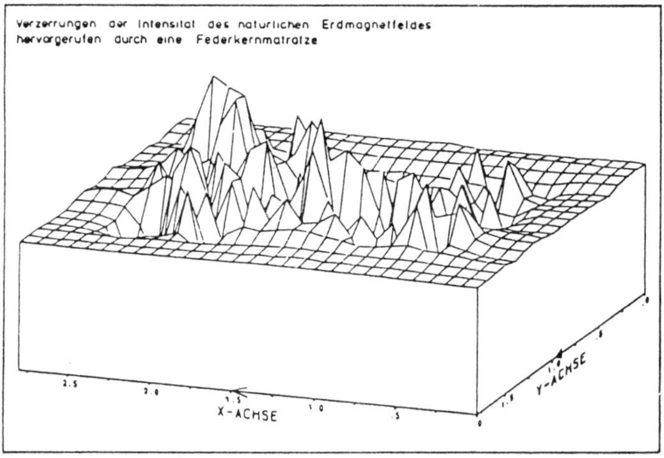

Abb. 16: Sogar eine Federkernmatratze kann Verzerrungen der Intensität des natürlichen Erdmagnetfeldes hervorrufen. (Messungen des IAG/Frankfurt a.M.)

Feldveränderungen elektrischer und magnetischer Art erzeugt werden bzw. ähnliche Wirkungen auftreten können, wie sie in einem Faradayschen Käfig bestehen.

Abschließend und zusammenfassend muß demnach gesagt werden: Bei jeder Abschirmung und Entstörung kommt es früher oder später zu einem Wendepunkt, auch wenn diese eine Zeitlang anscheinend eine positive Wirkung gezeigt hat. – Ganzkörperliche Abschirmungen sind nach Meinung von Mersmann, Aschoff, Rothdach, Schaal und mir zu vermeiden. – Abschirmungen können nach Aschoff sogar eine radioaktive Belastung bedeuten. Eine erfolgreiche Beeinflussung eines störenden Magnetfeldes, deren Wirkung ärger als die elektrischer bzw. elektromagnetischer Art sein kann, ist mit herkömmlichen vertretbaren Mitteln nicht möglich. Es kann sein, daß manche Entstörgeräte das bestehende positiv wirkende Magnetfeld negativ verändern. – Eine radioaktive Abschirmung ist mit Mitteln, wie sie normalerweise zur Verfügung stehen, ebenso unmöglich. – Eine Abschirmung mittels Blei, die manchmal noch von Rutengängern empfohlen wird, wäre an und für sich für die von unten kommende Störstrahlung sehr gut, jedoch hat Hartmann in den fünfziger Jahren schon die Erfahrung machen müssen, daß es sehr leicht zu radioaktiver Aufladung kommt, wodurch diese Abschirmung zum besten Krebserreger werden kann. – Krebspunkte bzw. Krebszonen waren bisher kaum abschirmbar. –

Mit Hilfe einer Wildseidendecke (Naturseide) lassen sich die Zonen der Netzgitter, wie eigene Versuche gezeigt haben, mehr oder minder in ihrer Wirkung verringern. Dabei muß diese Decke zum Zudecken verwendet werden. Bei Doppelzonen geht diese Verminderung aber nicht so weit, daß sie nicht mehr als geopathogen anzusprechen wären.

Das Problem jeder Abschirmung und Entstörung ist und bleibt der Umstand, daß wir es bei den sog. Erdstrahlen nicht mit einem rein physikalischen, sondern mit einem *biophysikalischen Phänomen* zu tun haben. Solange wir das eigentliche biologische Agens, das zur Krankheit führt, nicht kennen, bleibt im allgemeinen als sicherste Maßnahme, der geopathogenen Belastung auszuweichen, die Verlegung des Betroffenen auf einen ungestörten Standort!

Die Abb. 17 und 18 zeigen sehr klar, was sog. Entstörungen bzw. Abschirmungen bringen können.

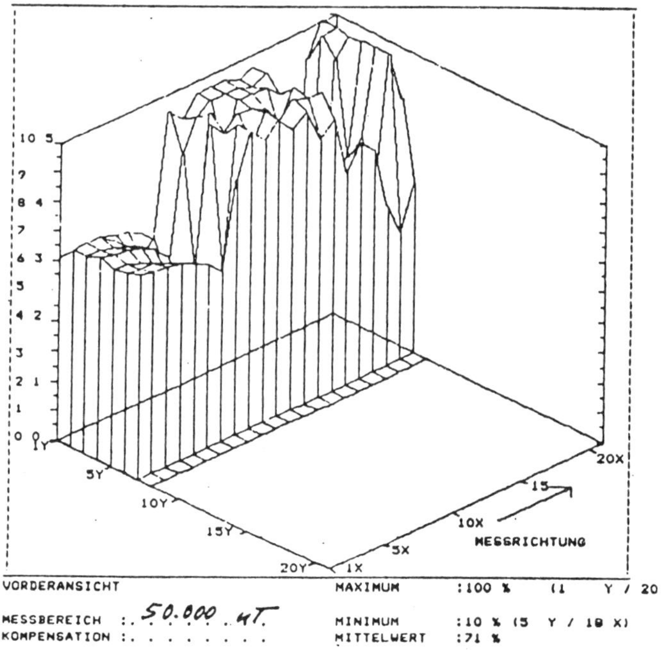

Abb. 17: Manche Entstörungen sind sogar in der Lage, einen neutralen Platz zu stören. Vorher sah es ähnlich wie in Abb. 15b aus. (Nach P. Rothdach, WBM, H.21, 1987)

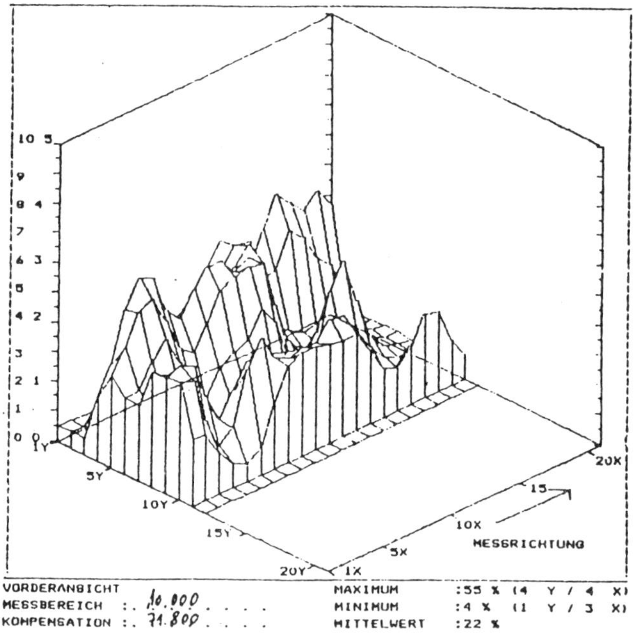

Abb. 18: Ein magnetisch stark gestörter Platz zeigte auch nach der Abschirmung mit verschiedenen Entstörungsvorrichtungen ein praktisch unverändertes Bild. (Nach P. Rothdach, WBM, H.21, 1987)

IV/1 – DER REAKTIONSABSTAND NACH DR. M. CURRY

Dr.med. MANFRED CURRY, nach dem das Diagonal- bzw. 2. Netzgitter benannt ist, hat Messungen der Ausstrahlung des Menschen radiästhetisch, später mit Hilfe eines der Nachwelt unbekannt gebliebenen Gerätes – das Patent ist leider nicht mehr auffindbar – durchgeführt, wozu er, wie er berichtet, nur wenige Sekunden benötigte. Geht man nämlich an einem neutralen Ort mit der Rute vom Oberkörper eines Menschen weg, so wird die Rute – am einfachsten geht es mit einer Winkelrute – in einer gewissen Entfernung, je nach Mensch verschieden, ausschlagen. Diesen Abstand nannte Curry den *Reaktionsabstand* (R.A.). Er hat solche und andere Versuche in seinem von ihm gegründeten medizinisch-bioklimatologischen Institut in Riederau am Ammersee in Bayern, z.T. in einer Klimakammer durchgeführt und ist zu wesentlichen, noch heute gültigen Erkenntnissen gekommen.

Diese Meßmethode, mit der auch S. WITTMANN gearbeitet hat, ist ihrer Einfachheit wegen schon so interessant und in vieler Hinsicht aussagekräftig und von solcher Bedeutung, daß es mir unerläßlich erscheint, auch in diesem Buch darauf etwas näher einzugehen.

Curry hat seine Erkenntnisse jeweils in der Zeitschrift für praktische Heilkunst „Hippokrates“ 1952 veröffentlicht. Sie wurden, vornehmlich auf Initiative von K. BACHLER 1978 als Büchlein mit dem Titel „Das Curry-Netz. Das Reaktionsliniensystem als krankheitsauslösender Faktor“ durch den Gerold-Verlag Dr.Wetzel/München, herausgegeben. Danach hat Curry eine eigene Typenlehre aufgebaut.

Es gibt nach Curry für jeden Menschen einen für ihn typischen R.A. Er nahm an, daß ein energetisches Strahlenfeld den ganzen Körper umgibt, das verschiedene Intensitäten je nach Menschentyp aufweist und, das in gewisser Distanz, unbewußt anderen Menschen mitgeteilt wird.

Der R.A. ist auch die kritische Distanz bei Wildtieren, bis zu welcher sie den Menschen an sich heranlassen. Darauf beruht, so meint Curry, auch Sympathie und Antipathie oder Gleichgültigkeit gegenüber gewissen Menschen.

Durch geopathogene Störzonen kann das vegetative Gleichgewicht, wie es sich auch in dem den Menschen eigenen R.A. ausdrückt, empfindlich gestört werden. Dies hat Curry klar erkannt und Aschoff gerade durch seine Methode des elektromagnetischen Bluttestes immer wieder bestätigen können. (s.IV/2).

Der R.A. ist nach Curry der Abstand zweier Knotenpunkte, wie wir sie von stehenden, d.h. reflektierten Wellen her kennen. Er entspricht der halben Wellenlänge. Diese Reaktionspunkte wiederholen sich nach Curry je nach Typ bis zu etwa 30 m Entfernung vom Menschen. – Aus diesem Grunde ist es nach meiner Meinung besser, die Messung, wie meist nicht üblich, vom Menschen weggehend zu machen und nicht auf diesen zugehend. In diesem Fall könnte es nämlich sein, daß man nicht die halbe Wellenlänge, sondern ein Doppeltes oder Mehrfaches derselben anpeilt. Heute wissen wir, Endrös zufolge, daß diese Körper-Abstrahlung im Mikrowellen-Bereich liegt. Dieses Strahlen- bzw. Energiefeld um den Menschen ist aber sicherlich nicht die sog. *Aura*, die seinerzeit vom Freiherrn v. REICHENBACH am Kobenzl/Wien erforscht worden ist, und die ebenfalls nach R. Endrös im Mikrowellen-Bereich von 3 Gigahertz (Milliarden-Hz) liegen soll.

Diese Ausstrahlung des Menschen reagiert nun sehr sensibel auf geringste Einflüsse biologischer und biophysikalischer Art u.zw. entweder durch Verkürzung oder Verlängerung des Reaktionsabstandes. Auf diese Weise läßt sich relativ einfach unterscheiden und prüfen, was als biologisch positiv oder negativ zu bewerten ist, und dies sogar gradmäßig.

Eine Verlängerung tritt bei linksdrehender Polarisation von Erdstrahlen ein. Sie ist am größten bei Messungen über einem Krebspunkt oder einer Krebszone. So hat es sich bei meinen Hunderten Messungen dieser Art gezeigt, daß über solchen Punkten und Zonen immer zumindest eine Verdoppelung des R.A.s, meist aber eine Vervielfachung (bis zu einer Verzehnfachung), je nach Stärke der Intensität und Sensibilität, eintreten kann. Solche arge Verlängerungen sind zwar relativ selten, können aber bei Vorhandensein von ganz intensiven Krebspunkten gemessen werden.

Curry bezeichnete übrigens die Reizzonen, die den R.A. verkürzen, als *abladend*, die ihn verlängern als *aufladend*. Krebspunkte und Krebszonen sind am stärksten aufladend. Curry war der Meinung, daß bei ersteren die Strahlung von unten nach oben geht, bei anderen umgekehrt.

Die jeweilige Verlängerung des Abstandes gibt demnach genau Auskunft darüber, inwieweit es bei längerem Verweilen an einer geopathischen Stelle, die meist die Schlafstelle ist, zu einer chronischen Erkrankung kommen kann.

Eigenartigerweise tritt bei den erst in V/1 bzw. V/2 beschriebenen sog. *geomantischen Zonen*, die vorwiegend rechtsdrehend sind, ebenfalls eine Verlängerung in einem sogar sehr bedeutenden Ausmaße ein. Verkürzungen des R.A.s mit seinen abladenden Eigenschaften kommen nur bei rechtsdrehenden Strahlenzonen vor, d.h.also bei positiver Polarisation.

Curry hat seine *Typenlehre* so aufgebaut, daß er *wärmeempfindliche*, sog. *W-Typen* mit einem R.A. bis 40 cm unterschied, dann einen *indifferenten* gemischten *G-Typ* bis 60 cm und einen solchen ab 60 – 100 cm, den er als *kälteempfindlich*, als *K-Typ* bezeichnete.

ASCHOFF ging aber dazu über, nur mehr von W- und K-Typen zu sprechen, wobei der W-Typ bis zu 50 cm Abstand geht und danach der K-Typ beginnt.

Aufgrund meiner immer wieder durchgeführten Messungen ist der K-Typ – im Gegensatz zu anderen Aussagen – viel häufiger anzutreffen als der W-Typ. Die Abstände um 50 – 60 cm sind dabei am häufigsten festzustellen.

Inwieweit nun ein Mensch auf eine bestimmte geobiologische Situation reagiert, kann auf folgende Weise ermittelt werden: Man bestimmt zuerst den R.A. auf einem strahlenmäßig neutralen Punkt, stellt oder setzt dann die betreffende Person auf die meist vorher eruierte schlechte Stelle, so z.B. auf den Arbeitsplatz, oder man läßt den Menschen für 2 Minuten sich in sein Bett legen, und nach dieser Zeit wird wieder gemessen. Bleibt nun der R.A. gleich oder annähernd gleich, so muß angenommen werden, daß derzeit keine geopathische Belastung gegeben ist. Je länger aber der R.A. im Vergleich zur ersten Messung geworden ist, desto größer ist die geopathische Wirkung auf den Menschen zu bewerten. Auf diese Weise ist es möglich, sehr exakt den derzeitigen Einfluß dieser geopathischen Stelle ganz individuell festzustellen, der ja bei verschiedenen Menschen, je nach Sensibilität verschieden groß sein kann. Eine solche Messung ist auch deshalb von Bedeutung, da manche Menschen trotz eines schlechten Schlafplatzes zwar nichts spüren, aber trotzdem doch durch die Strahlung belastet werden. – Auch bei jeder Pflanze und bei jedem Tier kann der R.A. gemessen werden. An günstigen Ausstrahlungen bestimmter Bäume kann man sich aufladen und Energie tanken.

Curry hat diese geschilderte Methode auch medizinisch ausgewertet und darauf hingewiesen, daß sich mit dieser Methode eine leistungsfähige medizinische Diagnose aufbauen ließe.

Er hat hinsichtlich des R.A. und seiner möglichen Veränderungen sehr interessante, geobiologisch und medizinisch wertvolle Aussagen gemacht, die hier auszugsweise wiedergegeben werden sollen: So meinte er, daß das vegetative Gleichgewicht bei einem R.A. von 50 cm gegeben sei. Da Krebskranke meist einen Reaktionsabstand um 1 m haben, empfiehlt Curry, solche Kranke auf abladende Gitternetz-Kreuzungen zu legen. Durch die dadurch eintretende Verkürzung des R.A.s könnte die Krankheit günstig beeinflußt werden. –

Menschen mit kurzem R.A. fühlen sich zu Menschen mit einem langen R.A. hingezogen, und umgekehrt. – Bei „Liebe auf den ersten Blick" harmonieren die Menschen und fühlen sich gegenseitig angezogen. – Das Sprichwort „Der oder die hat meine Wellenlänge" ist bekannt. – Wenn bei Ehepartnern – immer noch nach Curry – die Additionssumme der Reaktionsabstände bei etwa 120 cm liegt, gibt dies eine gute Ehe. Wenn dieser kleiner als 100 cm oder größer als 140 cm ist, so soll diese Ehe kinderlos bleiben. Wenn trotzdem Kinder kommen, so sollen diese in ihrer Gesundheit gestört sein.

Curry hat weiters auch festgestellt, daß das atmosphärische *Ozon* (O_3) eine therapeutische Wirkung hat. Menschen reagieren aber darauf verschieden, je nachdem, ob sie wärmefront- oder kältefrontempfindlich sind. W-Typen antworten so auf ein Absinken der Ozonwerte mit Beschwerden, empfinden aber den Anstieg als angenehm. Beim K-Typ ist es genau umgekehrt.

Der R.A. kann durch Klimawechsel, aber auch durch entsprechende Medikamente beeinflußt, d.h. verschoben werden. Wenn z.B. ein W-Typ mit ohnehin schon geringem R.A. medikamentös behandelt wird, so kann es geschehen, daß dadurch der R.A. noch niedriger wird, was für den Menschen von Nachteil wäre. Umgekehrt wäre eine allzu große Verlängerung beim K-Typ auch nicht anzuraten. Mit dieser Methode läßt sich das für den Menschen zuträgliche Medikament und der passende Schmuck ermitteln. Bei Kreislaufschwäche kann der R.A. bis auf Null zurückgehen, was einen Kollaps bedeuten würde, bei Angina pectoris auf 150 und mehr ansteigen. – Durch homöopathische Mittel könnte der R.A. ebenfalls beeinflußt werden. Je nach Potenz des Mittels wird er größer oder kleiner werden, was sich in einem Fall günstig, im anderen Fall ungünstig auswirken kann.

Es ist auch nicht gleichgültig in welches Bad man zur Kur fährt. So wäre Badgastein nach Curry wegen des günstigen Ozon-Gehaltes nur für W-Typen, *Bad Reichenhall* und *Wiesbaden* wiederum wegen des niedrigen Ozon-Gehaltes für K-Typen empfehlenswert.

Da Citrusfrüchte (Zitrone, Orange, etc.) alkalisierend wirken und den R.A. verlängern, kann dies beim K-Typ, der an und für sich mehr zu Krebserkrankungen – nach Curry – neigt, krebsfördernd sein. –

Eine ausgezeichnete Möglichkeit bietet sich auch mittels dieses Tests die Wirkung einer Abschirm- oder Entstör-Maßnahme zu prüfen. Wäre nämlich eine solche gut, so müßte der R.A. gleich, d.h. der ursprüngliche Wert bleiben. –

Es sei noch vermerkt, daß man schon im alten China um die Notwendigkeit einer Ausgewogenheit zwischen den beiden Polaritäten, d.h. zwischen Auf- und Abladung, gewußt hat, wobei *Yin* als negative und *Yang* als positive Polarität bzw. Energie aufgefaßt wurde. Beim gesunden Menschen ist die Ausgeglichenheit zwischen diesen beiden Energien gegeben. Warmfronten sollen bevorzugt Yang-, Kaltfronten Yin-Energien bringen. (s.Aschoff, Hartmann, u.a.)

Die beigegebene Tabelle bringt eine Zusammenfassung und z.T. eine Ergänzung der Aussagen über den Reaktionsabstand, seine Eigenschaften und Wirkungsweise.

DER REAKTIONSABSTAND
nach Dr.med. M. CURRY

W-Typ (wärmeempfindlich)	*K-Typ (kälteempfindlich)*
Sympathikotoniker	Vagotoniker
Neigt zu akuten Erkrankungen	Neigt zu chronischen Erkrankungen und Krebs
Neigt zu Entzündungen	Neigt zu Verkrampfungen
Neigt eher zum Ausgleich	Neigt zu Konflikten
Neigt zu Diabetes	------------------------
	Empfehlenswert
Radiumbehandlung	Kohlensäurebäder
Gefäßverengende Medikamente	Gefäßerweiternde Medikamente
Buntmetalle (Gold, Kupfer, Messing)	Weißmetalle (Silber, Zink, Platin)
Badgastein (hoher Ozongehalt)	Bad Reichenhall, Wiesbaden (Niedriger Ozongehalt)
	Günstig
Citrusfrüchte	Vermeidung von solchen
Goldnadeln bei Akupunktur	Silbernadeln bei Akupunktur

Weitere Aussagen und Merkmale

Kurzer Reaktionsabstand (R.A.) bei depressiven Menschen
Langer Reaktionsabstand bei Schizophrenie
Koffein wirkt gefäßerweiternd und verkürzt den R.A.
Rauchen verlängert den R.A.
Yangenergie verkürzt, Yinenergie verlängert den R.A.
Hohe Blutfette und hoher Blutdruck können den R.A. verlängern
Hohes Fieber verkürzt den R.A.
Homöopathische Medikamente wirken im allgemeinen verlängernd, potenzabhängig.
Abschirm- und Entstörmaßnahmen können den R.A. beeinflussen.
Bei der Krebsbehandlung würde sich eine Verschiebung aus dem Bereich der Vagusbetonung in Richtung größeren Sympathicus-Einflusses günstig auswirken.
K- und W-Typen ziehen sich an.
Günstige Summe des R.A. bei Eheleuten: 120 cm
Bei einer Summe des R.A. von weniger als 100 cm oder mehr als 140 cm bleibt die Ehe meist kinderlos.

IV/2 – FORSCHUNGSERGEBNISSE VON DR.MED. D. ASCHOFF

Der Arzt Dr. Dieter Aschoff/Wuppertal, derzeitiger Leiter des Fachbereiches für Medizin und Naturheilkunde im Internationalen Arbeitskreis für Geobiologie (IAG, Frankfurt am Main) kann aufgrund seiner ausgedehnten Forschungen, die schon seit den fünfziger Jahren laufen, mit Ergebnissen aufwarten, die von ganz wesentlicher biologisch-medizinischer Bedeutung sind.

Als erste Großtat seiner hervorragenden Pionierleistungen erfand er den sog. *Elektromagnetischen Bluttest* (1977, 1978). Dieser Test geht in seinen Anfängen schon auf 1953/54 zurück, wobei Aschoff mit einem hochsensiblen Rutengänger, dem Lehrer KEPPER, der bereits einen Schwingkreis als Sender benützte und in der Lage war, fehlerfreie Diagnosen zu stellen, in Kontakt kam. In den ersten Jahren dieser Tests nahm Aschoff die besondere Rutenfähigkeit dieses Mannes zuhilfe, seit 1976 arbeitet er bei diesem Test mit *Elektroakupunktur* und damit ohne Rutengänger. Damals wurde schon von Aschoff der Beweis erbracht, daß jeder Krankheitsherd ein elektromagnetisch gestörtes Feld darstellt. Es stellte sich heraus, daß jeder Mensch auf eine Krankheitsinformation mit einer Widerstandserhöhung seiner Haut bzw. seines Körpers reagiert, was eine Schwächung der Abwehrkräfte und des Regulationsmechanismus bedeutet. Aschoff fand heraus, daß sogar eine auf ein Tonband übertragene bzw. gespeicherte Blut-Information die gleiche Diagnose erlaubt, wie vorher direkt am Blut.

Ein solcher beim Test verwendeter Schwingkreis besitzt eine Spulen- und eine Kondensatorseite sowie ein Anzeigegerät (Ampèremeter). Legt man nun einen Blutstropfen auf einen solchen Schwingkreis, so gibt es zwei Möglichkeiten: Der Schwingkreis wird entweder dann erregt, wenn das Blut auf die Spulen- oder auf die Kondensatorstelle gelegt wird. Aus dieser Tatsache heraus konnte Aschoff einmal schon den Schluß ziehen, daß das Blut elektromagnetisch schwingt, aber auch feststellen, daß es eine magnetische und elektrische Komponente aufweist. Magnetisch nannte Aschoff das Blut dann, wenn die Erregung auf der Spulenseite, elektrisch, wenn diese auf der Kondensatorseite geschieht. Das bedeutendste Ergebnis dieser vielen Versuche war die Erkenntnis, daß ein Mensch mit magnetischem Blut strahlenmäßig unbelastet, mit elektrischem Blut aber geopathisch belastet ist.

So stellt der Bluttest einen ausgesprochenen *Geopathietest* dar, der außerordentlich aussagekräftig ist.

Ein weiteres Ergebnis dieser in die Tausende gehenden Versuchsreihen war, daß sich die Hautwiderstände an den Akupunkturpunkten der Hände in Sekundenschnelle ändern, wenn das Blut auf den Schwingkreis gelegt wird.

Auch bei *Krebskranken* kann Aschoff mittels seines Tests die Veränderung des Blutes zur elektrischen Komponente hin und damit den ursächlichen Zusammenhang dieser Erkrankung mit der Strahlenbelastung aufzeigen.

Die geopathische Belastung kann – eine weitere Erkenntnis – etwa vier bis sechs Wochen dauern, bis das elektrische Blut wieder magnetisch wird. Das gilt natürlich auch im umgekehrten Falle. – Eine noch nicht ganz vollständig eingetretene Umstellung bzw. Umdrehung kommt dadurch zum Ausdruck, wenn es sowohl auf der Spulen- als auch auf der Kondensatorseite zu einem Ausschlag der Anzeigenadel kommt.

Durch den Bluttest können Frühstadien von Erkrankungen erkannt, und der Wert bzw. Unwert von Abschirmmaßnahmen festgestellt werden. Das Phänomenale an diesem Test ist die Tatsache, daß sich, wie Aschoff schreibt, sämtliche Gesundheitsstörungen des Körpers in einem einzigen Blutstropfen durch ihre spezifischen Schwingungen manifestieren. Aschoff fand auch heraus, daß alle Patienten mit elektrischem Blut eine *radioaktive* Belastung aufweisen, die durch keine Entstörmaßnahme zu beseitigen ist. Er und Rothdach haben den begründeten Verdacht, daß es sich bei der radioaktiven Belastung von Menschen, die auf Reizzonen (auf Wasser) liegen, primär um eine *Neutronenstrahlung* handeln müßte, die erst im Körper durch Umwandlung zu einer sekundären Strahlung dieser Art führt. Dies kann mit dem gleich zu besprechenden *Löscheffekt* bewiesen werden.

Mittels des Bluttestes kann auch eine Bestimmung des *Reaktionsabstandes* nach Curry (s. voriges Kapitel) bis auf 5 cm Genauigkeit durchgeführt werden. – Auch die auf- oder abladende Wirkung von Magnetwirbeln über Gitternetzen hat Aschoff mit dieser Methode begründend aufgezeigt. Eine besondere Erkenntnis gelang Aschoff mit dem sog. *Löscheffekt* (1985). Unter diesem Effekt versteht er die eigenartige, nicht zu erwartende Tatsache, daß die elektromagnetische Information des Blutes, das bereits eine Schädigung aufweist, durch eine gleichartige oder ähnliche Wirkung gelöscht wird. (Man muß hier an die ähnliche Wirkung homöopathischer Präparate denken.) Bei fehlender Belastung behält das Blut seine Information. Im anderen Falle kann festgestellt werden, welche spezifische Belastung vorliegt. Menschen, die auf einer rechtsdrehenden Strahlenkreuzung liegen und einer rechtsdrehenden Magnetwirkung ausgesetzt werden, zeigen eine Löschung dieser Information. Das gleiche tritt natürlich bei linksdrehender Koppelung ein. Aschoff konnte damit den Nachweis erbringen, daß über Gitternetzkreuzungen eine links- oder rechtsdrehende polarisierte *Mikrowelle* vorhanden ist, die eine entsprechende biologische Wirkung hat. Außerdem konnte er über solchen Kreuzungen eine *Neutronenstrahlung* nachweisen. Da diese nicht gebremst ist, hat sie nicht die Wirkung der Wasserstrahlung, die nach seiner Meinung auf eine elektrische Wirbelbildung im menschlichen Körper beruht, oder, wie Rothdach sich ausdrückt, eine globale, d.h. allgemeine Störung der magnetischen Ordnung des Organismus ist.

1986 hat Aschoff weiter herausgefunden, daß die spezifischen Informationen von Reizzonen, Medikamenten oder vom Blut durch die Beeinflussung und Änderung des sog. *Elektronenspins* zustande kommen. (Unter Spin versteht man die normalerweise geordnete Drehrichtung der Atomteilchen.) Der jeweilige elektromagnetische Zustand des Blutes ist nach seiner Meinung von der Beeinflußbarkeit des *Kernspins* (Spin des Atomkerns) abhängig. Die Aschoff'sche Bezeichnung des Blutes als „magnetisch" bedeutet demnach einen geordneten Zustand des Spins und die Bezeichnung „elektrisches" Blut den ungeordneten Zustand der atomaren Bausteine des Blutes. – In diesem Zusammenhang ist seine Aussage von Bedeutung, daß jedes Krankheitsbild ein magnetisch bzw. elektromagnetisch gestörtes Feld aufweist.

Die heutige Medizin beginnt erst seit kurzem, dieser Kernspin-Änderung eine entsprechende Bedeutung, gerade bei der Krebserkrankung und deren Früherkennung, beizumessen. Gerade vom geordneten Spin der Elementarteilchen im menschlichen Körper, wo die freien Elektronen infolge ihrer Drehung als *Mikromagneten* aufzufassen sind, hängt die Gesundheit des Menschen ab. *Krankheit bedeutet magnetische Depolarisation.* Nahrung, die magnetisch ausgerichtet ist, bezeichnet Aschoff als Heilmittel. Leider trifft dies heute nur mehr für eine geringe Anzahl der Nahrungsmittel zu. Durch Bestrahlung mit Mikrowellen, durch chemische Behandlung, Färbung, etc. tritt eine Störung der magnetischen Ordnung ein. Eine solche Nahrung ist als *denaturiert* zu bezeichnen.

Eine besondere medizinische Bedeutung kommt aber der Tatsache zu, daß alle *Medikamente* ebenfalls elektromagnetische Schwingungen aufweisen, sodaß entsprechende Medikamente die betreffenden Krankheitsschwingungen löschen können. 1956 war, so schreibt Aschoff, unter Mitwirkung des schon genannten Kepper, der Ärzte Dr.Korthals und Dr. Voll die Geburtsstunde des Medikamenten-Testes mit Elektroakupunktur. Unter Zuhilfenahme der Bestimmung des Reaktionsabstandes nach Curry hat E. SCHWAMM auch solche Tests durchgeführt, die unter Beiziehung der Elektro-Akupunktur von Dr. VOLL noch ausgebaut wurden. Der *Medikamententest* fußt übrigens auf der erstmalig von A. ABRAMS gemachten und von J. WÜST und J. WIMMER bestätigten Feststellung, daß Medikamente, wie auch alle anderen Substanzen, eine hochfrequente Strahlung im cm-, d.h. Mikrowellenbereich aussenden.

Bei der Beschreibung dieser Erkenntnisse und Methoden erinnert man sich an die Aussage des berühmten Schweizer Arztes PARACELSUS: „Krankheit und Heilmittel sind eins". Das bezieht sich im besonderen auf Heilpflanzen, die u.U. auf denselben Störzonen wachsen, die zum Auftreten bestimmter Krankheiten führen können.

Mit Hilfe von *Nosoden* (s. nächstes Kapitel) kann auch herausgefunden werden, welches Organ erkrankt ist. Wenn nämlich die verwendeten Organ- bzw. Krankheitsstoffe die Schwingung des Blutes aufheben, liegt die entsprechende Krankheit vor.

Interessant, aber durch den Löscheffekt erklärlich, ist die Tatsache, daß, wenn man das durch elektrische Wechselfelder geschädigte Blut in die Nähe eine Transformators bringt, die vorher gegebene Belastung infolge des Löscheffektes nicht mehr nachweisbar ist. Dies gilt auch für die Belastung durch *Mikrowellen* infolge von Störzonen oder anderer Einwirkungen. Bringt man das auf diese Weise belastete Blut in einen Mikrowellenherd, so tritt ebenfalls Löschung der Information ein. Damit hat Aschoff die Mikrowellenstrahlung über Reizzonen bestätigt. Menschen, die auf solchen Zonen liegen und kurz mit radioaktiver Substanz bestrahlt werden, zeigen denselben Effekt.

Über noch ein weiteres interessantes und wesentliches Forschungsergebnis von Aschoff muß berichtet werden: 1984 entdeckte er das sog. *Phänomen der Strahler* (Steinstrahler). Ihm fielen bei Bäumen eigenartige Wuchsformen auf, die aber nicht die Folge einer Störung durch Wasser oder Gitternetze sein konnten. Er fand als Erklärung, daß die Wuchsstörungen, aber auch bisher nicht erklärbare Erkrankungen, auf *laserartige Strahlenbündel* zurückzuführen waren, die von kristallinen Körpern (Kristallen, Schmucksteinen, körnigen Kalken, Marmor, etc.) ausgingen. Dies war dann der Fall, wenn diese kristallinen Objekte auf schwer bestrahlten, geopathogenen Stellen lagen.

Wenn solche Strahlenbündel in ein Bett oder auf einen Arbeitsplatz geworfen werden, kann dies schwere gesundheitliche Folgen haben. Daher ist hier eine Warnung angebracht. Manche Rutengänger versuchen mit Mineralien bzw. Kristallen eine Abschirmung von Störstellen durchzuführen, wobei diese Abschirmobjekte genau auf die schwer gestörten Stellen gelegt werden. Nach dem Geschilderten kann auf diese Weise gerade das Gegenteil erreicht werden. – Es kann daher auch nicht gleichgültig sein, wo Mineraliensammlungen stehen. – Aschoff hat auch den Beweis erbracht, daß sich Mikrowellen durch Spiegel ablenken lassen.

In seiner Veröffentlichung „Biologische Wirkung von Edelsteinen" gibt er eine interessante Erkenntnis bekannt. Er fand heraus, daß Edelsteine den Körper in die Lage versetzen können, Störfaktoren widerstandsmäßig auszugleichen, gegen die er sonst machtlos wäre. Es müssen aber passende, auf dem Schwingkreis überprüfte Steine sein. Wenn ein Stein, so Aschoff, ursächlich oder mitverantwortlich für eine Erkrankung ist, so muß er auch – nach dem homöopathischen Prinzip – umgekehrt als Heilmittel in Frage kommen. Edelsteine als Gesundheitsamulette hielten einer solchen Überprüfung nicht stand. (Die meisten Forschungsergebnisse von Aschoff sind auch über den IAG/Frankfurt am Main bekanntgegeben worden.)

Die Forderung, alle die in diesem Kapitel angeführten und von Aschoff schon lange postulierten Erkenntnisse auch auf Hochschulebene weiter zu erforschen, haben in der letzten Zeit auch im Rahmen des IAG zu ersten Erfolgen geführt.

IV/3 – TESTPRÄPARATE UND NOSODEN

Außer der direkten Mutung von geopathischen Stellen allein mit Hilfe der Rute oder des Pendels gibt es drei Möglichkeiten zum Nachweis einer geopathischen Belastung.

Einmal ist es, wie schon in IV/1 ausgeführt, die Messung des *Reaktionsabstandes* nach Curry. Mit dieser einfachen Methode läßt sich nicht nur die geopathische Belastung als solche, sondern auch der Grad derselben und auch die Belastbarkeit des betreffenden Menschen feststellen.

Die zweite Möglichkeit ist die sog. *Resonanz-Methode.* Hier gibt man der Testperson ein spezifisches Testpräparat in die Hand oder befestigt dieses an der Rute und prüft, ob es zu einem Rutenausschlag kommt oder nicht. Gibt es einen Rutenausschlag, so ist der Betreffende entsprechend belastet, gibt es keinen, so ist eine Belastung nicht gegeben. – Der nicht rutenfähige Arzt oder Heilpraktiker arbeitet da mit entsprechenden Injektionen und Abstimmungen.

Das Ganze beruht auf der Prüfung, ob Resonanz gegeben ist oder nicht. Resonanz ist dann gegeben, wenn die Testperson dieselbe belastende Wellenlänge bzw. Frequenz in sich trägt, die das benützte Präparat hat, das ja auf eine bestimmte Belastung abgestimmt ist. (Man denke an den bekannten Schulversuch mit den zwei abgestimmten Stimmgabeln, wobei die eine zum Schwingen gebrachte Stimmgabel die andere anregt!) An und für sich ist dies eine hervorragende und leicht durchzuführende Methode, wenn auch nicht verhehlt werden soll, daß ihr gewisse Mängel anhaften. – Die Resonanz-Methode läßt sich besonders gut bei Verwendung von Testpräparaten homöopathischer Art durchführen. Solche Testpräparate wurden in den letzten Jahrzehnten u.a. von der Fa. Staufen-Pharma in Göppingen/BRD entwickelt. Sie werden einzeln oder in Form von 10 Ampullen mit Potenzen von D 5 – D 200 geliefert. So gibt es u.a. das Präparat *Silicea D 60* mit dem eine allgemeine geopathische Belastung, hauptsächlich aber durch Wasserstrahlung feststellbar ist, weiters *Calcium carbonicum* und *Achat*, mit denen nach H. SCHIMMEL eine Belastung durch Gitternetze getestet werden kann. – Mit *Phosphorus D 60* ist eine elektromagnetische Belastung nachweisbar.

Zur Testung geopathischer Belastung kann man auch Testpräparat-Reihen, die sog. *Nosoden* benützen. Diese beinhalten in entsprechender homöopathischer Verdünnung abgetötete Krankheitskeime, auch von verschiedenen Krebsarten. Mit Hilfe dieser Nosoden läßt sich nicht nur testen, ob eine bestimmte Krebsform gegeben ist, sondern es lassen sich sogar Vor- und Frühstadien von Krebs erkennen. – Es gibt natürlich auch Nosoden, mit denen man andere chronische Erkrankungen, so u.a. die Erkrankung an Multipler Sklerose (MS-Erkrankung) testen kann. – Solche Tests bieten eine sehr hilfreiche Unterstützung der Diagnose und ermöglichen eine genaue Kontrolle des Krankheitsverlaufes bzw. des Fortschrittes der Gesundung.

Eine bekannte Nosode für die Krebstestung ist *Carcinomium*. Mit dieser Nosodenreihe läßt sich, wie u.a. W. RAUSCHER (1986, 1988) in mehreren Fällen sehr überzeugend belegt, der Übergang zur Malignität (Bösartigkeit) mit den Potenzen D 4 – D 6, mit höheren Potenzen (D 200 – D 300) der Verlauf zur Gesundung hin und so der Therapieerfolg genau verfolgen. Rauscher berichtet, wie es ihm in aussichtslosen Krebsfällen, auch bei schon bestehenden Metastasen, gelungen ist, mit Hilfe der sog. CA-JX-Therapie in Verbindung mit einer Ganzheitsbehandlung eine Heilung herbeizuführen. (1988)

Bei Schlafplatz-Überprüfungen bietet sich so die Möglichkeit, mit Hilfe einer ausgefeilten Abstimm-Technik herauszufinden, ob und welche Wellenlängen, die in den Testpräparaten und Nosoden enthalten und auch in den Reizzonen der Schlafstellen nachweisbar sind. (Schweizer 1984) Dabei wird tunlichst mit der Lecherrute gearbeitet.

Die dritte Möglichkeit eines *Geopathietests* ist der bereits im vorigen Kapitel beschriebene „Elektromagnetische Bluttest“ nach D. ASCHOFF in Verbindung mit dem angeführten *Löscheffekt*, wobei gerade hier der Einsatz von Nosoden eine wesentliche Rolle spielt.

V/1 – GEOMANTIE UND IHRE ENERGIEZENTREN

Es soll hier schon zu Beginn dieses Kapitels darauf hingewiesen werden, daß ein Unterschied zu der traditionellen Definition des Begriffes vorliegt, wobei *Geomantie* als Disziplin der Mantik angesehen wird. Es handelt sich um die alte „Punktierkunst", bei welcher Wahrsager rasch und ungezielt Reihen von Punkten in Wachs, Sand, Ton oder auf Papier machen. (H. BIEDERMANN, Handlexikon der magischen Künste, Graz 1986, S.179).

Wir verwenden den Begriff *Geomantie* hier in einem anderen Sinn, nämlich in der Bedeutung von Erdhellsehen, Weissagung aus der Erde. Es ist die alte Kunst, bevorzugte, energiereiche Zonen und Zentren auf der Erde ausfindig zu machen. Dies sind, wie J. PURNER (1988) sich ausdrückt, „Unsichtbare Kraftwerke" oder nach DON JUAN und BLANCHE MERZ „Orte der Kraft" (1983, 1984). Es handelt sich nicht selten um meterbreite Zonen und um mehrfache Kreuzungen von solchen. Sie strahlen in besonderer Weise erfühlbare Energie aus und stellen von altersher die günstigste, prädestinierte Lage für Kultplätze heidnischer Art und für christliche Stätten der Verehrung dar. Sie waren somit vorwiegend religiöse Zentren.

So wurden schon vor Jahrtausenden, z.B. die berühmten Tempelanlagen von *Karnak* und Luxor in Ägypten im 2. Jt.v.Chr. (Abb.25) und später nicht nur Tempel und Kirchen auf solche bevorzugte Orte gestellt, sondern auch *Menhire* (alleinstehende Steinsäulen) und *Steinkreise* aus der Zeit der Megalithkultur, 3. bis 2. Jt.v.Chr.) so u.a. in der Bretagne in Carnac (Abb.22), Korsika, England (als Beispiel Keeswick (Abb. 29) und Stonehenge (Abb. 19) als bekanntester Ort, auch sog. *Externsteine* (Teutoburgerwald) errichtet.

Aber auch „heilige" Quellen entsprangen an solchen Orten.

Es ist nicht verwunderlich, daß gerade die alten Chinesen von diesem Phänomen sehr viel wußten. So stehen nach PURNER, nach altchinesischer Ansicht, die beiden Energieströme *Yang* (positiv) und *Yin* (negativ) im Einklang bzw. in einem klassischen Verhältnis. Die Kunst der Geomantie verstanden die Chinesen auch als die Kunst des Anpassens und als den Sitz der Lebenden und der Toten, wo eine Harmonie mit den örtlichen Strömungen des „kosmischen Atems" besteht. Nach CHARPENTIER weht an solchen Orten der Geist, durchdringt den Menschen und öffnet diesen für das Göttliche. Er hebt dies in besonderer Weise für die Kathedrale von *Chartres* in Frankreich (Abb.

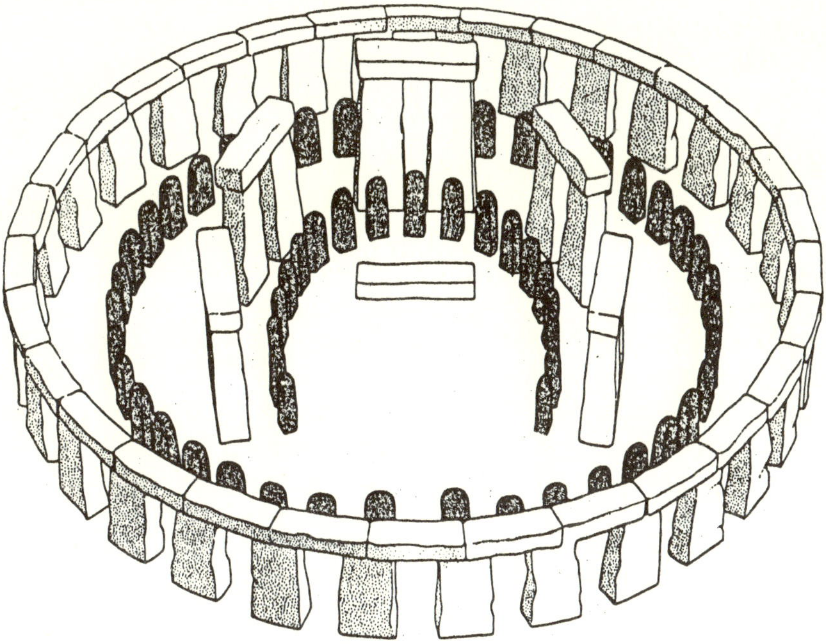

Abb. 19: Stonehenge in Südengland ist nach wie vor ein Rätsel für die Wissenschaft. Um ca. 1600 v.Chr. zur Zeit der Megalith-Kultur entstanden, umfaßt es 30 Monolithen großen Ausmaßes, die z.T. mit Steinplatten überdeckt sind, in einem äußeren und 49 kleinere in einem inneren Steinkreis. Diese Anlage ist nach wie vor umstritten. Dienten die Steine astronomischen oder kultischen Zwecken? Für letztere Annahme spricht die hier nachweisbare reiche Geomantik. Ein Rätsel ist, wie die Steine einst von einer Entfernung von ca.180 km hierhergeschafft wurden.

20) hervor. Nach ihm sind Kirchen und Kultstätten „Instrumente aus Stein", die mit den lokalen Strahlungsverhältnissen in Resonanz treten und diese noch verstärken. – Von solchen heiligen Zentren gehen Linien (Leys oder Ley-Linien) zu anderen Energieknoten. Nach diesen Linien und entlang solcher positiver Energieströme und Zonen wurden Siedlungen angelegt und Grenzen gezogen. Es wurde schon von den Etruskern und ihren Auguren berichtet, die dafür zuständig waren. Grenzen galten damals als heilig und Grenzverlegungen bei Nacht und Nebel wurden als ganz großer Frevel angesehen. – Gleiche Aufgaben hatten die schon in I/2 beschriebenen Feldmesser (Agrimensoren) der Römer. – Auch der *Limes*, der römische Grenzwall gegen die Germanen, lag auf 3 – 4 m breiten geomantischen Zonen, die bis zu 80 km Länge gerade verliefen. Bei Richtungsänderungen dieser Zonen paßte sich der Wall diesen an. –

Diese geomantischen Zonen und Orte sind, mit der Rute oder dem Pendel nachweisbar, fast ausschließlich rechtsdrehend, d.h.. sie sind positiv polarisiert. Außer den für sie spezifischen Wellenlängen weisen sie auch solche des 1. und 2., vereinzelt auch des 3. Gitters auf, so am Ort der romanischen oder gotischen Kanzeln, wo die Zone der „Beredsamkeit" feststellbar ist.

R. SCHNEIDER (1981) kommt das Verdienst zu, diese vor Jahrtausenden schon bekannten, dann aber vollkommen in Vergessenheit geratenen Zonen neu entdeckt, und deren Wellenlängen bestimmt zu haben.

Die meist sehr breiten Zonen und Netze haben die Eigenart, sehr begrenzt aufzutreten und abrupt aufzuhören. Es gibt aber auch Gebiete, wie im nächsten Kapitel geschildert werden wird, wo sich das geomantische Netz auf mehrere Quadratkilometer ausbreiten kann.

Daß man um diese bevorzugten Zonen und Plätze auch noch in der *romanischen* und *gotischen* Zeit wußte, bezeugt die Tatsache, daß in Übereinstimmung mit den heidnischen Kultstätten alle Kirchen, Dome und Kathedralen aus dieser Zeit in allen Ländern *ohne Ausnahme* auf solchen energetischen Stellen gebaut worden sind. Sogar ihre Grundrisse sind nach geomantischen Zonen und gewissen Zonen der Gitternetze ausgerichtet. Bekannte und berühmte Dome aus dieser Zeit wie die von Pisa, Mailand, Reims, Chartres u.a., die außerdem meist auch über unterirdischen, manchmal mäanderartigen (gewundenen) Wasserläufen errichtet wurden, seien hier nur auszugsweise genannt. Dies gilt natürlich auch für alle österreichischen und deutschen Dome aus dieser Zeit. Nicht wenige dieser Dome und Basiliken wurden an Stellen

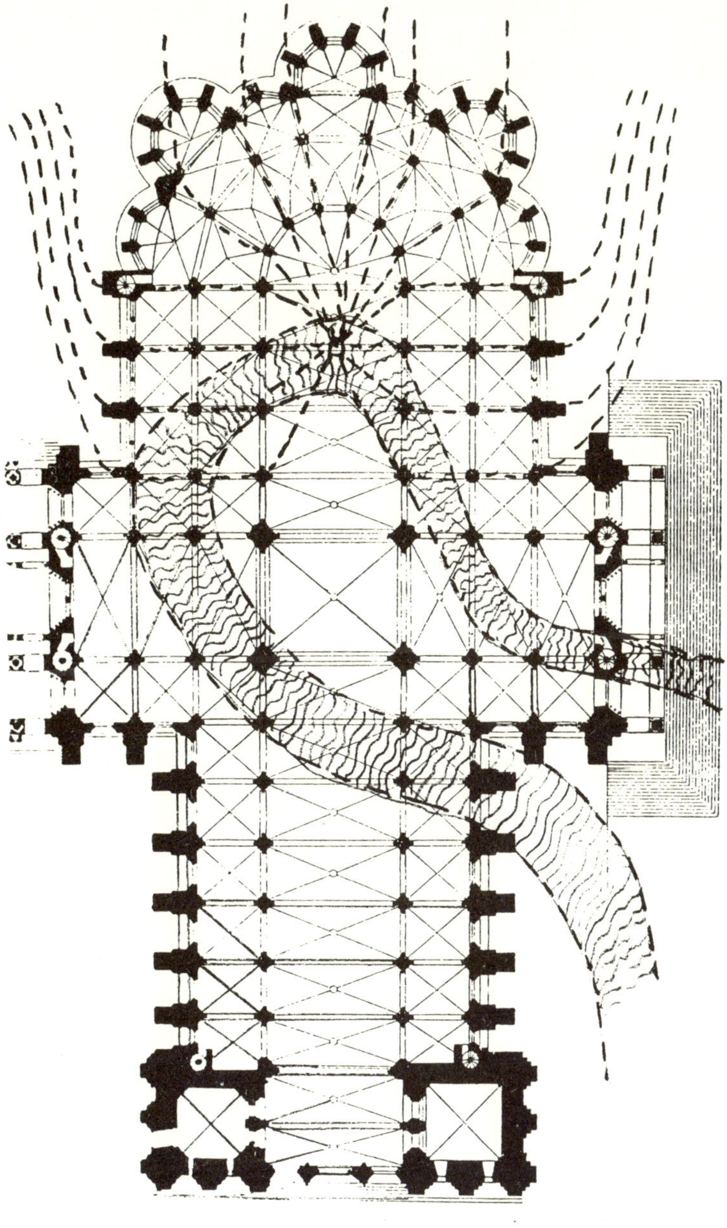

Abb. 20: Durch die berühmte Kathedrale von Chartres zieht mäanderförmig ein Grundwasserlauf. Eigenartig ist der fächerartige Verlauf von 14 unterirdischen Wasserläufen zum Chor hin, unter dem sie sich vereinigen. Auch hier ist eine reiche Geomantik nachweisbar, die aber im Bild nicht aufscheint.

gebaut, wo sich früher heidnische, insbesondere keltische Kultstätten befanden.

Von diesen Orten, wie dies gerade in besonderer Weise für die Stelle des Hochaltars, die Kanzel und für das Hauptportal gilt, gingen und gehen eine stark stimulierende Wirkung auf den Priester aus, die wiederum eine größere Ausstrahlungskraft zur Folge hat. Über Resonanz kann eine solche Wirkung auf die Gläubigen übertragen werden. – Auch die durch das Hauptportal Eintretenden wurden und werden infolge der hier schon günstigen Strahlungsverhältnisse auf das Fluidum der Kirche eingestimmt.

Die erwähnten, relativ häufig unter den Kirchen und Domen auftretenden Wasserführungen wirken auf manche Menschen, zumindest vorübergehend, erregend und aufputschend.– Im freien Gelände konnten solche Strahlenverhältnisse an bestimmten Orten und bei gewissen Menschen sogar zur Ekstase führen, und Anlaß zu wilden Festen und sog. Hexentänzen in der Vergangenheit sein (Walpurgisnacht!). Von damals her stammen auch verschiedene charakteristische Bezeichnungen wie Venus- und Blocksberg. (Endrös)

Es muß angenommen werden, daß an solchen „bevorzugten" Orten Hormondrüsen, so die Thymusdrüse und die Keimdrüsen mit größerer Ausschüttung antworten. Mit „Hexensalben" konnte man diese Wirkungen und Zustände noch steigern. (Endrös) Dies gilt sicherlich auch für Plätze, wo heidnische Opfersteine (die erwähnten Hünensteine und Externsteine) aufgefunden wurden. Sie waren ausgesuchte Orte, von denen besondere Wirkungen, wohl wiederum über die angeführten hormonalen Drüsen, ausgingen. Auch die *Thingplätze der Germanen* (Versammlungs- und Gerichtsplätze) waren sicherlich geomantisch bevorzugte Orte. In der Zeit des *Barocks* wurden, um diese Dinge wissend, an Stellen mit unterirdischen Wasserführungen *Lusthäuschen* und Lustschlösser hingebaut (als Beispiel heimischer Art: Lustbühel bei Graz). Hier seien im besonderen die Schlösser der Wittelsbacher, das Schloß Versailles, Schloß Sanssouci in Potsdam, Schloß Mirabell in Salzburg genannt.

Die *barocken Kirchen*, die nicht mehr nach geomantischen Zonen und Gitternetzen ausgerichtet sind, weisen alle unterirdische Wasserführungen auf. Dies trifft schon für die *keltischen* Kultstätten zu, die ortsmäßig von ihren Priestern, den *Druiden*, ausgesucht worden sind, und an deren Stellen in christlicher Zeit nicht selten Sakralbauten hingesetzt wurden (so die *romanische Johannes-Kappelle in Pürgg,* im oberen Ennstal der Steiermark). – Auch die bayrischen und österreichischen Wallfahrtskirchen, die dem heiligen Wolfgang geweiht sind, weisen solche unterirdische Wasserführungen auf. – Nach BEICHL, dem schon erwähnten und besonders begabten österreichischen Radiästheten, verlaufen alte Wege und Straßen entlang unterirdischer Wasserläufe.

Als Abschluß der Betrachtungen über die Geomantie seien beispielsweise zwei Kirchen angeführt, deren geomantische Strukturen sehr typisch sind. Es ist dies einmal der spätgotische, als Kirchenburg ausgebaute Dom von *Maria Saal* aus dem 15. Jahrhundert, an dessen Stelle schon im 8. Jh. eine Kirche stand. Der Dom, der auch grundrißmäßig durch die Geomantie vorgezeichnet ist, wird von zahlreichen Zonen dieser Art im Abstand von meist 2,5 – 3 m durchzogen, deren mehrfache Kreuzungen ausgesprochene Energiezentren darstellen. Außerdem durchqueren, wie es auch bei den meisten romanischen und gotischen Kirchen der Fall ist, drei kräftige Wasserläufe den Untergrund des Domes in südöstlicher-nordwestlicher Richtung. –

Dieselben Verhältnisse liegen bei der gleich alten Kirche in *St. Johann im Felde in Knittelfeld* vor, die ebenfalls eine alte Vorläuferin aus dem 8. Jh. hat (vom Chorbischof Modestus von Maria Saal seinerseit geweiht). Sie folgte einer romanischen Kirche nach deren Zerstörung um 1480. Eine grundlegende Innenrestaurierung der Kirche im Jahre 1979 bot die Gelegenheit zu einer besonders exakten radiästhetischen Erforschung. Wie in Abb. 21 ersichtlich ist, sind hier dieselben radiästhetisch-geomantischen Verhältnisse fast deckungsgleich gegeben. Auch hier queren sogar 8 unterirdische Wasserläufe den Untergrund der Kirche in NW-SE-Richtung. – In dem ursprünglich gotischen Teil der Stadtpfarrkirche von Knittelfeld sind dieselben geomantischen Verhältnisse nachweisbar. Ihrer gotischen Vorläuferin, mit deren Bau 1435 begonnen wurde, ging wiederum eine romanische Katharinen-Kapelle aus dem 13. Jh. voraus. –

In besonderer Ausprägung zeigt der romanische Dom vom benachbarten *Seckau* – der Dom im Gebirge – aus dem 12. Jh. das geomantische Netz. –

So könnten allein in der Steiermark und auch in Kärnten (Dom zu Gurk) und noch viele Beispiele dieser oder ähnlicher Art aufgezählt werden. – Ein besonders interessantes Ergebnis brachte die radiästhetische Untersuchung der ehem. *Stiftskirche Leoben-Göss*/Steiermark. Eine gründliche Erforschung der radiästhetischen Verhältnisse war bereits 1982 durch die Leobner Radiästhetengruppe um die Herren Sallinger, Großauer, Kazianka u.a. vorangegangen. – In der frühromani-

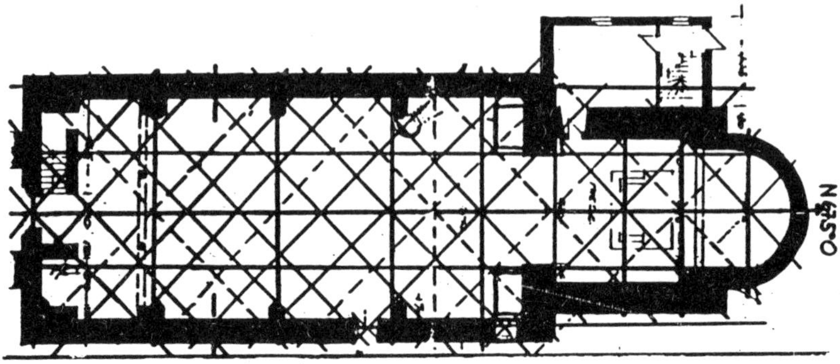

Abb. 21: Die ursprünglich romanische, dann spätgotische Kirche in St. Johann im Felde in Knittelfeld/Steiermark zeigt sehr deutlich die durch Kreuzungen von geomantischen Zonen sich ergebenden Energiezentren, die eine besondere Intensität am Hochaltar, am Hauptportal und zwischen den Säulen aufweisen. Außerdem durchziehen den Untergrund der Kirche 8 Wasserläufe in NW–SO-Richtung.

Abb. 22

Abb. 23

Abb. 22-23: Steinstraßen von Carnac/Frankreich.

An der Westküste Frankreichs, in der Bretagne, liegt der Ort Carnac. Er wurde durch seine geheimnisvollen Steinstraßen und Steinkreise bekannt. Diese Steinstraßen ziehen durch die Heidelandschaft einige hundert Meter in mehreren Reihen in NO–SW-Richtung. Sie sind Zeugen der Megalithkultur der Jungsteinzeit, die damals im Mittelmeerraum, aber auch weit hinauf bis England und Irland verbreitet war. Eine Untersuchung dieser Steinreihen, die etwa 3.000 v.Chr. errichtet worden sind, durch meine Frau und mich ergab, daß diese nicht, wie bei Steinkreisen üblich, auf Kreuzungen von geomantischen Zonen stehen, sondern nur auf einer einzigen Zone dieser Art. Dabei deckt sich die Breite dieser Zone ziemlich genau mit der Breite der Steine, deren Größe nach SW hin zunimmt (von etwa 60 cm bis etwa 3–4 m). Nahe dem SW-Ende dieser Steinreihen, wo sich auch einige Menhire zu einem zwar sehr undeutlichen Steinkreis (Cromlech genannt) gruppieren, liegt eine mächtige übermannshohe und etwa 3 m lange Steinplatte. Diese zeigt nun vier sich in ihr genau kreuzende geomantische Zonen. Um diese Steinplatte herum dürfte einst ein Kultplatz gelegen gewesen sein, wobei die Platte selbst wohl die zentrale Stelle der Kulthandlung war. (Abb. 23) Reaktionsabstandsmessungen nach Curry ergaben eine einfache geomantische Zone mit Aufladungen bis zu 8 m!, das ist das 12- bis 16-fache des ursprünglichen Abstandes. Auf dem Schnittpunkt der vier Zonen direkt auf der Steinplatte konnte ich Werte bis zum 20-fachen messen (bis 12 m!).

Weitere Steinreihen mit z.T. noch größeren Menhiren befinden sich im nordöstlichen Abschnitt dieses Raumes. Insgesamt soll es 2.813 Menhire auf einer Gesamtlänge von 4 km geben.

Man nimmt an, daß diese Steinalleen Prozessionswege hin zum Kultplatz dargestellt haben, wobei die pilgernden Menschen auf diesem Weg entsprechend auf die heilige Handlung eingestimmt wurden. PURNER verweist darauf, daß die Menhire Kreuzungen des Globalnetzes aufweisen. In den geomantischen Zonen sind aber meist auch die Wellenlängen des Global- und auch des Curry-Netzes enthalten.

Abb. 24: Steinkreis von Carnac. Nicht weit entfernt von den beschriebenen Steinstraßen (Abb. 22) trifft man auf einen größeren Steinkreis, der westlich einer von Norden kommenden Straße gelegen ist. Die hier stehenden verschieden großen Menhire sind nur durch einfache geomantische Zonen miteinander verbunden. Sie bilden kleine Kreise, die nur undeutlich das Bild eines übergeordneten Steinkreises ergeben. Ein strahlenmäßiges Zentrum innerhalb dieser Kreise konnte so nicht gefunden werden. Im Unterschied zu den beschriebenen Steinstraßen und ihren Menhiren stellt hier jeder Menhir einen Kreuzungspunkt von vier geomantischen Zonen dar. Die Breite der Zonen geht aber auch hier im allgemeinen nicht über die der Steine hinaus, nur die diagonal verlaufenden Zonen sind eine gewisse Strecke über die Steine hinaus verfolgbar. – Reaktionsabstandsmessungen ergaben auch hier bis zu 20-fache Aufladungen.

Abb. 25: Karnak bei Luxor in Oberägypten. Sphinx-Allee, die zu den Tempelanlagen führt.

Abb. 26: Kathedrale con Chartres (Frankreich). Die NO–SW ausgerichtete Kathedrale hat mehrere alte Vorläufer und besitzt eine romanische Krypta. Sie ist die ausdrucksvollste und geheimnisvollste von allen französischen Kathedralen und zeigt eine kaum mehr zu übertreffende Geomantie, die außerdem noch durch unterirdische Wasserläufe verstärkt wird. So windet sich nach Blanche Merz in 37 m Tiefe ein Wasserstrom schlangenförmig durch den Untergrund der Kirche. Besonders bemerkenswert sind 14 fächer- bzw. sternförmig im Untergrund befindliche, von Menschenhand geschaffene Kanäle, die zum Chor bzw. zum Hochaltar hinziehen und sich dort im Zentrum, das nach Blanche Merz ein kleines Universum für sich darstellt, vereinigen. Die erwähnte Autorin bezeichnet die Kathedrale: „mehr als ein Meisterwerk, dessen ätherischer Körper durch dauernde Kraftströme aus dem Boden und durch bewußt aufgefangenen kosmischen Energiefluß versorgt wird.“

Abb. 27 -28: Kathedrale von Chartres. Eines der Glasfenster weist an seinem rechten Rand ein winziges Loch auf. Nur einmal im Jahr, und zwar am 24. Juni, am Johannistag, dringen die Sonnenstrahlen durch diese Lücke und treffen genau die in Abb. 28 wiedergegebene rechteckige Platte im Fußboden der Kirche. Diese Platte liegt genau im Kreuzungspunkt von 4 geomantischen Zonen.

Abb. 29: Ein kleiner, aber sehr typischer Steinkreis (stone circle) befindet sich an der Grenze zwischen England und Schottland bei Keeswick. Die geomantischen Zonen laufen hier von den einzelnen Menhiren radiär zu den gegenüberliegenden und vereinigen sich (nicht aber in der Mitte) zu einem Zentrum, das einst der Kultplatz gewesen sein dürfte. Die umliegenden Berge sind nur max. 900 m hoch.

Abb. 30a: Der Herzogstuhl in der Nähe von Maria Saal bei Klagenfurt/Kärnten. Warum gerade dieser Standort für die Einsetzung des Herzogs ausgewählt wurde, ist aus der Skizze unten ersichtlich.

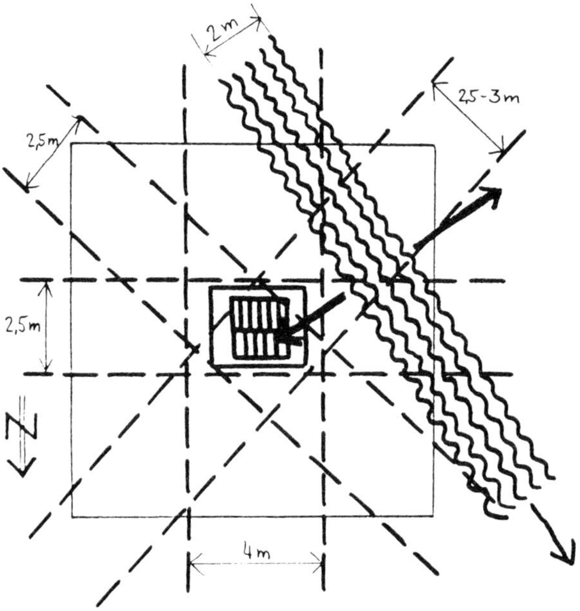

Abb. 30b: Der Herzogstuhl ist seinerzeit dort hingesetzt worden, wo sich 2,5 – 4 m breite geomantische Zonen genau in ihm kreuzen und überdies eine 2 m breite unterirdische Wasserführung noch sehr stark auf den Doppelstuhl aus Stein hin ausstrahlt.

schen Krypta der Kirche (10. Jh.), die einstige Unterkirche, lag auch die Begräbnisstätte der adeligen Nonnen des hiesigen Klosters. Ein Teil dieser verstorbenen Nonnen war bis 1961 in mumifizierter Form noch in ihren Särgen liegend sichtbar (Abb. 31). Eine radiästhetische Untersuchung durch meine Frau und mich ergab, daß dort die Mumifizierung eingetreten war, wo positiv polarisierte geomantische Zonen hoher Intensität gegeben waren. Außerhalb von diesen kam es zur Verwesung. (Ähnliche Verhältnisse liegen u.a. in der Michaeler Kirche in Wien vor.) Die genannte Radiästhetengruppe kam seinerzeit zwar zu der Meinung, daß für die Dehydrierung der Leichen die Wellenlänge des 3. Gitters (29,5 cm auf der Kunststoffrute bzw. bzw. 4,1 der Lecher-Antenne), gekoppelt mit einer Wasserführung maßgeblich war.

Besondere Erwähnung verdienen die *Hügelgräber* zwischen *Großklein* und *Gleinstätten* in der Südsteiermark. Hier können, wie meine Untersuchungen ergeben haben, 3–4 m breite geomantische Zonen nachgewiesen werden. Messungen des Reaktionsabstandes nach Curry am Scheitelpunkt eines solchen Grabhügels ergaben eine ungewöhnlich hohe Aufladung von bis zu 8 m. Diese Hügelgräber sind Brandgräber und stammen aus der sog. Hallstatt-Zeit. In diesem Falle hörten die Beisetzungen mit dem Ende des 6. vorchristlichen Jahrhunderts auf.

Eine besondere geschichtliche Bedeutung, aber auch eine solche radiästhetischer Art, kommt dem *Frauenberg* bei Leibnitz, Südsteiermark, zu. Dieser Berg galt etwa 2.500 Jahre lang, so bis etwa 400 n. Chr. als heiliger Berg. Unweit davon, in der Ebene von Leibnitz bzw. von Wagna, an deren Ostrand, lag die römische Siedlung *Flavia Solva*, die 405 n.Chr. in der Zeit der Völkerwanderungswirren zerstört worden ist. Auf diesem Frauenberg steht die *Frauenkirche*, die als Marienkirche im Jahre 1170, demnach in der romanischen Zeit, erstmalig erwähnt wird. Zu ihr pilgerten – wie früher die Illyrer, Kelten und Römer zum benachbarten *Isis-Noreia-Tempel* – , nun die Christen.Zu Beginn des 16. Jh.s gotisch umgewandelt, nach einem Brand mit verschiedenen Änderungen wieder aufgebaut, kann hier unschwer anhand des Verlaufs der geomantischen Zonen die ursprüngliche Lage des Hochaltars, des Hauptportals und die Lage der ehemaligen Nordmauer u.a. radiästhetisch genau rekonstruiert werden.

Von besonderem Interesse und sehr bedeutungsvoll waren die radiästhetischen und meßtechnischen Erkundigungen im Gelände des genannten einstigen römischen *Isis-Noreia-Tempels*, etwa nur 100 m weiter westlich der Frauenkirche, der erst 1951/52 unter dem 1750 erbauten ehemaligen Schulhaus, als römische Tempelruine freigelegt wurde, und der seinerzeit der aus Ägypten stammenden Muttergottheit *Isis* geweiht war. Hier am Frauenberg vermischte sich dieser Kult mit der Verehrung der einheimischen Muttergöttin Noreia der Noriker, seitdem er sich nach seinem Aufkommen im 2. nachchristlichen Jahrhundert bald von Ägypten aus über das römische Reich ausgebreitet hatte.

Wie in der Frauenkirche wurden auch von mir zusammen mit Freund SCHAAL aus Großgmain/Salzburg, magnetometrische Messungen und solche der Intensität durchgeführt, aber auch sog. biometrische Messungen nach A. BOVIS, wie sie vor allem BLANCHE MERZ in ihrem Buch „Orte der Kraft" beschreibt. Wir konnten hier bis zu 10.000 Einheiten nach Bovis nachweisen. Diese stellen die Intensität erfühlbarer kosmo-terrestrischer Vibrationen dar. Sie gehen in diesem Falle als Vitalstrahlung bis an die Grenze des sog. energetischen Körpers (bei 7.000 – 8.000 Einheiten würde der Mensch nach Merz seine volle Vitalität besitzen.) Merz kam zu der Überzeugung, daß es auf der Erde eine Vielzahl von Orten der Kraft gibt, die dem damit Befaßten und Fühligen, dem *Geomanten*, offenkundig wird. Sie hat als derzeitige Leiterin des „Institut de recherches en Geobiologie", Chardonne, franz. Schweiz, viele alte Kultstätten und Sakralbauten in Ägypten, Indien, Frankreich (Chartres u.a.) auch Wallfahrtskirchen mit Hilfe der eigenartigen und bereits erwähnten Methode nach Bovis bzw. dessen Biometer untersucht. Auf diesen hier so bevorzugten Stellen, so in der Kirche und am Ort des einstigen Tempels, wurden von uns auch Messungen des R.A. nach Curry durchgeführt. Alle diese Ergebnisse, die sich großteils ergänzen, waren äußerst interessant, wenn nicht einmalig. Eine genaue Schilderung würde aber den gesteckten Rahmen sprengen. Überall waren hier jedenfalls hohe Meßwerte zu verzeichnen, nur die magnetischen Messungen ergaben keine nennenswerten Anomalien des Erdmagnetfeldes.

Ein besonders aufschlußreiches Ergebnis brachten anläßlich eines von mir durchgeführten Rutengänger-Kurses die radiästhetischen Erforschungen des im Zollfeld bei Maria Saal/Kärnten befindlichen *Herzogstuhles* aus dem 11. Jh. Dieser stellt einen Doppelsitz aus Römersteinen dar. Von diesem aus erfolgte symbolisch die Einsetzung des Herzogs durch den sog. Bauernrichter. (Abb. 30a) Es stellte sich die Frage, wieso gerade hier mitten im damals großteils versumpften Felde dieser doch bedeutungsvolle Zeremonienstuhl hingesetzt wurde. Als es sich dann durch die radiästhetische Untersuchung herausstellte, daß dieser Stuhl genau an der Kreuzungsstelle von vier 2–4 m breiten geomantischen Zonen steht und auch noch von der Ausstrahlung einer mächtigen Wasserführung im Untergrund getroffen wird, war die Frage geklärt (Abb. 30b). Was, wie geschildert, für den am Hochaltar oder auf der Kanzel einer romanischen oder gotischen Kirche stehenden Priester zutraf bzw. zutrifft, nämlich eine stark stimulierende Wirkung auf seine Person, verbunden mit einer starken Ausstrahlung auf die Umgebung, war auch hier gegeben.

Es muß noch angeführt werden, daß vor PURNER schon W.CHR. SIMONIS in seinem Buch „Erde, Mensch und Krankheit" und auch R. ENDRÖS in seinem Buch „Strahlung der Erde und ihre Wirkung auf das Leben" auf die besonderen Strahlungsbedingungen bei Kultstätten, keltischen Gräbern, alten Kirchen, etc. hingewiesen haben. Ich selbst habe eine Reihe von alten Kultstätten radiästhetisch untersucht, so solche in Ägypten, Tunesien, England, Israel, Rußland und in anderen Ländern. In England habe ich einen im Vergleich zu dem allgemein bekannten und verschiedentlich gedeuteten *Stonehenge* (Abb. 19) ziemlich unbekannten, aber sehr interessanten *Steinkreis* (Stone circle) bei *Keeswick* am Nordrand des sog. Seen-Distriktes (Lake District), der angeblich reizvollsten Gegend von England, aus der Bronzezeit stammend, (um ca. 1.800 v. Chr.) genauer untersucht (Abb. 29). Die jeweils gegenüberliegenden *Menhire* (alleinstehende Steinsäulen) sind hier durch breite geomantische Zonen verbunden, die sich, etwas exzentrisch, in einem Punkt kreuzen, der wohl den eigentlichen Ort für die Kulthandlung dargestellt haben dürfte.

Es ist bekannt, daß um die Bedeutung der Menhire und Steinkreise immer noch herumgerätselt wird und verschiedene Erklärungen und Deutungen, vorwiegend astronomischer Art, herangezogen werden. Ein wesentlicher, wenn nicht der eigentliche Grund der sonderbaren Aufstellung dieser Steine, die der sog. *Megalith-Kultur* (3. bis 2. Jt. v.Chr.) angehören – Megalithgräber sind vorgeschichtliche, aus großen Steinen angelegte Gräber, müssen aber nicht diese Funktion gehabt haben –, dürfte ein kultischer gewesen sein. – Menhire, einzeln oder in Steinkreisen angeordnet, bzw. Megalithe, findet man nach B.MERZ zu Tausenden zwischen dem Fernen Osten und Irland. Viele von diesen Steinen wiegen mehrere Tonnen. Stonehenge (Abb.19), nördlich von Salisbury, stellt das besterhaltene, aber auch größte prähistorische Steindenkmal Europas dar. Es besteht aus mehreren Steinkreisen, aber auch aus langen Menhirstrecken, wo die Steinblöcke bis zu 20 m Höhe erreichen. Eine Anlage zeigt je zwei Steine mit tischförmigen Platten bedeckt. Sie werden *Dolmen* genannt. (Merz beschreibt sie näher.)

Sehr bekannt sind die Menhire und Grabhügel bei *Carnac* an der bretonischen Südküste südlich von Lorient aus der Jungsteinzeit bzw. aus der frühen Bronzezeit mit kilometerlangen Reihen-Megalithen. (Abb. 22 mit näherer Beschreibung)

Nach MERZ sind die Menhire dem chinesischen männlichen Yang, die Dolmen dem weiblichen Yin-Prinzip zuzuordnen. Sie berichtet aber auch von Menhiren, die nicht, wie üblich, energiespendend sind, sondern anscheinend Energie wegnehmen.

Im Alten Testament, so schreibt PURNER in seiner Dissertation, wurde der Menhir als Zeichen von Gottes Gegenwart oder als Denkmal besonderer Ereignisse, als „Zeugnisstein" gedeutet. – Im Volksglauben wurde die Vorstellung von den Menhiren als „redende Steine" bewahrt, was wiederum auf eine dunkle Ahnung einstiger Orakelfunktionen hinweist.

Ergänzend und zusammenfassend möchte ich vermerken, daß ich selbst in verschiedenen europäischen Ländern eine große Anzahl romanischer und gotischer Dome und Kathedralen, aber auch einfache Kirchen aus dieser Zeit radiästhetisch erforscht habe. Es bot sich ohne Ausnahme überall dieselbe Prägung der Sakralbauten durch die Geomantik. Auffallend war die Tatsache – und dies hat schon PURNER aufgezeigt – daß die Kirchen aus dieser Zeit eine mehr oder minder große Abweichung von der üblichen Ostung aufweisen, so auch die beschriebene spätgotische Kirche St. Johann im Felde in Knittelfeld mit einer Abweichung von 22,5 Graden. Diese Abweichungen decken sich genau mit der Richtung der hier verlaufenden geomantischen Zonen, d.h. sie wurden durch diese bedingt, zumal ja auch die Grundrisse dieser Kirchen durch die Geomantik vorgegeben waren. Es ist schon hingewiesen worden, daß, wo Geomantik auftritt, auch das 1. und 2. Netz nach Hartmann bzw. Curry u.zw. mit fast überall nur positiver Polarisation nachweisbar ist bzw. mit den geomantischen Zonen parallel verläuft. Purner hebt die positiven Reaktionslinien dieser Netze vor allem hervor und nicht immer die nach meiner Meinung sicherlich erstverantwortlichen geomantischen Zonen.

Die heute überall auch in den romanischen und gotischen Kirchen aufgestellten Volksaltäre haben den Nachteil – ich sehe aber auch ihre Vorteile –, daß sie fast nie auf den geschilderten bevorzugten Stellen stehen. Von den alten Kanzeln dieser Kirchen, die den Vorteil der größeren „Beredsamkeit" bieten würden, wird kaum mehr gepredigt. Die vorteilhaften Eigenschaften und Wirkungen der Geomantik werden heute nicht mehr wahrgenommen.

Daß die Arbeitslust und Kraft über geomantischen Zonen, so auch das Meditieren, aber auch die Fähigkeit zum Dichten und Komponieren ganz wesentlich begünstigt werden, kann ich z.T. aus eigener Erfahrung bestätigen (dieses Buch wurde z.T. auf solchen Zonen sitzend und arbeitend, geschrieben!).

Die Frage, wie solche geomantischen Zonen entstehen und woher sie kommen, ist derzeit beweiskräftig nicht zu beantworten. Ein Rätsel bleibt auch die Tatsache, daß sie nur fall- und gegendweise auftreten, irgendwo anfangen und abrupt abbrechen. Die im nächsten Kapitel geschilderten Verhältnisse am *Berg Herodion bei Bethlehem*, wo diese Zonen in einer gewissen Tiefe nicht mehr nachweisbar sind, würden für einen kosmischen Ursprung sprechen. Aber eine einzige solche Gegebenheit genügt nicht für eine beweisende Aussage. –

So manches deutet darauf hin, daß diese „weissagenden Kräfte aus der Erde“ in Verbindung mit dem Kosmos stehen. B. MERZ spricht auch von kosmo-tellurischer bzw. kosmo-terrestrischer Herkunft dieser Zonen. Vielleicht ist die Frage nach der Herkunft der Geomantie, den Gegebenheiten im Berg Herodion zufolge, so zu beantworten, daß sie primär „himmlischen“ Ursprungs sind, und daß der Anteil, der aus der Erde kommt, sekundäre Reflexionen sind. Dem kommt auch die Aussage nahe, die J. PURNER in seinem zweiten Buch „Radiästhesie, ein Weg zum Licht?“ aus einem nicht näher bezeichneten Werk zitiert, wo es heißt, daß ein Menhir, der ja durch geomantische Zonen gekennzeichnet ist, ein irdisches Zentrum darstellt, wo das „Unten“ – Erde-Mensch – sich in besonderem Maße mit dem „Oben“ – dem Kosmos, den Göttern verbindet. Schon im Alten Testament, so führt Purner an, gäbe es Hinweise, warum für Altäre und Kultbauten bestimmte Standorte gewählt worden waren, und daß die Errichtung einer Kultstätte nicht die Heiligkeit konstituiere, sondern sie voraussetze. Das von der Gottheit einmal Erwählte bleibe heilig, was durch die Nachfolge christlicher Kirchen an Stellen früherer heidnischer Sakralbauten sehr oft bewiesen wird. Es ist demnach so, daß der Verlauf der geomantischen Zonen und die Energiezentren nicht erst im wesentlichen, etwa durch das Bauwerk oder durch Reflexionen entstanden sind, sondern schon ursprünglich da waren. Das schließt nicht aus, daß das sakrale Bauwerk nicht verstärkend und vielleicht auch etwas verändernd wirken könnte. – KL. BRUDNY spricht hinsichtlich des Altars von hochenergetischen Vibrationen. – Untersuchungen in unserem Wohnraum, wo geomantische Zonen auch nachweisbar sind, ergaben, daß sich die Breite der Zonen während der Nacht verändert. Das Ausmaß der Veränderung beträgt, bei einer an und für sich breiten Zone von 160 cm 50 cm. – Das Schlafen auf solchen energiereichen Zonen dürfte manchen Menschen allerdings nicht gut tun. Die Klärung der Frage, inwieweit dadurch auch gewisse Beschwerden und Erkrankungen hervorgerufen bzw. begünstigt werden, wäre eine interessante Aufgabe zukünftiger Forschungen. Das Verständnis für die Geomantie wird dadurch noch erschwert, daß sie nicht allein „heiligen Orten" vorbehalten ist, sondern auch manchmal an profanen Orten zu finden ist.

So zeigt es sich, daß die Geomantie ein mit Mystik verbundenes Rätsel ist und es auch bleiben wird.

V/2 – DIE KRAFT DER GEOMANTIE UND IHRE BESONDEREN AUSWIRKUNGEN

A. Marienerscheinungen und Orte der Heiligen.

Wie im vorigen Kapitel ausgeführt, gibt es bevorzugte, energiereiche Zonen, die u.a. überall dort nachweisbar sind, wo alte religiöse Zentren heidnischer oder christlicher Art stehen.

Es war daher für mich sehr reizvoll und interessant, auch Orte radiästhetisch zu untersuchen, wo Marienerscheinungen stattgefunden haben oder noch stattfinden, aber auch solche, wo Heilige gelebt und gewirkt haben, und nicht zuletzt auch die Heiligen Stätten in Israel. So habe ich 1982 in *Lourdes*, 1987 in *Fatima* und 1988 im jüngsten Marienerscheinungsort, in *Medjugorje*, eingehende radiästhetische Untersuchungen durchgeführt.

Es zeigte sich, daß überall dort, wo die hl. Maria den Kindern bzw. Jugendlichen erschienen ist oder noch erscheint, ein enges Netzwerk von *geomantischen* Zonen nachweisbar ist. Darüber hinaus konnte ich auch feststellen, daß neben diesen energetischen Zonen, in verschiedenen Richtungen, parallel dazu, auch die Zonen des *Globalgitters* und die des *Curry-Netzes*, abnormal engmaschig ziehen. Sie wiederholen sich nämlich schon in 0,5 – 1 m Abstand, und sind alle positiv, d.h. rechtsdrehend polarisiert. Auch sind überall die Wellenlängen von geologischen Störungen (Bruchzonen und Verwerfungen) und auch des Wassers, alles wieder rechtsdrehend, nachweisbar.

Lourdes

Hier erschien im Jahre 1858 *Bernadette Soubirous* einem kränklichen und schwächlichen Kind verarmter Eltern, in nächster Nähe der Grotte von *Massabielle* erstmalig am 11.2.d.J., in der Folge dann in der Grotte selbst, insgesamt 18 mal, die Hl. Jungfrau (vom 11.2. – 16.7.1858).

Acht Jahre später verläßt Bernadette Lourdes und geht nach Nevers in das Kloster der Barmherzigen Schwestern von *Saint Gildard*, wo sie 1879 im Alter von noch nicht 36 Jahren verstarb. – 1925 wurde Bernadette selig, 1933 heilig gesprochen.

Bernadette wurde zuerst außerhalb der Klosterkirche bestattet, ihr unverwester Leib später dann in einem gläsernen Reliquienschrein gegeben und in der Kirche aufgestellt. Hier blieb der Leib bis heute weiterhin unverwest.

Geologisch bzw. *hydrogeologisch* und *radiästhetisch* konnte ich feststellen, daß das ganze Gebiet, auf dem die obere Basilika steht, mit seinem Hinterland aus stark zerklüftetem, vielfach wasserführendem Kalkstein aufgebaut ist. Diese Klüftung, die auch leicht zur Höhlenbildung Anlaß gibt, ist z.T. in Form von Bruchzonen bis zu dem in der Nähe vorbeifließendem Fluß *Gave* nachweisbar. – Ein solches Kluftwasser entspringt auch in der „Wundergrotte" und ist rechtsdrehend. Dieses positive Wasser wird auch in den Bädern benützt und bewirkt Besserungen oder auch Heilungen.

Überall ziehen hier, begleitet von engmaschigen Hartmann- und Curry-Zonen, dicht gedrängt, die *geomantischen* Zonen durch, so auch im Gebiet der unteren Basilika und am großen Vorplatz, auf dem die großen Prozessionen stattfinden. Radiästhetisch ist hier überall bezeichnend, daß die erwähnte Engmaschigkeit all dieser Zonen so weit geht, daß man mit der Rute fast nach jedem Schritt einen Ausschlag bekommt. – Auch der sehenswerte Kreuzweg mit seinen 14 Stationen auf der Anhöhe des *Espeluques* mit den monumentalen 2 m hohen Bronzefiguren des Bildhauers *Raffi* zeigt dasselbe geologisch-radiästhetische Bild. Grottenartige Höhlungen wurden hier z.T. für die Ortswahl der Stationen ausgesucht. In *Nevers*, der Ruhestätte von *Bernadette*, ergab die radiästhetische Untersuchung, daß sowohl die erste Begräbnisstätte außerhalb des Klosters bzw. der Kirche als auch die Stelle, wo in der Kirche der Glasschrein steht, durch eine mehrfache Kreuzung von geomantischen Zonen gekennzeichnet sind.

Fatima

Fatima liegt im Westen von Portugal, in einem Lande, das schon vor dem Ersten Weltkrieg und bis in die fünfziger Jahre in besonderer Weise antikirchlich eingestellt war, und wo mittels eines Gesetzes von 1912 alle Seminare und Klöster geschlossen und alle Kirchengüter eingezogen wurden. Aber gerade dieses Land, das auch durch fortwährenden Regierungswechsel und durch Aufstände gekennzeichnet war, war ausersehen, durch Marienerscheinungen bekannt zu werden.

Drei Hirtenkinder, darunter *Lucia Santos*, erblickten am 13. Mai 1917 eine „Dame" im hellen Lichtglanz in einer Talmulde über einer Steineiche. Sie bekamen den Auftrag, am 13. eines jeden Monats um

Abb. 31: Frühromanische Krypta in der ehem. Stiftskirche von Göss bei Leoben/ Steiermark, mit den Särgen hochadeliger, z.T. mumifizierter Nonnen.

Abb. 32: Fatima. Die Stelle, wo in der Nähe des Elternhauses von Lucia S. ein Engel den Hirtenkindern dreimal erschienen ist.

Abb. 33: Auf diesem Hügel oberhalb des Dorfes Bijakovici bei Medjugorje (Herzegowina/Jugoslawien) gab es die erste Marienerscheinung.

Abb. 34: Die 9 m hohe Stadtmauer von Avila in Spanien. An ihr endet das in der Stadt so reichlich vorhandene Netzwerk von geomantischen Zonen.

Abb.35: Der Garten von Gethsemane mit seinen jahrtausendealten Olivenbäumen.

Abb.36: Das byzantinische St. Georgs-Kloster. Es klebt wie ein Schwalbennest an einem nordseitigen Steilhang des bekannten Wadi Quelt (Kelt).

Abb.37: Die Sophien-Kathedrale (11.Jh.) in Kiew, das kulturhistorisch bedeutendste Bauwerk Rußlands.

Abb.38: Der Autor bei der Arbeit mit der Wünschelrute. Hier verwendet er eine Kunststoff-Rute mit abgesteckten Grifflängen.

dieselbe Zeit in diese Talmulde zu kommen. Die letzte Erscheinung war im Oktober 1917. An diesem Tag kam es auch zum sog. *Sonnenwunder*. Die meisten der 70.000 Anwesenden sahen, wie die Sonne mit großer Geschwindigkeit kreiste, sich vom Firmament anscheinend löste und sich blutrot der Erde näherte. Dies alles innerhalb von 10 Minuten. –

Die Madonna erschien Lucia auch unweit ihres Wohnortes. Einmal konnte sie dem Rufe Mariens nicht folgen, da man sie einsperrte. Den Kindern erschien auch innerhalb von zwei Jahren dreimal ein Engel, einmal davon nahe dem Ende des Kreuzweges und zweimal nach dem Ende desselben in der Nähe eines Brunnens. Durch Aufstellung von Engelsfiguren bleiben diese Erscheinungsorte in Erinnerung. (Abb. 32)

Die *radiästhetische* Untersuchung ergab, daß die derzeitige *Anbetungskapelle* mit Ausnahme des rückwärtigen Raumes keine geomantischen Zonen aufweist, wohl aber die daneben stehende Steineiche, die anscheinend an der Stelle der damaligen Eiche steht. Diese wird von vier solchen Zonen gequert.

Die Basilika selbst und der ausgedehnte Vorplatz weisen im Gegensatz zu Lourdes keine geomantischen Zonen auf. Wohl aber sind solche bzw. Kreuzungen von diesen dort nachweisbar, wo Maria der Lucia oberhalb des Ortes, und wo ein Engel den drei Kindern erschienen ist. – Erwähnenswert ist auch die Tatsache, daß im Seminarhaus der Kirche am Westrand des Ortes diese Zonen wieder nachweisbar sind.

Im Vergleich zu den Gegebenheiten von *Lourdes* sind demnach in Fatima die „heiligen Orte" im Bereich der eigentlichen Verehrungsstätten in viel geringerem Ausmaße nachweisbar. Dies steht eigentlich im Gegensatz zu den Bestrebungen nach besonderer Würdigung dieses Erscheinungsortes.

Medjugorje

In diesem Ort südlich von *Mostar* im südlichen Jugoslawien hatten am 24. Juni 1981 sechs jugendliche Burschen und Mädchen eine Marien-Erscheinung. Diese wiederholte sich auch in den nächsten Tagen und setzt sich bis zum heutigen Tage fort. Während sich aber die ersten Erscheinungen am Hang eines karstig-kalkigen Berges oberhalb des Dorfes *Bjakovici* zeigten, (Abb.33) gab es diese an verschiedenen Stellen von *Medjugorje*, so in der Seitenkapelle und in der Sakristei der Pfarrkirche, seit Ostern 1985 auch in einem kleineren Zimmer des Pfarrhofes bzw. des Franziskaner-Klosters, schließlich aber auch in den Wohungen einzelner Seher.

Am 2. August 1981 haben zahlreiche Bewohner und Pilger ein *Sonnenwunder, ähnlich dem 1917 in* Fatima, erlebt. Bei Sonnenuntergang sollen auch andere Lichtzeichen gesehen worden sein. – Bis 1986 wurden gegen 500 Heilungen gezählt, die z.T. durch Fachärzte und Wissenschaftler untersucht worden sind. In von Medizinern aus *Montpellier* (Frankreich) erstellten Gutachten wurde bezeugt, daß die Erlebnisse der Seher keine Halluzinationen oder Einbildungen, aber medizinisch unerklärlich sind. – Immer wieder wird von Bekehrungen berichtet. Medjugorje ist, so ist in einer diesbezüglichen Veröffentlichung des Styria-Verlages, Graz 1986, zu lesen, nicht nur eine Revolution für die Kirche in Jugoslawien, sondern wird auch unabsehbare Folgen für die Kirche überhaupt und für die Welt haben.

Die Jugendlichen erleben die Erscheinungen ekstaseartig bzw. in Form von Visionen, und stehen in dieser Zeit außerhalb von Zeit und Raum. –

Die *radiästhetischen Verhältnisse in Medjugorje* und Umgebung ähneln weitgehend den geschilderten in *Lourdes*, ja, man könnte sogar hier von einer noch größeren Ausprägung sprechen. – Bei der eigentlich unerwarteten Größe der Pfarrkirche stellt sich bei der geringen Bevölkerungszahl – damals gab es hier zehn Häuser – von vornherein die Frage, ob nicht seinerzeit vor dem Bau eine seherische Vorschau auf das kommende große Geschehen gegeben war. Eine radiästhetische Untersuchung bewies wiederum, daß in dieser Hinsicht die Voraussetzungen voll und ganz, ja im Übermaß gegeben sind. So stimmt die Kirche grundrißmäßig vollkommen mit dem Verlauf der geomantischen Zonen überein. Auch die nicht genaue Ostung der Kirche hängt damit zusammen. In der Kirche selbst fand ich in kurzen Abständen die vier Richtungen dieser Zonen und ihre Kreuzungen, so dort, wo im Seitenschiff der Kirche eine Marienstatue steht, und auch in der Sakristei am Ort der Erscheinung. Das gleiche gilt auch für das erwähnte Zimmer im Pfarrhaus, wo die mehrfache Kreuzung genau dort ist, wo die Erscheinungen stattfanden und noch stattfinden.

Etwas überraschend ist es, daß das geomantische Netzwerk nicht nur unmittelbar außerhalb der Kirche am Vorplatz nachweisbar ist, sondern sich auf der ganzen Hochebene bis zum genannten Ort Bjakovici, und am Berghang hinauf fortsetzt, wo es die ersten Erscheinungen gegeben hat. – Auch hier ist, wie in *Lourdes*, parallel zu den geomantischen Zonen das 1. und 2. Netz nachweisbar und dies alle 2 – 3 Schritte. Ebenfalls sind die Wellenlängen von rechtsdrehenden Bruchzonen bzw. Verwerfungen sowie die des Wassers gegeben.

Vom Vorplatz der Kirche aus konnten meine Frau, ich und andere Personen etwa eine Stunde vor Sonnenuntergang ein sog. *Sonnenwunder* sehen. Dieses wurde zwar von Person zu Person etwas verschieden wahrgenommen. Meine Frau sah eine rötliche Sonne, aus der sich große hostienartige Kreise lösten, und von der Strahlenbündel weggingen. Ich selbst sah eine rasch kreisende Sonne, wobei sie sich in schneller Folge einmal nach links, dann wieder nach rechts drehte. Die erwähnten Kreise erschienen mir aber dunkel.

Bei dieser Gelegenheit sei noch auf den Ort *Heroldsbach* im Rheinland hingewiesen, wo es in den siebziger Jahren von der Kirche nicht anerkannte Erscheinungen gegeben hat. Nach ENDRÖS sollen am Erscheinungsort ein sich teilender Grundwasserverlauf und lokale Strahlungsanomalien feststellbar sein. –

Noch ein Beispiel, das mit Marienerscheinungen nichts zu tun hat, soll hier erwähnt werden: In meinem Heimatort in Oberkärnten kam 1988 ein Rutengänger aus Mittelkärnten und stellte an bestimmten, von ihm ausgesuchten bzw. ausgependelten Stellen, östlich der über dem Ort stehenden Kirche auf einer Hangwiese meist kränkliche Personen, die immer zahlreicher kamen, jeweils zwei Stunden hin, um bei diesen Besserungen von Beschwerden oder gar Heilungen zu erreichen. Diese Stellen hatte er, wie ich dann erfuhr, durch eine sog. Fernmutung von seinem etwa 50 km entfernten Wohnort gefunden. Eine Untersuchung durch mich ergab, daß diese besonderen Punkte mehrfache Kreuzungen von geomantischen Zonen darstellten, die hier mit Ausnahme des südlichen bergigen Hinterlandes, nur eng begrenzt auftreten. So zeigt auch die benachbarte Kirche diese Zonen nicht mehr. Nach Süden sind sie aber bis zur Kapelle hinauf nachweisbar. Auch ein Teil der hier befindlichen Kreuzweg-Stationen steht darauf. In einer unter der Kapelle befindlichen bildstockartigen Nische, wo rechtsdrehendes Wasser aussickert, soll es in der Vergangenheit zu Heilungen von Augenleiden gekommen sein. Die erwähnte Hangwiese weist, wenn auch nur in sehr beschränktem Ausmaße, außer den geomantischen Zonen und Kreuzungen auch engmaschige, rechtsdrehende Zonen von Brüchen mit Wasser, und solche von Hartmann und Curry auf.

Schlußfolgerungen

Bei den Marienerscheinungen stellt sich als Ergebnis der radiästhetischen Untersuchungen eindeutig heraus, daß es übereinstimmend eine enge Verbindung mit den stark „aufladenden" geomantischen Zonen gibt. – Gerade *Medjugorje* ist ein Musterbeispiel dafür, wie groß die Mitwirkung solcher Zonen am Zustandekommen der Erscheinungen ist. Der Umstand, daß die Kinder bzw. Jugendlichen von der Geburt an schon im Fluidum dieser Zonen aufwuchsen und gelebt haben, kann als Vorbereitung für solche Ereignisse aufgefaßt werden. Unterstützt durch ihre Einstellung und durch das Gebet ist es vorstellbar, daß die Kinder in eine *höhere Seinssphäre* visionärer Art gehoben werden, und so erst zu „Sehern" wurden. Dafür spricht auch die Tatsache, daß *Mirjana*, seitdem sie Medjugorje verließ – da sie in Sarajewo studiert – nur mehr an ihrem Geburtstag Erscheinungen hat.

Leider war es mir nicht möglich, die einstigen Wohnstätten der *hl. Bernadette* in *Lourdes* und die der Kinder in *Fatima* zu untersuchen. Die Frage, inwieweit die Kinder bzw. Jugendlichen die *hl. Maria* tatsächlich berührbar sahen oder sehen, oder ob es doch nicht nur reine Visionen sind, läßt sich durch radiästhetische Untersuchungen nicht klären. Jedenfalls sind es in Medjugorje keine Halluzinationen, was auch Wissenschaftler und Ärzte bestätigt haben. Wenn nach neuester physikalischer Auffassung das Primäre aller Daseinsformen aus Schwingungen besteht, und die Materie nur sekundären Charakter haben soll, so käme man mit dieser Annahme leichter in die Nähe einer Klärung der Marienerscheinungen. Daß solche Erscheinungen immer wieder bei Kindern und Jugendlichen auftreten, kommt nicht von ungefähr, sind doch diese in besonderer Weise sensibel und aufnahmebereit für Strahlungen der beschriebenen Art, und bringen die psychische Bereitschaft für Erscheinungen am ehesten mit.

Was nun das sog. *Sonnenwunder* anbelangt, so möchte ich mich nur auf das Erlebte in Medjugorje beziehen. Es findet sich nach meiner Meinung unschwer eine physikalische bzw. biophysikalische-medizinische Erklärung. Man kann sich vorstellen, daß es bei einem mit Geomantik erfüllten Luftraum und gerade durch das Licht der tief stehenden Sonne, zu einer Reizung der Augen kommen kann, die diese Erscheinungen bewirken. Ohne diese reiche Geomantik gibt es sicherlich auch kein „Sonnenwunder" in der beschriebenen Art. Daß es an Erscheinungsorten auch zu Heilungen kommt, erklärt sich wohl daraus, daß hier mehrere Faktoren zusammenspielen, so eine entsprechende Religiosität und Erwartung, und nicht zuletzt die radiästhetischen Gegebenheiten, die zu einer u.U. plötzlichen Umstimmung des Körpers, insbesondere in hormonal-funktioneller Art, führen können. Dafür spricht das bereits geschilderte Beispiel in meinem Geburtsort, wo es an diesen bevorzugten Stellen zu gesundheitlichen Besserungen und sogar zu Heilungen gekommen sein soll. –

Wirkungsstätten von Heiligen

Es lag nahe, auch einige Wirkungsstätten von Heiligen radiästhetisch zu untersuchen. Dies geschah vornehmlich auf Reisen nach und durch Spanien, Portugal, Italien, Schweiz und Frankreich. Es war auch da keine Überraschung, als ich in allen untersuchten Fällen übereinstimmend herausfinden konnte, daß der Ort des Wirkens, manchmal schon der Geburtsort, durch das Auftreten derselben hochenergetischen geomantischen Zonen und deren Kreuzungen ausgezeichnet war, wie sie an den Erscheinungsorten eingehend geschildert worden sind, und wie sie u.a. auch in allen romanischen und gotischen Kirchen und Domen nachweisbar und im vorigen Kapitel beschrieben worden sind.

Die Aufzählung stellt hier natürlich nur einen kleinen Auszug dar, und könnte sicherlich durch Beispiele anderer Heiligen an anderen Orten ergänzt werden.

In den meisten Fällen stehen alte Klöster auf solchen bevorzugten Stellen, aus denen Heilige hervorgegangen sind. Ein Beispiel dafür ist die *hl. Teresa von Avila in Spanien*, deren Klause und Wirkungsort, nämlich *Alba de Tormes*, wo sich auch ihre Grabstätte befindet, durch solche Zonen gekennzeichnet ist. Darüber hinaus gilt dies auch für das Geburtshaus der Heiligen in *Avila*, über das dann die barocke Klosterkirche „Convento de Santa Teresa“ errichtet worden ist.

Die Stadt *Avila* zeichnet sich dadurch aus, daß sie von einer hohen mittelalterlichen Mauer mit 80 Türmen umgeben ist. (Abb. 34) Nun wird nicht nur die erwähnte Klosterkirche und der romanisch-gotische Dom vom geomantischen Netzwerk durchzogen, sondern die ganze Stadt weist dieses auf. Bezeichnend ist es aber, daß nur wenige Meter von der Stadtmauer entfernt dieses Netz nicht mehr nachweisbar ist. Wohl steht aber die Kirche *San Vicente*, wo sich das Grabmal des hl. Vicente und seiner zwei gefolterten Schwestern befindet, wiederum auf geomantischen Zonen, obwohl dieses außerhalb der Stadtmauer liegt.

Dasselbe radiästhetische Bild ergibt sich für *Segovia* hinsichtlich der Altstadt mit den romanischen Kirchen und dem Grab des *hl. Johannes vom Kreuz* in der Karmeliterkirche. –

Besonders hervorzuheben ist das mitten in den Karstbergen hoch oben liegende, seit 880 bestehende Benediktinerkloster *Montserrat* (725 m) unweit von *Barcelona* als sehr bekannter und bedeutender Wallfahrtsort Spaniens mit seiner Basilika und der „Schwarzen Madonna". Daß auch hier dieselben radiästhetischen Verhältnisse, wie bisher geschildert, vorliegen, konnte mich nicht überraschen.

In *Frankreich* wäre u.a. *St. Gilles* mit seiner romanischen Kathedrale und Krypta in dieser Hinsicht hervorzuheben, in der sich auch das Grab des *hl. Ägidius* befindet, zu dem sternförmig die geomantischen Zonen hinziehen und sich genau dort vereinigen bzw. sich kreuzen.

Besonders reizvoll war die Untersuchung der Wirkungsstätte des *hl. Franz von Assisi* (1182 – 1226), die vertretungsweise für Italien – für Rom allein wäre eine eigentliche Abhandlung notwendig – hier angeführt werden soll. Assisi, ein kleiner Ort in der Nähe von Perugia in Umbrien, wurde durch das Wirken des Heiligen weltbekannt. – Wie zu erwarten, war hier die Geomantik überall vertreten, so im romanischen Dom, im Hauptkloster des durch den Heiligen gegründeten Franziskanerordens mit der gotischen Doppelkirche, in der Kirche Santa degli Angeli mit der Portiuncula-Kapelle, dem Lieblingsaufenthalt des Heiligen, und schließlich in der Niederlassung der Franziskaner in Santo Bandiamo.

In der *Schweiz*, wo in *Flueli bei Sachseln der hl. Bruder Klaus* mit seiner Familie gewohnt hat, bevor er sich in seine Einsiedelei zurückzog, ergab die radiästhetische Untersuchung, daß wohl das Wohnhaus mit dem einstigen Schlafzimmer des Heiligen von diagonal sich kreuzenden geomantischen Zonen gequert wird, daß aber die Klause selbst diese nicht aufweist. Für die Entfaltung des Heiligen war hier demnach sein Heimathaus maßgeblich.

Insgesamt läßt sich somit feststellen, daß alle untersuchten Orte radiästhetische Besonderheiten aufweisen. Dies wirft die Frage auf, ob die radiästhetischen Gegebenheiten des jeweiligen Ortes eine wesentliche Voraussetzung für das betreffende örtliche Geschehen waren.

B. Die heiligen Stätten in Israel

Von besonderem Interesse waren für mich und meine mituntersuchende Frau die so geschichtsträchtigen und vor allem religiös am stärksten betonten *heiligen Stätten in Israel.* Der Reiz dazu war dadurch umso größer, als diese Untersuchungen meines Wissens nach erstmalig erfolgten, und weil gerade hier die Möglichkeit bestand, mit Hilfe der Radiästhesie bzw. der Geomantie, die Richtigkeit der biblischen Berichte und Überlieferungen zu bestätigen oder auch anzuzweifeln. Von den Hunderten Messungen, die ich mit meiner Frau gemacht habe, seien nur die wichtigsten herausgegriffen und hervorgehoben:

So zeigt sich in der *Verkündigungskirche von Nazareth*, die eigentlich zwei übereinander liegende Kirchen umfaßt, und die auf eine Kreuzfahrerkirche zurückgeht, eine ausgeprägte Geomantik. Dies am meisten in der Verkündigungsgrotte in der Unterkirche, über der schon im 5. Jh. eine Kirche stand, und wo Gott durch einen Engel Maria die Menschwerdung seines Sohnes ankündigte. Hier kreuzen sich genau an der überlieferten Stelle vier geomantische Zonen von größerer Breite. Auch am Vorplatz und im südlichen und westlichen Wandelgang, wo prächtige Mosaikdarstellungen der hl. Maria fast aus der ganzen Welt zu sehen sind, sind diese Zonen nachweisbar. – 2,5 – 3 m breite Zonen können nördlich dieser imposanten Kirche am Ort der laut Überlieferung ehemaligen Wohn- und Arbeitsstätte der hl. Familie nachgewiesen werden. Am *Marienbrunnen* in Nazareth, der bis vor wenigen Jahren die Hauptwasserquelle für diese stark angewachsene Stadt darstellte, und über den eine griechisch-orthodoxe Kirche errichtet worden war, konnten keine geomantischen Zonen festgestellt werden. Von hier sollen Jesus und Maria täglich ihr Wasser geholt haben.

Im Ort *Kana*, der an der Straße von Nazareth nach Tiberias am See Genezareth liegt, hat Jesus laut Bibelbericht sein erstes Wunder, der Verwandlung von Wasser in Wein, bei einer Hochzeit bewirkt. Dafür, daß dies hier geschah, spricht wiederum die Tatsache, daß in der über dieser Stelle gebauten Kirche geomantische Zonen nachweisbar sind. Es gibt nämlich zwei Orte desselben Namens. –

In einer sehr ansprechenden Landschaft oberhalb des Sees Genezareth, der bereits 200 m unter dem Meeresspiegel liegt, in der Gegend von Barthanol, hielt Jesus seine Bergpredigt und pries die acht Seligkeiten an. Die von den Franziskanern hier errichtete *Kirche der Seligpreisung* zeigt sehr deutlich das geomantische Netzwerk. Von hier aus hat man einen hervorragenden Ausblick auf den See und die unmittelbare und weitere Umgebung.

Dieselbe Geomantie gilt auch für den am Fuße dieses Hügels gelegenen Ort der *Brotvermehrung, Bethsaida*, mit der hier befindlichen Kirche, sowie für die weiter südlich gelegene *Primatskirche*, die an einer kleinen Bucht mit geschütztem Landeplatz und mit warmen Quellen an einer aus dem Felsen geschlagenen alten Treppe liegt. Hier soll Jesus Petrus das Hirtenamt übertragen haben. Die Geomantik bestätigt diese Überlieferung.

Südöstlich und unweit von hier kommt man nach *Karphanaum* (Karpernaum), jener einstigen Stadt, die Jesus zu seiner zweiten Heimat erkoren hatte, und die 20 Monate lang Mittelpunkt seiner Mission war, und die ihn aber schließlich auch enttäuscht hat. In der einstigen ersten Synagoge hat Jesus gelehrt und Petrus in unmittelbarer Nachbarschaft eine Zeitlang gelebt. Sie wurde später durch ein Erdbeben zerstört. Daß auch hier eine ausgeprägte Geomantik nachweisbar ist, war zu erwarten.

Von ganz besonderer Bedeutung und Überzeugungskraft war das Ergebnis der radiästhetischen Untersuchungen an der *Geburtsstätte* Jesu in *Bethlehem* sowie an der Kreuzigungs- und Grabstätte, dem seinerzeitigen Golgatha. – Die *Geburtsgrotte* ist eine der hier ja nicht selten auftretenden Grotten im Kalkgestein. Zur Zeit des Kaisers Konstantin wurde darüber eine Basilika errichtet. Die radiästhetischen Messungen ergaben hier, daß die Grotte im Schnittpunkt von 4 – 4,5 m breiten (!) geomantischen Zonen liegt. Eine solche Breite habe ich kaum wo anders gefunden. Dabei verlaufen die Ost-West gerichteten Zonen außerhalb der Wände dieser Grotte, da diese nur 3 – 3,5 m breit ist. *Reaktionsabstandsmessungen* nach Curry ergaben hier schon an einem nur zweifachen Schnittpunkt derselben einen Abstand von 4 – 5 m, demnach eine außerordentlich große Aufladung des Menschen. So wird die kirchliche Überlieferung bzw. der Glaube an die Geburtsstätte Jesu an diesem Ort durch die Radiästhesie bekräftigt. Dieser wird aber noch dadurch verstärkt, daß die Messungen in den benachbarten Grotten viel geringere Ausmaße dieser Zonen aufweisen, nämlich nur solche von 1,2 - 1,5 m Breite.

Südlich von *Bethlehem* erhebt sich der weithin sichtbare und durch seine plateauförmige Verebnung besonders markant erscheinende Berg *Herodion*. König Herodes ließ sich hier 42 v.Chr. in den Berg hinein vier Stock tief eine prächtig ausgestaltete Fluchtburg bauen. Hier zeigte sich die auffallende Tatsache, daß an diesem eher „unheiligen“

Ort auch 2 m breite geomantische Zonen von oben nach unten – bis zum 3. Stockwerk – nachweisbar waren, tiefer aber nicht mehr. Ein Erklärungsversuch für dieses überraschende Untersuchungsergebnis wurde schon in V/1 gegeben. Auf der Fahrt von Herodion nach Bethlehem kommt man zum sog. *Hirtenfeld*, wo nach dem Bibelbericht den Hirten ein Engel mit der Ankündigung der Geburt Christi erschienen ist. In zwei Grotten und deren Vorplätzen konnten wir wieder geomantische Zonen finden.

Geomantie in Jerusalem

Den Höhepunkt der radiästhetischen Messungen in Israel stellten, wie nicht anders zu erwarten war, die heiligen Stätten in Jerusalem dar. So erlauben, gerade die *Kreuzigungsstelle* und die *Grabstätte Jesu*, angeblich die historisch am besten bezeugten Plätze in Jerusalem, eine ausgezeichnete radiästhetische Beweisführung.

Die Stelle, wo damals der angeblich nur 5 m hohe Felsen von *Kalvaria* (hebräisch Golgatha) stand, weist heute als Kreuzigungskapelle eine Zweiteilung auf, wobei auf der linken Seite des Betrachters die eigentliche Kreuzigungsstelle verehrt wird und rechts die Stelle, wo Jesus seiner Kleider beraubt wurde. – Die Kreuzigungsstelle selbst stellt einen Schnittpunkt von vier geomantischen Zonen mit einer Breite um 3 m dar, während der rechte Abschnitt der Kapelle wesentlich schmälere Zonen aufweist.

Das *heilige Grab* selbst, das zwar im Laufe der Zeiten verschiedene gestaltliche Veränderungen erfahren hat, umfaßt nur einen Raum von etwa 2 m^2. Ursprünglich aus einem Felsen herausgeschlagen, blieb heute nur mehr ein solcher von 1,5 m Höhe erhalten. Zur eigentlichen Grabkammer gelangt man durch einen nur 1,33 m hohen Rundbogen.

Radiästhetische Messungen im Umkreis des Grabes ergaben, daß die Grabeskammer genau im Schnittpunkt von vier geomantischen Zonen liegt, die eine Breite um 3 m aufweisen. – Reaktionsabstandsmessungen brachten hier Werte z.T. von über 5 m! So werden auch hier die Aussagen der historischen Überlieferung vollauf bestätigt.

Eine besondere Stellung nimmt natürlich der *Ölberg* ein. Hier steht die achteckige bis runde *Himmelfahrtskapelle* als Nachfolgerin einer aus dem 4. Jh. stammenden byzantinischen Kirche und einer nach deren Zerstörung erbauten Kreuzfahrer-Kirche aus dem 12. Jh. In ihr vereinigen sich sternförmig die geomantischen Zonen dort, wo nach der Überlieferung Christus in den Himmel aufgefahren ist. – Hier befindet sich weiters die *Pater-Noster-Kirche (Vaterunser-Kirche) mit* dem Karmelitinnen-Kloster, in dessen Kreuzgang und in der Kirche das *Vater Unser* in 62 Sprachen auf steinernen Tafeln zu lesen ist. – Weiter unten steht eine Kirche jüngeren Datums als Nachfolge einer Kirche aus der Kreuzfahrerzeit als Erinnerung daran, daß hier nach Lukas Jesus, die Zerstörung Jerusalems voraussehend, die Stadt beweint hat (Dominus flevit).

Dort, wo jetzt die Kirche steht, aus deren nördlichen Fenster sich ein umfassender Rundblick auf Jerusalem bietet, sind keine geomantischen Zonen festzustellen, wohl aber auf dem mit alten Säulen geschmückten Vorplatz. –

Etwa 3 m breite geomantische Zonen sind dann in der wieder weiter unten befindlichen *Gethsemane-Kirche* (Gethse-mani) und dem anschließenden aus dem Bibelbericht so bekannten Garten zu messen. In diesem Garten stehen jahrtausendealte Olivenbäume, von denen einige sicherlich schon Jesus erlebt hatten. (Abb. 35)

Ebenso breite Zonen sind vorne beim Altar der tiefer unten liegenden Grotte, wo Jesus nach der Überlieferung verraten wurde, nachzuweisen. – Dies gilt auch für die Kirche *St. Peter in Gallicantu* (Kirche zum Hahnenschrei), wo Petrus Jesus dreimal verleugnet hatte. Es wird vermutet, daß hier das Haus des Kaiphas, des Hohen Priesters stand, in dem Jesus nach seiner Festnahme eine Nacht verbringen mußte, bevor er am nächsten Tag verhört wurde. Auch die westlich der Kirche von Gethsemane herausführende Stiege, über deren Stufen Jesus der größten Wahrscheinlichkeit nach gehen mußte, weist diese Zonen auf.

Von besonderem Interesse ist die *Via Dolorosa*, der einstige Leidensweg Christi. Auf dieser gab es ursprünglich nur 9 Stationen, die übrigen 5 befinden sich in der Grabeskirche. Dies deckt sich genau mit der geomantischen Beweisführung. Solange nämlich die Via Dolorosa gerade verläuft und eine gewisse Breite aufweist, können geomantische Zonen nachgewiesen werden. Sie decken sich genau mit der Breite der Straße. Wo die Via Dolorosa sich verengt und in anderer Richtung steiler nach oben führt, konnte keine Zone dieser Art gefunden werden. – Am Vorplatz der Kirche der Kreuzfahrer, *St. Anna*, wo größere Ausgrabungen von *Bethseda* (Bethesda) durchgeführt wurden, sind diese Zonen 1,5–2 m breit. – Am Ende eines sehr schmalen und mit Kalkstaub erfüllten Weges, der parallel zur Via Dolorosa führt, befindet sich ein Haus, in dem in einem dunklen, verliesartigen Raum der Überlieferung nach Petrus eine Nacht eingekerkert war, aber dann von einem

Engel befreit wurde. Hier sind keine geomantischen Zonen nachweisbar.

Ein besonderes Gebiet der Geomantik stellt der *Berg Moriah*, der *Tempelberg* dar. Dieser ist allen drei monotheistischen Religionen heilig. Hier sollte auch Abraham auf Geheiß Gottes hin seinen Sohn Isaak opfern. Später errichtete hier König Salomon, der Sohn König Davids, im 10. Jh. v.Chr. einen prächtigen Jahwe-Tempel. Nach einer wechselvollen Geschichte, die die Zerstörung dieses Tempels brachte, errichtete der bekannte Herodes d. Große in einer 50-jährigen Bauzeit einen noch prächtigeren Tempel, der im Jahre 70 n.Chr. von den Römern total zerstört wurde. Dies, der Vorhersage Christi gemäß, daß kein Stein auf dem anderen bleiben werde.

Einige Jahrhunderte später bauten die Araber eine bescheidene Moschee an der Stelle, wo nach ihrer Überlieferung Mohammed in den Himmel aufgefahren ist. Sie wurde Ende des 7. Jh.s zu dem heute noch bestens erhaltenen *Felsendom* ausgebaut, der das drittwichtigste Heiligtum der islamischen Welt darstellt. – Im südlichen Abschnitt des Tempelberges liegt die im 8. Jh.n.Chr. erbaute *Al Aksa-Moschee*, die ebenfalls eine sehr wechselvolle Geschichte hinter sich hat.

Auf dem riesigen Platz, so auch im Felsendom und in der genannten Moschee, ist das geomantische Netzwerk mit 2 – 2,5 m Zonen-Breite feststellbar.

Die *Klagemauer* der Juden stellt den übrig gebliebenen Teil des alten Tempels dar, der sich aber großteils ortsmäßig nicht mit dem Felsendom deckt und auch Zonen aufweist.

Von besonderer Bedeutung für Juden und Christen ist der *Zionsberg* (Sionsberg), wo sich der Abendmahlsaal befindet. Auch das Pfingstwunder soll sich hier ereignet haben. Die Juden sind der Meinung, daß sich hier das Grab König Davids befindet und verehren diesen Ort. Die Geomantik ist ausgeprägt und weist durchschnittlich 2 m breite Zonen auf.

Weitere Untersuchungen außerhalb von Jerusalem.

Unweit von Jerusalem befindet sich laut Überlieferung die *Geburtsstätte Johannes des Täufers*. Über dieser wurde schon im 5. Jh. eine Kirche gebaut, nach deren Zerstörung erst gegen Ende des 19. Jh.s eine weitere folgte. In der Kirche wie auch am Vorplatz sind breite geomantische Zonen feststellbar, die sich in der eigentlichen Geburtskapelle sternförmig vereinigen.

Nur eine gute Viertelstunde Gehzeit von der Johanneskirche entfernt, kommt man zur aus zwei Stockwerken bestehenden Kirche Maria *Heimsuchung*. An diesem Ort soll Maria ihre schwangere Base Elisabeth besucht haben. Besonders erwähnenswert ist das gegenüber der Kirche an einer Mauerwand auf Tonplatten in 41 Sprachen aufge schrieben Magnifikat (Lobpreisung des Herrn). Im Bereich der Kirche sind hier die geomantischen Zonen nicht breit. – Am halben Wege von der Johanneskirche hierher, kommt man bei einem *Marienbrunnen* vorbei, dessen Stelle ebenfalls durch die Geomantik ausgezeichnet ist. 3 – 4 km östlich von Jerusalem, auf der Straße nach *Jericho* in Bethanien, steht die *Lazarus-Kirche*, die als Nachfolgerin älterer Kirchen im 12 Jh. laut Überlieferung über dem angeblichen Lazarusgrab errichtet worden ist. Hier konnten keine geomantischen Zonen gefunden werden. Es soll sich das eigentliche Grab auch nicht hier, sondern unweit dieser Kirche befinden. – Eine besondere radiästhetische Bestätigung der Aussagen der Bibel stellt der markant über die südgaliläische Ebene sich erhebende kegelförmige, aber mit einer terrassenförmigen Verebnung abschließende *Tabor* (562 m), der Berg der Verklärung Jesu, dar.

Dieser Berg gilt schon von altersher als heiliger Berg. Seit 1924 steht hier auf einem, eine hervorragende Aus- und Fernsicht bietenden Plateau, eine ansehnliche, von den Franziskanern erbaute Basilika. In dieser und auf der ganzen Verflachung sind wieder breite geomantische Zonen nachweisbar. Dies insbesondere auch in einer kleinen und alten kapellenartigen Kirche am Südhang des Plateaus. Interessanterweise gehen aber diese Zonen nur bis zu einem südlichen Torbogen, dorthin wo die Straße steiler abzufallen beginnt. Die hier auf diesem Berg besonders auffallende Geomantik spricht dafür, daß dieser Berg wirklich der der Verklärung Jesu ist. (Es bestehen wegen der zu Jesus Zeiten bereits stärkeren Besiedlung hier Zweifel darüber.) Die Geomantie bezeugt jedenfalls die „Heiligkeit" dieses Ortes. –

Sehr eindrucksvoll ist das Gebiet um das alte *Caesarea Philippi*, wo Simon Petrus Christus als Messias, als den Sohn des lebendigen Gottes, erkannt hatte (Math. 16,13). Im nördlichen Bereich tritt in großer Breite Quellwasser als Teilursprung des geschichtsträchtigen Jordans aus, der sonst sein Wasser aus den Südhängen des Hermongebirges sammelt. Dieses Quellwasser hatte am 14.4.1989 eine Temperatur von 14 Grad Celsius und hatte nach einer von Prof. Wilhelm Wachter, BG und BRG Knittelfeld, in dankenswerter Weise durchgeführten Analyse eine Gesamthärte von 10 und eine Karbonathärte von 3,5 Graden (d.H.). Der pH-Wert lag bei 5,6 (sehr saures Wasser). Es enthält hauptsächlich

Natrium und Kalium sowie Spuren von Magnesium und Eisen, d.h. es hat keine nur irgendwie auffallende Zusammensetzung.

Erwähnenswert ist auch das etwa 800 Jahre alte byzantinische *St. Georgs-Kloster* im letzten Drittel des bekannten *Wadi Quelt* (Kelt), das wie ein Schwalbennest an einem Steilhang klebt, und wo dem Bericht nach Elia, der sich hierher in die Steinwüste zurückgezogen hatte, um zu sterben, durch einen Raben, der ihm Nahrung brachte, am Leben erhalten wurde. Hier sind die geomantischen Zonen bis zu 1,5 m breit. Am Ausgang dieses Wadi lag das alte *Jericho*, die älteste Stadt der Welt, deren Anfänge bis in die mittlere Steinzeit (7. – 10.Jt. v.Chr.) zurückzuverfolgen sind. Es war die erste durch die Israeliten zerstörte Stadt (s. Die Posaunen von Jericho!). Jesus hat sich hier wiederholt aufgehalten. Bekannt ist hier u.a. die Geschichte mit dem Zöllner Zacharias, den Jesus von einem Feigenbaum herunterholte, da er in sein Haus einkehren wollte. – Im Gebiet westlich von der jetzigen Stadt wurden und werden Ausgrabungen vorgenommen. Die geomantischen Zonen sind hier maximal 2 m breit.

Oberhalb der Westküste des *Toten Meeres*, das fast 400 m unter dem Meeresspiegel in der Fortsetzung der gewaltigen Bruchlinie liegt, aus der vor allem im nördlichen Abschnitt des Landes einst basaltische Lava ausbrach, befand sich in einer Höhe von rund 600 m auf dem Plateau die gewaltige Felsenburg *Massada*, die schon im 2. vorchristlichen Jahrhundert angelegt und durch Herodes erweitert wurde. Dieser ließ sich hier auch einen Palast bauen. An diesem Ort spielte sich die legendär gewordene Tragödie von rund 1.000 Juden ab, die sich heldenhaft gegen die sie belagernden Römer verteidigten und die, bevor sie aufgeben mußten, ihre Frauen und Kinder und schließlich sich töteten (72 n.Chr.). Massada wurde so zum heiligen Berg der Juden, wo auch alljährlich die Vereidigung der israelischen Soldaten stattfindet. Bei Ausgrabungen fand man u.a. auch die Reste einer byzantinischen Kapelle aus dem 5. Jh. Hier konnte ich eigenartigerweise keine geomantischen Zonen finden. –

Lange wurde auch nach dem Palast des Herodes gesucht, den man dann, entgegen den ersten Annahmen, im östlichen, etwas höher liegenden Teil der Verebnung, fand. Hier konnte ich bis zu 3 m breite Zonen nachweisen. Es liegt diesbezüglich eine Parallele zum Palast im Berg Herodion vor. –

Seitdem 1947 Hirten weiter nördlich von Massada in der Steinwüste in einer Höhle sieben Steinkrüge mit alten Schriftrollen – durch weitere Funde wurden es über 900 – in z.T. noch gutem Erhaltungszustand aufgefunden hatten, wurde *Qumran* (Kumran) in der ganzen Welt sehr bekannt. Diese Schriftrollen stammten von den sog. *Essenern*, einer jüdischen Sekte bzw. Gemeinschaft, die dort in Höhlen und Zelten, z.T. auch in einem Kloster lebten und die, bedrängt von den Römern, in aller Eile diese Schriftrollen noch verbergen konnten, bevor sie 68 n. Chr. ein gewaltsames Ende fanden. Da diese Schriftrollen im wesentlichen aus der Zeit Christi stammen, wird ihre Bedeutung noch verstärkt. Unerwarteterweise konnten am Ort der Ausgrabungen am Fuße der höhlenreichen Berge, so bei der einstigen Klosteranlage, keine geomantischen Zonen nachgewiesen werden.

Nicht unerwähnt sollen die Ausgrabungen der ansehnlichen Stadt *Bethshean* südlich des Genesarethsees mit dem imposanten Amphitheater aus dem 7. vorchristlichen Jahrhundert bleiben. Das ganze ehemalige Stadtgebiet wird von einem ausgeprägten Netz breiter geomantischer Zonen durchzogen.

C. *Geomantie in osteuropäischen Ländern.*

Eine Reise durch Polen und Rußland gab mir, wenn auch nur in sehr begrenztem Umfang, die Möglichkeit, da und dort radiästhetische Untersuchungen, und dies vor allem in Richtung Geomantie, durchzuführen. So konnte ich im romanisch-gotischen Dom auf dem Schloßberg von *Krakau* (12. – 14. Jh.) 2 – 2,5 m breite geomantische Zonen in den vier Himmelsrichtungen feststellen, ebenso auch im großen, von Arkaden umkränzten Innenhof aus der Renaissance-Zeit. Auch in der alten Universität (gegr. 1364), der zweitältesten in Europa, mit dem interessanten Innenhof, lassen sich ziemlich breite Zonen dieser Art nachweisen. Dasselbe gilt auch für die gotische Marienkirche.

In der Kirche von *Tschenstochau*, der bekanntesten polnischen Wallfahrtskirche mit der Schwarzen Madonna, sowie in den Höfen ringsum, werden diese Zonen bis zu 2,5 m breit. Sie hören exakt an den Toren auf.

In der Altstadt von *Warschau* bot die Kathedrale, die ursprünglich aus dem 14. Jh. stammt, und in der u.a. der bekannte Kardinal Wyszynski begraben liegt, dasselbe Bild (auch max. 2,5 m breite Zonen).

In der prächtigen *Himmelfahrts-Kathedrale von Smolenz* (Rußland) mit der berühmten Ikonostase (dreitürige Holzwand mit Ikonen) sind die geomantischen Zonen mit einer Breite von 1,5 – 2 m nur auf die Kirche selbst beschränkt.

In *Moskau* weisen nicht nur das der orthodoxen Kirche wiederum zurückgegebene *Danielow*-(Daniel) Kloster und die Kirche, sondern das ganze umliegende Klostergelände max. 1,5 m breite Zonen auf. Ein Brunnen mit „heiligem“ Wasser vor der Kirche wird, wie meine Frau und ich feststellen konnten, durch zwei Wasseradern mit rechtsdrehendem Wasser gespeist. – Im Jungfrauen-Kloster und in der Himmelfahrtskirche des alten Zarensitzes ist die Geomantik wieder vertreten.

Die den Kreml östlich des Roten Platzes schmückenden Kathedralen, so u.a. die Krönungskirche der Zaren (Maria Himmelfahrtskirche) und die Kathedrale mit den Sarkophagen der Zaren (Erzengelkirche), sind durch die Geomantik ausgezeichnet. Außerhalb der Kirchen ist die Geomantik nicht nachweisbar. – Die ganze alte Sophien-Kathedrale (1034) in Kiew, das besonders sehenswerte und kulturhistorisch bedeutendste Bauwerk Rußlands in der ältesten Stadt dieses Reiches, ist durch 1,5 – 2 m breite geomantische Zonen gekennzeichnet. – Von besonderem Interesse ist aber das in letzter Zeit den Mönchen zurückgegebene *Höhlenkloster* (11. Jh.), in dessen unterirdischen Gängen durch Jahrhunderte hindurch die Mönche zu Hunderten beigesetzt wurden, und die – ein wohl einmaliger Fund in dieser Anzahl – alle mumifiziert sind. In den Reiseführern wird diese Tatsache auf die gleichmäßigen Temperatur- und Luftfeuchtigekeitsverhältnisse zurückgeführt. In erster Linie sind es aber hier sicherlich die auch außerhalb des Klosters nachweisbaren geomantischen Zonen, die diese Mumifizierung bewirkt haben. – Daß auch in *Lemberg* (Lwow) in den alten Kirchen, so auch in der sog. Polnischen Kirche, die Geomantik vertreten ist, sei nur ergänzend vermerkt. – In der geschichtsträchtigen *Matthias-Kathedrale* auf der *Fischer-Bastei* in *Budapest* sind ebenfalls nicht sehr breite geomantische Zonen nachweisbar.

Es schien mir notwendig, am Ende der erstmaligen, daher ausführlichen Schilderung der Geomantie an den heiligen Stätten und anderen geschichtsträchtigen Orten in Israel und in den Ostländern gleichsam als Zusammenfassung einige abschließende Gedanken zu setzen. Hinsichtlich Israel sind die betreffenden Aussagen über die Geomantie in diesem Lande einer Uraufführung vergleichbar. – Die eindrucksvollen, aber für mich nicht überraschenden Ergebnisse dieser Art im Heiligen Land haben mit großer Klarheit gezeigt – und dies gilt auch für überall – welche Bedeutung der Radiästhesie bzw. Geomantie zukommen kann. So gibt es hier, ähnlich wie auf dem Gebiete der Archäologie, die Möglichkeit, Überlieferungsberichte zu überprüfen oder zu beweisen, aber auch zu korrigieren. Es hat sich immer wieder bestätigt, daß die Intensität der energetischen Zonen mit deren Breite zunimmt.

Mit Hilfe der Messung des *Reaktionsabstandes* nach Dr. Curry kann u.a. die besondere Bedeutung des betreffenden Ortes untersucht, und seine Wertigkeit beurteilt bzw. bestätigt werden. Dies hat sich in besonderer Weise an der Geburtsstätte Jesu, am Ort seiner Kreuzigung und an seiner Grabesstelle gezeigt, wo die z.T. einmaligen Breiten der geomantischen Zonen auch Hinweis und Beweis für das jeweilige Geschehen sind. So drängt sich die Frage auf – ähnlich der nach Ursache und Wirkung – sind diese geomantischen Zonen in ihrer Breite von Anfang an da gewesen und waren sie so gleichsam prädestiniert für diese einmaligen außergewöhnlichen Geschehnisse?

Da ähnlich breite Zonen auch an anderen Kultstätten gegeben sind, liegt es nahe, sie als ursprünglich anzusehen und zu deuten. Man könnte aber daran denken, daß das besondere Fluidum, das von Jesus und Maria seinerzeit ausgegangen ist, ohne zeitliche Begrenzung weiter wirkt und an der energiereichen Breite dieser Zonen mitgewirkt haben könnte. Die im Schlußsatz des vorigen Kapitels geäußerte Feststellung, daß die Geomantie ein mit Mystik verbundenes Rätsel bleibt, kann diesen Ausführungen zufolge nur unterstrichen werden.

SCHLUSSBEMERKUNGEN UND ZUSAMMENFASSUNG

In diesem Buch war ich bemüht, möglichst allgemein verständlich das Jahrtausende alte Phänomen der Radiästhesie und die noch relativ junge Geobiologie dem heutigen Wissensstand entsprechend darzustellen. Mein Hauptbestreben war, die eminente Bedeutung des Standortes, das sind vor allem der Schlaf- und Arbeitsplatz, weiters der Sitzplatz des Schülers in der Schule und sein Arbeitsplatz zu Hause, aufzuzeigen und auch zu betonen, wie wichtig es wäre, den Bauplatz vor jedem Hausbau untersuchen zu lassen, wie dies schon die alten Chinesen getan haben. Wieviele spätere Krankheiten und wieviel Leid könnte durch diese einfache Maßnahme erspart bleiben.

Ein besonderes Anliegen war es mir, durch die vielen Strahlenskizzen darauf aufmerksam zu machen und zu zeigen, daß der größte Teil der chronischen Erkrankungen und gut 95% der zwar multifaktorell bedingten Krebsleiden in engstem Zusammenhang mit einer schlechten spezifischen Strahlensituation stehen. Eine Erkenntnis, die schon vor mehr als einem halben Jahrhundert, und zwar vornehmlich von Ärzten gewonnen wurde. Die Schulmedizin ignoriert leider immer noch die Tatsache, sie fährt gerade hinsichtlich der Krebserforschung auf einem Geleise, das nicht zum Zielbahnhof führen kann. Ein allmähliches Umdenken ist aber da und dort schon zu bemerken. – Eine ganz wesentliche Erkenntnis ist die, daß gewisse Mikrowellen-Frequenzen – Mikrowellen stellen einen sehr bedeutenden Faktor in unserer Umgebungsstrahlung dar – in der Lage sind, die Immunkraft des Menschen herabzusetzen und ihn für eine Erkrankung angreifbar zu machen. Erdstrahlen haben aber – rein physikalisch gesehen – Mikrowellencharakter, was neuerdings Dr.med. Aschoff bestätigen konnte. –

Geobiologische Untersuchungen setzen ein besonderes Verantwortungsbewußtsein voraus. Der Geobiologe soll bestrebt sein, eine Brükke zum Menschen und zum Arzt hin zu schlagen, und damit die unumgänglich notwendige ärztliche Kunst soweit als möglich zu unterstützen. Er ist oft die letzte Hoffnung hilfesuchender Menschen, bei denen bisher eine medizinische Behandlung ohne Erfolg geblieben ist. Er soll daher als Voraussetzung eine möglichst gute Ausbildung mitbringen, die vornehmlich in Österreich, in der BRD und in anderen Ländern von den radiästhetisch-geobiologischen Forschungs- und Arbeitskreisen sowie von ähnlichen Vereinigungen, und auch seit vielen Jahren durch mich und andere vermittelt wird. Fehlt eine solche Ausbildung und fehlt es außerdem an der nötigen Konzentrationsfähigkeit und

Selbstkontrolle, kann es bei Wohnungsuntersuchungen zu unbefriedigenden Ergebnissen kommen. Dadurch gerät der oft verkannte Stand der Rutengänger leicht (zum Nachteil der Menschen) in Mißkredit.

Ein einsatzfähiger Rutengänger muß nach Schaffung einer Vertrauensbasis, wie durch einleitende Worte, imstande sein, nicht nur die Strahlungen von Wasser und geologischer Störungen in den Wohnungen zu finden, sondern natürlich auch die so wichtigen Gitternetze und deren Polarisation. Ganz wichtig ist auch die Mutung der stark geopathogenen Doppelzonen.

Sicherlich gibt es – und das hat die Vergangenheit oft genug bewiesen – auch Naturtalente, insbesondere unter Wassersuchern, die ohne eigentliche Ausbildung ihre Aufgabe, der Menschheit zu helfen, voll und ganz erfüllen. Freilich dort, wo ständige Disharmonie in der Familie herrscht, wird auch der beste geobiologische Berater trotz Verlegung der betreffenden Menschen auf den besten Schlafplatz auf Dauer nicht helfen können.

Es war bei den heutigen Gegebenheiten notwendig, auf den Wert bzw. Unwert von *Abschirmmaßnahmen* in einem Abschnitt dieses Buches näher einzugehen, um falsche Vorstellungen aus dem Weg zu räumen. Da wir das eigentlich krankmachende (geopathogene) Agens der Erdstrahlen noch nicht kennen, ist zu empfehlen, auf Abschirmungen und Entstörungen im allgemeinen zu verzichten und Verlegungen vorzuziehen. –

In diesem Buch wurden mehrere Schwerpunkte gesetzt. Ein Schwerpunkt liegt in der Betonung der besonderen Wichtigkeit des *Standortes* im allgemeinen, insbesondere aber in Hinblick auf das Krebsgeschehen. Weitere Schwerpunkte sind die nicht hoch genug einzuschätzenden Erkenntnisse von Dr. Aschoff, dem Leiter des medizinischen Beirates des Internationalen Arbeitskreises für Geobiologie/Frankfurt, sowie die Methode der Reaktionsabstandsmessungen nach Curry mit ihren besonderen Aussagen und Anwendungsmöglichkeiten.

Weitere Schwerpunkte stellen die in zwei Kapiteln niedergelegten Ausführungen über die *Geomantie*, d.h. die Berichte über die meines Wissens nach erstmaligen Ergebnisse radiästhetischer Untersuchungen an den Orten der Marienerscheinungen und an den Wirkungsstätten der Heiligen, sowie ebenso erstmalig, an den heiligen Stätten in Israel. Hier zeigte die Radiästhesie erst, was sie vermag! –

Zwei ganz wesentliche Erkenntnisse sollen abschließend hervorgehoben werden: So hat eine österreichische Forschergruppe, die sich aus Medizinern, Physikern, Biochemikern und Technikern zusammensetzt, in mehrjähriger Tätigkeit die geopathogenen Wirkungen von Störzonen *meßbar* belegen können und damit den Beweis erbracht, daß Erdstrahlen existieren und keine Einbildung von Radiästheten sind. Ebenso wesentliche Erkenntnisse kommen von einem deutschen Forscherteam aus Wissenschaftlern mit zwei Hauptergebnissen: 1. daß die Rutengänger ortsabhängige und nicht durch normale Sinnesreize erklärbare Reaktionen haben, die demnach nicht dem Zufall unterliegen und 2. daß die Radiästhesie durchaus in den Rahmen der etablierten Wissenschaften eingegliedert werden könne.

Eines soll noch in diesem Buch herauszulesen sein: Nicht Gegnerschaft zur Medizin, sondern nur ergänzende Zusammenarbeit mit dem Arzt – in einigen Fällen gibt es schon diese Zusammenarbeit – wäre für die Radiästhesie das Wunschziel. –

Abschließend kann ich nur hoffen und wünschen, daß dieses Buch den Lesern das Phänomen Radiästhesie etwas näher gebracht und die besondere Bedeutung der Geobiologie vor Augen geführt hat. Es soll zugleich eine Anleitung für die Erhaltung oder die Wiedergewinnung der Gesundheit sein.

LITERATURVERZEICHNIS
(Bücher und sonstige Veröffentlichungen)

Abkürzungen: V. = Vortrag, Vl. = Verlag, Vö = Veröffentlichung, H. = Heft, Mitt. = Mitteilungen, IAG = Internationaler Arbeitskreis für Geobiologie (Frankfurt am Main), r&z = Schriftenreihe *raum & zeit*, Ehlers Verlag, Dietramszell; FGB = Forschungskreis für Geobiologie Eberbach/Neckar; ÖVRG = Österreichischer Verband für Radiästhesie und Geobiologie; WBM = Wetter-Boden-Mensch (Zeitschrift des FGB).

ALTMANN, G. – Die physiologische Wirkung elektrischer Felder auf Tiere, Verhlg. d. Deutschen zoolog. Ges. Wien, Bd.11, 1962

ANGERER, HARTMANN, KÖNIG, OTT, PURNER, SCHMITZ-PETRI – Mensch, Wünschelrute, Krankheit, M.u.T. Edition Astroterra 1985

ASCHOFF, D. und U. KORTHALS – Biologisch-Radiästhetische Diagnostik in der ärztlichen Praxis, V. und Sonderdruck, Locarno 1956

ASCHOFF, D. und U. KORTHALS – Kann die offizielle Wissenschaft die Theorie von der Entstehung des Krebses auf Reizzonen heute noch ablehnen? V. Münster 1972, Vö Paffrath-Druck, Remscheid 1973

ASCHOFF, D. und U. KORTHALS – Geopathische Fälle aus der ärztlichen Praxis, V. Puchberg/Wels, Vö. Paffrath-Druck, Remscheid 1975

ASCHOFF, D. und U. KORTHALS – Krebsentstehung durch geologische Reizzonen, V. Dortmund und Vö Paffrath-Druck, Remscheid 1976

ASCHOFF, D. – Die elktromagnetische Schwingung von Körper, Blut und Medikamenten erlaubt Testung von Krankheitsdiagnose, des passenden Heilmittels und Verlaufskontrolle der Therapie, 3 Vortr. 1954/56, Vö. Paffrath-Druck, Remscheid 1977

ASCHOFF, D. – Elektromagnetische Eigenschaft des Blutes durch Reizzonen meßbar verändert – Der elektromagnetische Bluttest, V. Eberbach/Neckar + Vö. Paffrath-Druck 1978

ASCHOFF, D. – Geopathische Zonen – physikalische Grundlage der Krebsentstehung, V. Essen + Vö. IAG 1985

ASCHOFF, D. – Unterschiedliche biologische Wirkungen von Reizzonen, V. Eberbach + Vö. FGB 1981, H.9

ASCHOFF, D. –Ist die magnetische Ausrichtung oder Polarisation ein Grundelement von Gesundheit und Leben? WBM H. 16, 1984

ASCHOFF, D. – Neue grundlegende Erkenntnisse über Wirkmechanismen physikalischer Phänomene und ihre biologischen Wirkungen über Reizzonen und Gitternetz-Kreuzungen, IAG Frankfurt a.M. L/3, 1986

ASCHOFF, D. – Wünschelrute und Geopathie – Aufgabe für Physik und Medizin, V. Puchberg/Wels + Vö. Vl. Mehr Wissen, Düsseldorf 1987

ASCHOFF, D. – Biologische Wirkung von Edelsteinen, V.–IAG–Oberursel 1988, Vl. Mehr Wissen, Düsseldorf 1988

ASCHOFF, D. – Radiästhesie und Physik, Vl. Mehr Wissen, Düsseldorf 1989

BACHLER, K. – Erfahrungen einer Rutengängerin, Veritas Vl. 1987 Linz-Wien-Passau, 10. Aufl. 1986. 1. Ausg. 1977

BACHLER, K. – Der gute Platz, Selbst Vl., Linz 1984

BACHLER, K. – Erkenntnisse und Bekenntnisse einer Rutengängerin, Veritas Vl., Linz 1988

BIELENBERG, H. – Der Einfluß des Stalles auf die Schweinemast, Dissertation, Braunschweig 1963

BIERACH, A. – Bio-Elektrizität, W. Heyne Vl. München 1984

BIRD, Chr. – Die weissagende Hand oder das Mysterium Wünschelrute, H. Moos Vl. München 1981

BRODEUR, W. – Microwellen, die verhinderte Gefahr, Udo Griemer Vl. München

BRUDNY, Kl. – Radiästhetische Untersuchungen an Kultstätten, V. + Vö./Mitt. d.ÖVRG Wien Nr.24/1985

CHARPENTIER, L. – Die Geheimnisse der Kathedrale von Chartres, Vl. Gaia Köln 1974

CODY, P. – Etude experimentale de l'ionisation de l'air par une certaine radioactivité du sol, Le Havre 1939

CURRY, M. – Der Schlüssel zum Leben, Schweizer Druck- und Verlagshaus, Zürich 1969

CURRY, M. – Curry-Netz. Das Reaktionsliniensystem als krankheitsauslösender Faktor, Herold Vl. Dr.Wetzel, München-Solln 1978

DIEHL, J.C. und S.W.TROMP – Probleme der geographischen und geologischen Häufigkeitsverteilung der Krebssterblichkeit, Vl.K.F. Haug, Ulm 1954

DOUCET, A. – Lourdes, Edition André Doucet, Lourdes

EGER, H. – Radimetrie-Systematik in der Radiästhesie. V. in Puchberg/Wels + Vö. in Mitt.Bl.d.ÖVRG Wien Nr,28/1987
ENDRÖS, R. – Die Strahlung der Erde, Vl. Paffrath, Ulm 1978
FADINI, A. – Zur statistischen Auswertung geopathogener Untersuchungen, WBM, H.9, 1971
FADINI, A. – Zur statistischen Auswertung geopathogener Untersuchungen, WBM, H.11, 1971
FADINI, A. – Nachweis der Nichtzufälligkeit von physikalischen und biophysikalischen Ortungen krankheitsverursachender geopathogener Zonen, WBM, H.15, 1972
FARKAS, B. – Angewandte Radiästhesie. Pendel und Wünschelrute in der Praxis, Vl. H. Bauer, Freiburg im Breisgau 1985
FELDER, A. – Mensch zwischen Kosmos und Chaos, Vl. Veritas, Wien-Linz-Passau 1981
FELDER, A. – Mensch in gesunder Umgebung, Vl. Ovilava-Libri 1985
FISCHER, G. – Die bioklimatische Bedeutung des elektromagnetischen Gleichfeldes, Hygiene-Institut der Univ. Graz 1973
FISCHER, G., RICHTER, Th.und P.PLATZER – Bisherige Untersuchungen über die biologische Wirkung der 50 Hz.-Felder, Hygiene-Institut der Univ. Graz 1974
FISCHER, K.M. – Radiästhesie und Geopathie, Vl. Böhlau, Wien-Köln-Graz 1989
FISCHER, R. – Kosmische Strahlung als Ursache des Wald- und Bodensterbens, WBM, H.19, 1986
FLACHENEGGER, A. – Unterrichtsbriefe für Rutengänger und Pendler, Selbst-Vl. Wels o.J.
GARTNER, K. – Brauchl: Natur-Wohnen im biologischen Fertighaus, Wien o.J.
GARTNER, W. und G. WINKLBAUR – Gesünder Wohnen. Biologisch richtiges Bauen, Orac-Pietsch-Vl., Wien-Stuttgart 1984
GRAVES, T. – Radiästhesie, Pendel und Wünschelrute. Theorie und praktische Anwendung, Bauer Vl. Freiburg im Breisgau 1980
GROTE, H. – Das Benker Kuben-System, Selbst-Vl. Niederbergheim 1985
HARTMANN, E. – Krankheit als Standortproblem, Haug Vl. Heidelberg 1967
HARTMANN, E. – Das Geo-Rhythmogramm, Vorstoß in biologisches Neuland, Haug Vl., Heidelberg, H/9 EHK 1963
HARTMANN, E. – Gibt es eine geopathogene Krebsursache? H.2 WBM 1968

HARTMANN, E. – Über biodynamische Yin- und Yangstrukturen im Energieraum um den Menschen, WBM H.25, 1989
HEGER, H. – Krebs-Vorsorge, Krebs-Nachsorge, Bohmann Vl., Wien 1884
HEIM, B. – Der kosmische Erlebnisraum des Menschen, Resch Vl., Innbruck 1982
HERITZKA, G. – So heilt Gott, Die Medizin der hl. Hildegard v. Bingen als neues Naturheilverfahren, Christian Vl. Stein a. Rhein, 7. Aufl.1979
HOCH, E. – Strahlenfühligkeit, Vl. Veritas, Linz 1982
HUBACEK, H. – Geopathogene Störzonen-Erdstrahlen: Ihr Einfluß auf den Menschen und ihre meßbare Abschirmbarkeit, Institut f. Angewandte Forschung u. Marketing, Wien 1989
HUMMER, F. und Chr. JUNGWIRTH – Medjugorje, Marienerscheinungen – Zeichen unserer Zeit, Styria Vl. Graz-Wien-Köln 1986
HÜRLIMANN, G.I. – Pendeln ist erlernbar, Bd.I, M. & T. Edition Astroterra 1985
JENSEN, G. – (Sinn und) Unsinn von Entstörungsmaßnahmen in L/15 IAG Frankfurt
KAUFMANN, W. – Der umbaute Raum und seine technische Einrichtung als biologischer Störfaktor, WBM H.3 1968
KIRCHNER, G. – Pendel und Wünschelrute, Ariston Vl. Genf 1984
KÖHNLECHNER, M. – Man stirbt nicht im August, Vl. Droemer Knaur, 1976
KÖNIG, H.L. – Unsichtbare Umwelt, Moos-Vl., München 1975
KÖNIG, H.L. und H.D.BETZ – Erdstrahlen? Der Wünschelruten-Report, München 1989
KOPP, J. – Gesundheitsschädliche und bautenschädliche Einflüsse von Bodenreizen, Schweizer Vl. Haus AG, Zürich 1975
KOPP, J. – Amerikanische Messungen der Gammastrahlung von geologischen Brüchen, WBM H.3 1968
KREITZ, H. – 40% weniger Kranke – Mit Hilfe der Radiästhesie, Herold Vl. Dr. Wetzel, München 1979
KREITZ, H. – Die Krankheitsursache, Herold Vl. Dr. Wetzel, München 1982
LAHOVSKY, G. – Das Geheimnis des Lebens, Vl. Ganzheitsmedizin, Essen 1981
LANG, S. – Die Eigenschaften moderner Bauten gegenüber atmosphärischen luftelektrischen Faktoren und ihre Auswirkungen auf den Organismus, DAB 8 1973

LAUB, E. – Werkmappen für Radiästhesie I – VII, Vl. SIR, Binningen Schweiz 1977/78
LOTZ, K.E. – Bauarten und Baustoffe, in: Gesundes Bauen und Wohnen AGBW-Selbst-Vl., Bielefeld 1974
LOTZ, K.E. – Willst Du gesund wohnen? Biberach/Riß 1975
MANNLICHER, A. – Auf dem Weg zur Lösung des Krebsproblems, Welsermühl, Salzburg 1937
MAYER, H. und G. WINKLBAUR – Wünschelruten Praxis, Vl. Orac-Pietsch, Wien 1985
MAYER, H. und G. WINKLBAUR – Biostrahlen: Woher sie kommen, wie sie wirken, was sie tun, Vl. Orac-Pietsch, Wien 1986
MERMET, A. (Abbé) – Der Pendel als wissenschaftliches Instrument, Vl. Siegrist + Müller, Heinberg/Schweiz 1979
MERSMANN, L. – Geopathologie, Klinischer Nachweis ortsabhängiger Erkrankungen und die objektive Ortung geopathogener Störzonen durch ein physikalisches Meßgerät, r & z H.7, Vl. Gehrden 1983
METTLER, M. – Das Globalgitternetz, Vl. RGS, St. Gallen 1981
METTLER, M. – Globalnetzgitter – Diagonalgitter, WBM H. 16 1984
METTLER, M. – Atmosphärische Reizstreifen – Das Maßsystem antiker Völker, Vl. Moser, Zürich 1986
METTLER, M. und H.H.STAEHLIN – Der Geomantie auf der Spur, RGS 2/1984
MERZ, B. – Orte der Kraft in Indien, Ägypten und Chartres, Vl. Eberbach 1983
MERZ, B. – Orte der Kraft, Eigenverlag Chardonne/Schweiz 1984
MICHELL, J. und W. WAGNER – Maßsysteme der Tempel, Vechelde 1984
MIKOCKI, B., PAUELS, H., SCHÖTT, G. et al. – Fatima, Paul Pattloch Vl., Aschaffenburg 1982
MLAKER, R. – Geistiges Pendeln, Vl. Bauer, Freiburg im Breisgau 1974
MÖSE, J.R., FISCHER G. und H. STRAMPFER – Immunbiologische Reaktionen im elektro-stat. Gleichfeld u. Faraday-Käfig, Ztschr.f. Immunforschung 145, Graz 1973
MOHLBERG, C. – Radiästhetische Studien, Briefe an Tschü, Vl. RGS, St. Gallen, 6. Aufl. 1976
MÜLLER, H.R. – Neuerkenntnisse aus der Arbeit seines medizinischen Beirates des IAG L/3 1986
MÜLLER, H.R. – Mitteilungen des IAG/Frankfurt, 1984-1989

MÜLLER, H.R. – Überglobale Magnetnetzgitterausformungen, r & z H. 17 1985
MÜLLER, H.R. – Aufgelesenes aus Wissenschaft, Forschung, Umweltschutz und Praxis, WBM H.14 1983
MURPHY, J. – Die Macht des Unterbewußtseins, Ramon Keller Vl.
OBERBACH, J. – Feuer des Lebens, DBF Vl. Grünwald 1980
OSTRANDER, S. und L. SCHRÖDER – PSI, Die Geheimformel für die wissenschaftl. Erforschung und praktische Nutzung übersinnlicher Kräfte des Geistes und der Seele, Scherz Vl. Bern-München-Wien 1976 (13.Aufl.)
OTTO, G. – Erdstrahlen – Feinde unserer Gesundheit, Bio-Vl. Gesund leben, Hopferau 1983
OTTO, G. – Krebs und Zivilsationskrankheiten, Hugendubel Vl., München 1987
PALM, H. – Das gesunde Haus, Ordo-Vl., Dettingen 1975
PENNICK, N. – Die alte Wissenschaft der Geomantie, Trikont-Dianus Vl., München 1982
PETSCHKE, H. – Probleme der Geopathie unter besonderer Berücksichtigung des Krebses, Erfahrungsheilkunde, Bd.2 1953 H.4, Haug Vl. Ulm
PETSCHKE, H. – Physikalische Messungen geopathischer Zonen, Erfahrungsheilkunde 12/1954, Vl. Haug Ulm
PIETSCHMANN, H. – Das Ende des naturwissenschaftlichen Zeitalters, Vl. P. Zsolnay, Hamburg 1980
PISTULKA, W. – Hinweise zum gesunden Schlafbereich, Wien 1983
PISTULKA, W. und S. WAGNER – Baustoffe und Baukonstruktionen, Wien
POHL, G., Freiherr v. – Erdstrahlen als Krankheits- und Krebserreger, Fortschritt für alle Vl., Feucht 1978
POPP, A.F. – Beitrag zum Wirkungsnachweis von biologischen Heilmethoden mit Hilfe biophysikalischer Messungen am Beispiel Homöopathie, Deutsche Zeitschrift für Biologische Veterinärmedizin H. 1, Vl.Haug, Heidelberg 1987
POPP, A.F. und V.E.STRAUSS – So könnte Krebs entstehen, Deutsche Verlags-Anstalt 1977
PRESMAN, A.S. – Electromagnetic Fields and Life, New York 1970
PROKOP, O. und W. WIMMER – Wünschelrute, Erdstrahlen, Radiästhesie, Vl. Enke, Stuttgart 1985
PURNER, J. – Radiästhesie, Untersuchungen an Kirchen und Kultstätten, Dissertation, Universität Innsbruck

PURNER, J. – Radiästhesie – Ein Weg zum Licht, mit der Wünschelrute auf der Suche nach dem Geheimnis der Kultstätten, Vl. M. & T, Edition Astroterra 1988
RAMBEAU, V. – Besteht ein Zusammenhang zwischen der Tektonik der Erde und dem Krankheitsproblem? WBM H. 7 1969
RAUSCHER, W. – Erfolgreiche Krebstherapie aus neuer biologischer Sicht, Vl. r & z, Gehrden H. 25 1986
RAUSCHER, W. – Erdstrahlen und Krebs: Verblüffende Heilerfolge, Vl. r & z Gehrden H. 34 1988
REICHENBACH, K., Freiherr v. – Odisch-magnetische Briefe, Baumgartner, Worphe-Billerbeck o.J.
RESCH, A. – Kosmopathie, Der Mensch in den Wirkungsfeldern der Natur, Imago Mundi 8, Vl. Resch, Innsbruck 1981
RESCH, A. – Geheime Mächte, Der Innenraum des Menschen, Vl. Resch, Innsbruck 1984
RIEDL, H., STRAMPFER, G., FISCHER, G., MÖSE, J.R. und N. GEYER – Physiologische und psychologische Erstresultate unter verschiedenen elektromagnetischen Bedingungen, L.Sonderkrankenhaus für Psychiatrie und Neurologie, Graz, Hygiene-Institut der Univ. Graz 1979
ROTHDACH, P. – Elektromagnetischer Zustand nicht ausschließlich ein Standortproblem – Wie brauchbar ist die Spinnmethode? WBM H.16 1984
ROTHDACH, P. – Neue Entwicklungen beim elektromagnetischen Bluttest nach Aschoff-Pharmaka in ihrer Beziehung zum Reaktionsabstand, WBM H.16 1984
ROTHDACH, P. – Sieben Jahre elektromagnetischer Bluttest nach Aschoff, WBM H.18 1985
ROTHDACH, P. – Was kann man von geobiologischen Abschirm- und Entstörungsmaßnahmen erwarten? IAG L/13 1987 und WBM H.21 1987
ROTHDACH, P. – Moderne Krebstheorien im Lichte der Geobiologie V. und Vö. IAG, Frankfurt 1988
RÜDENAUER, I. – Die Bedeutung der Radiästhesie für die Pflanzen, Dipl.Arb. Witzenhausen 1981
SCHAAL-MULACEK, W. – Haben Feldveränderungen einen Sinn? Vl. und Vö. Mitt.Blatt Nr.27, ÖVRG, Wien 1987
SCHIMMEL, H.W. – Acta Biologica 1, 1978
SCHNEIDER, A. – Schriftenreihe: Gesundes Wohnen. Institut für Baubiologie und Ökologie, Holzham bei Neubeuern/Inn

SCHNEIDER, A. – Geobiologie und Stadortkrankheiten, siehe Schriftenreihe: Gesundes Wohnen
SCHNEIDER, A. – Gesünder wohnen durch Biologisches Bauen – 25 Grundregeln der Baubiologie, siehe Schriftenreihe: Gesundes Wohnen
SCHNEIDER, R. – Radiästhesie – Geomantie – Naturwissenschaft, Zum Phäomen des Wünschelruteneffektes, in: Kosmopathie, Imago Mundi, Bd.8, Resch-Vl., Innsbruck 1981
SCHNEIDER, R. – Leitfaden und Lehrkurs der Ruten- und Pendelkunst – Einführung in die Radiästhesie, Teil 1 1977, Teil 2 1984
SCHNEIDER, R. – Zeitschrift und Archiv für angewandte und theoretische Radiästhesie (ATR) Nr. 1–7, 1980–1987
SCHOELLER, M. – Baubiologie – oder wie wohne ich gesund, Steirisches Volksbildungswerk, 2. Aufl. Graz 1985
SCHROTH, B. – Der Pendelpraktiker, Eigen-Vl. Obervellach/Kärnten
SCHULTE-UEBBING, Cl. und E.SCHULTE -UEBBING et al. – Handbuch der Geo- und Baubiologie, Selbst-Vl., München 1983
SCHUMANN, H. – Erfolgreiche Krebsbehandlung, Veritas Vl. Linz-Passau-Wien 1978
SCHUSCHNIG, A. – Reaktionsabstände polarer Felder, Mitt.Blatt Nr.27/8 ÖVRG Wien 1987
SCHUY, S. – Hochspannungsanlage zur Untersuchung des Einflusses eines Gleichfeldes mit überlagertem Wechselfeld auf den Menschen, Sonderdruck des Instituts f. Elektro- und biomedizinische Technik der Techn. Universität Graz 1979
SCHUY, S. – Symposium Biomedizinische Technik in Österreich, Graz 20. – 21.6.1975
SCHUY, S. und N. LEITGEB – Elektromagnetische Felder und Umwelt, in: SCHOELLER, M. – Baubiologie, Graz 1985
SCHWAMM, E. – Die Ultrarotstrahlung und pathogene Zonen, Haug Vl. EHK 6, Heidelberg 1960
SCHWAMM, E. und E. HARTMANN – Zur Frage eines ortsgebundenen cancerogenen Faktors, Haug Vl. EHK 2, Heidelberg 1960
SCHWEITZER, P. – Radiästhetische Untersuchungen zum Problem Geopathie und chronische Erkrankungen, in: Kosmopathie, Imago Mundi, Bd.8, Resch Vl. Innsbruck 1981
SCHWEITZER, P. – Grundlagen der Geopathie, Vl. Haus, Heidelberg 1984
SCHWEITZER, P. – Radiästhetische Messung biophysikalischer Vorgänge mit dem Reaktionsabstand, WBM H.17 1985

SCHWEITZER, P. – Die Doppelzonen der ubiquitären Gittersysteme und ihre geopathische Wirkung, WBM H.15 1984
SCHWEITZER, P. – Über die Eigenschaften und die biologischen Wirkungen der ubiquitären Gittersysteme – Die Doppelzonen der ubiquitären Gittersysteme und ihre geopathische Wirkung, WBM H.15 1984
SCHWEITZER, P. – Neue Erkenntnisse zum Verständnis der Geopathie, Vl. Haug, Heidelberg 1984
SCHWEITZER, P. – Radiästhetische Studien zum Verständnis des Wirkmechanismus homöopathischer Potenzen, WBM H.18 1985
SEEGER – Krebsproblem ohne Ausweg, Vl. für Medizin Dr. Fischer, Heidelberg
SIMONIS, W.Chr. – Erde, Mensch und Krankheit, J.Ch. Mellinger Vl, Stuttgart 1974
SKINNER, St. – Chinesische Geomantie, Die gesamte Lehre des Feng-Shui, Vl. Dianus-Trikont, München 1983
STÄNGLE, J. – Strahlenmessung über unterirdischen Quellführungen, Zeitschrift f. Bohrtechnik-Brunnenbau-Rohrleitungsbau, H.11 1960
STÄNGLE, J. – Sind unterirdische Quellführungen physikalisch meßbar? Zeitschr. f. Radiästhesie, H.1, 1965, Herold Vl. München 1965
STRANIAK, L. – Die 8. Großkraft der Natur und ihre physikalischen Gesetze, Diesen 1965
VOLKRODT, W. – Elektromagnetische Umweltverschmutzung. Diskussion über Mikrowellen und Waldsterben, Eigen-Vl. Bad Neustadt Bzw. WBM H.24, 1988
VOLKRODT, W. – Manipulationen von Menschen durch ELF-Wellen, WBM H.25, 1989
WAGNER, W. – Reizende Erde: Elektromagnetische Felder in unserer Umwelt und ihre Wirkung auf den Menschen, Grüner Zweig siebenundfünfzig, Herausg. W. Pieber, Löhrbach
WERBIK, Ch. – Elektromagnetische und andere physikalische Zustände an sog. Reaktionszonen, Dipl.Arbeit am Institut für Grundlagen und Theorie der Elektrotechnik der TU Wien, Wien 1978
WETZEL, Fr. – Dreimal Wasser – Jedesmal anders, Zeitschrift für Radiästhesie, Herold Vl. München
WIESE, U. – Umwelt und Krankheit, WBM, H.23, 1976
WITTMANN, S. – Die polaren Felder, Herold Vl., München 1983
WOLF, D.L. – Krebs, Ausweg aus der Sackgasse, Vl. Kalliope, Siegen; Vl. r&z, Gehrden 1986

WORSCH, E. – Interessante radiästhetische-geopathische Fälle, Mitt. IAG Frankfurt/M. 1984
WORSCH, E. – Erdstrahlen und Geopathie, Mitt. IAG 1985
WORSCH, E. – Zur Charakterisierung der sog. Doppelzonen, V. in in Augsburg 1985, Mitt. IAG 1986
WORSCH, E. – Die Kirche St. Johann im Felde in radiästhetischer Sicht, Festschrift zur Wiedereinweihung und Kirchenführer – St. Johann im Felde, Knittelfeld, röm.kath. Stadtpfarre, Knittelfeld 1979
WORSCH, E. und W. SCHAAL – Überraschende radiästhetische Erkenntnisse, Mitt. IAG Frankfurt/Main 1986
WULF, D.R. – Krebsgifte, Handbuch der krebsverursachenden Chemikalien, Kunststoffe und Strahlen, Mosaik Vl. München 1987
WÜST, J. – Rutengänger und UKW-Wellen, Zeitschrift für Radiästhesie, H.1/2 1959
WÜST, J. – Magnetometrische Messungen an Reaktionsstellen von Rutengängern, Sitzungsbericht der Münchner Ges.f. Morphologie u. Physiologie, H.6 1941
WÜST, J. und J. WIMMER – Bestätigung von Rutengängerversuchen im Laboratorium durch physikalische Apparate, Wünschelrutenforschung, Erfahrungsheilkunde H.9 1939
WÜST, J. und H. PETSCHKE – Wünschelrute, Erdstrahlen, Wissenschaft, Erfahrungsheilkunde H.8, Vl. Haug 1955
WÜST, J. und H. PETSCHKE – Gammastrahlenmessungen auf geopathischen Zonen, Erfahrungsheilkunde H.2, Vl. Haug 1956

ARBEITS- UND FORSCHUNGSKREISE bzw. VERBÄNDE
(Radiästhesie und Geobiologie im deutschen Sprachraum)

Österreichischer Verband für Radiästhesie und Geobiologie, A 1080 Wien, Lenaugasse 5/18

Verein natürlichen Lebens, Zentrale in A 6300 Wörgl, Tirol

Verein Freunde naturgemäßer Lebensweise, zentraler Leiter: Ignaz Schlifni, St. Veit a.d.Glan

Forschungskreis für Geobiologie, Vorsitzender: Dr.med. Ernst Hartmann, D 693o Eberbach/Neckar. Schriftenreihe: „Wetter-Boden-Mensch", Herold-Verlag München

Internationaler Arbeitskreis für Geobiologie (IAG) mit sporadisch erscheinenden Mitteilungen und Aussendungen, D 6000 Frankfurt am Main 70, Nonnenpfad 37

Verein für Radiästhesie, Sektion St. Gallen; Monatsschrift: „Schweizerische Zeitschrift RGS" (Radiästhesie, Geopathie, Strahlenbiologie). Verlag RGS CH 9004 St. Gallen, Torstraße 9

DER AUTOR STELLT SICH VOR

Immer wieder werde ich bei meinen Vorträgen und Seminaren sowie auch Kursen und darüber hinaus gefragt, wie ich eigentlich als wissenschaftlich ausgerichteter Mensch zu der Tätigkeit als Radiästhet und Geobiologe gekommen bin, und wie lange ich mich schon damit befaßt habe. So ist es angebracht, kurz von meinem Werdegang zu berichten.

In Oberkärnten geboren, wuchs ich in Klagenfurt auf, wo ich auch 1932 maturierte. Ich studierte dann in Graz Biologie und Physik als Lehrfach, dissertierte in Geologie und Mineralogie und promovierte im Juli 1936 zum Dr. phil. Nach Ablegung der Lehramtsprüfungen und nach Anstellungen in Niederösterreich, kam ich im Herbst 1938 an die damalige Oberschule in Knittelfeld. An dieser, bzw. am späteren Bundesgymnasium und Bundesrealgymnasium – unterbrochen durch den Militärdienst (es war hauptsächlich der Wetterdienst) – und nach russischer Gefangenschaft, blieb ich bis zu meiner Pensionierung Ende 1978. 14 Jahre lang war ich bis zum genannten Datum Direktor dieser Anstalt. 1977 wurde mir durch den Bundespräsidenten der Titel „Hofrat" verliehen, im Juni 1987 erhielt ich das „Große Ehrenzeichen" des Landes Steiermark und im Juni 1988 das „Goldene Doktor-Diplom".

Neben meinem Hauptberuf war ich immer als Geologe, seit 1947 in erster Linie als Hydrogeologe wissenschaftlich tätig. Als solcher habe ich die hydrogeologischen Grundlagen für die Wasserversorgung vieler Gemeinden, z.T. auch in großem Umfange geschaffen. Ich bin auch gerichtlich beeideter Sachverständiger für Geologie.

Der Radiästhesie stand ich anfangs ausgesprochen skeptisch gegenüber, bis ich doch Bekanntschaft mit dieser Materie machte. Nach einjähriger eigener Probezeit und Überprüfung anhand von vielen von mir durchgeführten Wassererschließungen, kam ich zu der Erkenntnis, daß mir die Radiästhesie als Ergänzung zur Hydrogeologie sehr dienlich sein könnte. So setzte ich die Wünschelrute seit 1952/53 vorerst bei Grundstücksuntersuchungen und als Ergänzung bei meinen hydrologischen Forschungen ein, und konnte auch meistens auf Bohrungen oder Probegrabungen verzichten. Besonders dienlich war mir diese zweite Fähigkeit u.a. auch bei der geologischen Erforschung des Aichfeldes und des Murbodens, deren Ergebnisse das Joanneum 1963 und 1972 veröffentlichte.

Da mich als Biologe vor allem die Zusammenhänge der sog. Erdstrahlen mit dem Krankheitsgeschehen interessierten, wurde ich Mitglied des von dem Arzt Dr. HARTMANN, in Eberbach bei Heidelberg, geführten *Forschungskreises für Geobiologie*. Ich holte mir dort weitere Grundlagen und Ergänzungen in Kursen, dies auch bei Dipl.Physiker R. SCHNEIDER, Wertheim (BRD), dem wir die Grifflängen-Technik verdanken, und der durch die Einführung meßtechnischer Methoden die Radiästhesie weitgehend auf eine physikalische Ebene gehoben hat. –

Vorher war ich schon Mitglied des österreichischen Verbandes für Radiästhesie (Heute für Radiästhesie und Geobiologie genannt) mit Sitz in Wien. Einige Jahre hindurch war ich Leiter der Fachgruppe für Radiästhesie des Vereins Natürlichen Lebens (VNL) für Österreich. –

Als vor wenigen Jahren (1983) der *Internationale Arbeitskreis für Geobiologie* (IAG), der hauptsächlich Deutschland, die Schweiz und Österreich umfaßt, mit seinem Sitz in Frankfurt/Main gegründet worden war, wurde ich sein Gründungsmitglied und zum Leiter der geobiologischen Fachgruppe gewählt. Der IAG – unter der Führung seines rührigen und erfahrenen Präsidenten HEINZ R.MÜLLER, Schulamtsdirektor i.R. – umfaßt, außer der genannten, verschiedene Fachgruppen, wie die für Medizin, Physik und Radiästhesie. Der Verein hat sich den Leitsatz *Muten und Messen* zu eigen gemacht.

In meiner Tätigkeit als Geobiologe habe ich seit den siebziger Jahren Tausende Wohnungen und Zimmer und viele Grundstücke im In- und Ausland untersucht, wobei mir meine wissenschaftliche Ausbildung als Biologe und Geologe sehr zugute kam.

Ich sehe es als meine besondere Aufgabe und als mein Ziel an, durch Vorträge – es wären bisher mehr als 120 –, Seminare und Kurse, sowie auch durch Veröffentlichungen, die Bevölkerung über die radiästhetisch-geobiologischen Probleme zu informieren und vorsorglich aufzuklären.